思想的・睿智的・獨見的

經典名著文庫

學術評議

丘為君　吳惠林　宋鎮照　林玉体　邱燮友
洪漢鼎　孫效智　秦夢群　高明士　高宣揚
張光宇　張炳陽　陳秀蓉　陳思賢　陳清秀
陳鼓應　曾永義　黃光國　黃光雄　黃昆輝
黃政傑　楊維哲　葉海煙　葉國良　廖達琪
劉滄龍　黎建球　盧美貴　薛化元　謝宗林
簡成熙　顏厥安（以姓氏筆畫排序）

策劃　楊榮川

五南圖書出版公司 印行

經典名著文庫

學術評議者簡介（依姓氏筆畫排序）

- 丘為君　美國俄亥俄州立大學歷史研究所博士
- 吳惠林　美國芝加哥大學經濟系訪問研究、臺灣大學經濟系博士
- 宋鎮照　美國佛羅里達大學社會學博士
- 林玉体　美國愛荷華大學哲學博士
- 邱燮友　國立臺灣師範大學國文研究所文學碩士
- 洪漢鼎　德國杜塞爾多夫大學榮譽博士
- 孫效智　德國慕尼黑哲學院哲學博士
- 秦夢群　美國麥迪遜威斯康辛大學博士
- 高明士　日本東京大學歷史學博士
- 高宣揚　巴黎第一大學哲學系博士
- 張光宇　美國加州大學柏克萊校區語言學博士
- 張炳陽　國立臺灣大學哲學研究所博士
- 陳秀蓉　國立臺灣大學理學院心理學研究所臨床心理學組博士
- 陳思賢　美國約翰霍普金斯大學政治學博士
- 陳清秀　美國喬治城大學訪問研究、臺灣大學法學博士
- 陳鼓應　國立臺灣大學哲學研究所
- 曾永義　國家文學博士、中央研究院院士
- 黃光國　美國夏威夷大學社會心理學博士
- 黃光雄　國家教育學博士
- 黃昆輝　美國北科羅拉多州立大學博士
- 黃政傑　美國麥迪遜威斯康辛大學博士
- 楊維哲　美國普林斯頓大學數學博士
- 葉海煙　私立輔仁大學哲學研究所博士
- 葉國良　國立臺灣大學中文所博士
- 廖達琪　美國密西根大學政治學博士
- 劉滄龍　德國柏林洪堡大學哲學博士
- 黎建球　私立輔仁大學哲學研究所博士
- 盧美貴　國立臺灣師範大學教育學博士
- 薛化元　國立臺灣大學歷史學系博士
- 謝宗林　美國聖路易華盛頓大學經濟研究所博士候選人
- 簡成熙　國立高雄師範大學教育研究所博士
- 顏厥安　德國慕尼黑大學法學博士

經典名著文庫027

純粹理性批判（下）

Kritik der reinen Vernunft

康德（Immanuel Kant）著
李秋零 譯注

經典永恆・名著常在

五十週年的獻禮・「經典名著文庫」出版緣起

總策劃 楊榮川

五南，五十年了。半個世紀，人生旅程的一大半，我們走過來了。不敢說有多大成就，至少沒有凋零。

五南忝爲學術出版的一員，在大專教材、學術專著、知識讀本出版已逾壹萬參仟種之後，面對著當今圖書界媚俗的追逐、淺碟化的內容以及碎片化的資訊圖景當中，我們思索著：邁向百年的未來歷程裡，我們能爲知識界、文化學術界做些什麼？在速食文化的生態下，有什麼值得讓人雋永品味的？

歷代經典・當今名著，經過時間的洗禮，千錘百鍊，流傳至今，光芒耀人；不僅使我們能領悟前人的智慧，同時也增深加廣我們思考的深度與視野。十九世紀唯意志論開創者叔本華，在其〈論閱讀和書籍〉文中指出：「對任何時代所謂的暢銷書要持謹慎的態度。」他覺得讀書應該精挑細選，把時間用來閱讀那些「古今中外的偉大人物的著作」，閱讀那些「站在人類之巔的著作及享受不朽聲譽的人們的作品」。閱讀就要「讀原著」，是他的體悟。他甚至認爲，閱讀經典原著，勝過於親炙教誨。他說：

「一個人的著作是這個人的思想菁華。所以，儘管一個人具有偉大的思想能力，但閱讀這個人的著作總會比與這個人的交往獲得更多的內容。就最重要的方面而言，閱讀這些著作的確可以取代，甚至遠遠超過與這個人的近身交往。」

爲什麼？原因正在於這些著作正是他思想的完整呈現，是他所有的思考、研究和學習的結果；而與這個人的交往卻是片斷的、支離的、隨機的。何況，想與之交談，如今時空，只能徒呼負負，空留神往而已。

三十歲就當芝加哥大學校長、四十六歲榮任名譽校長的赫欽斯（Robert M. Hutchins, 1899-1977），是力倡人文教育的大師。「教育要教眞理」，是其名言，強調「經典就是人文教育最佳的方式」。他認爲：

「西方學術思想傳遞下來的永恆學識，即那些不因時代變遷而有所減損其價值的古代經典及現代名著，乃是眞正的文化菁華所在。」

這些經典在一定程度上代表西方文明發展的軌跡，故而他爲大學擬訂了從柏拉圖的《理想國》，以至愛因斯坦的《相對論》，構成著名的「大學百本經典名著課程」。成爲大學通識教育課程的典範。

歷代經典．當今名著，超越了時空，價值永恆。五南跟業界一樣，過去已偶有引進，但都未系統化的完整舖陳。我們決心投入巨資，有計畫的系統梳選，成立「經典名著文庫」，希望收入古今中外思想性的、充滿睿智與獨見的經典、名著，包括：

- 歷經千百年的時間洗禮，依然耀明的著作。遠溯二千三百年前，亞里斯多德的《尼各馬科倫理學》、柏拉圖的《理想國》，還有奧古斯丁的《懺悔錄》。
- 聲震寰宇、澤流遐裔的著作。西方哲學不用說，東方哲學中，我國的孔孟、老莊哲學，古印度毗耶娑（Vyāsa）的《薄伽梵歌》、日本鈴木大拙的《禪與心理分析》，都不缺漏。
- 成就一家之言，獨領風騷之名著。諸如伽森狄（Pierre Gassendi）與笛卡兒論戰的《對笛卡兒沉思錄的詰難》、達爾文（Darwin）的《物種起源》、米塞斯（Mises）的《人的行爲》，以至當今印度獲得諾貝爾經濟學獎阿馬蒂亞・

森（Amartya Sen）的《貧困與饑荒》，及法國當代的哲學家及漢學家余蓮（François Jullien）的《功效論》。

梳選的書目已超過七百種，初期計劃首爲三百種。先從思想性的經典開始，漸次及於專業性的論著。「江山代有才人出，各領風騷數百年」，這是一項理想性的、永續性的巨大出版工程。不在意讀者的眾寡，只考慮它的學術價值，力求完整展現先哲思想的軌跡。雖然不符合商業經營模式的考量，但只要能爲知識界開啓一片智慧之窗，營造一座百花綻放的世界文明公園，任君遨遊、取菁吸蜜、嘉惠學子，於願足矣！

最後，要感謝學界的支持與熱心參與。擔任「學術評議」的專家，義務的提供建言；各書「導讀」的撰寫者，不計代價地導引讀者進入堂奧；而著譯者日以繼夜，伏案疾書，更是辛苦，感謝你們。也期待熱心文化傳承的智者參與耕耘，共同經營這座「世界文明公園」。如能得到廣大讀者的共鳴與滋潤，那麼經典永恆，名著常在。就不是夢想了！

二〇一七年八月一日　於

五南圖書出版公司

導讀

東吳大學哲學系教授／張佛泉人權研究中心／人權碩士學位學程 陳瑤華

康德的《純粹理性批判》（一七八一、一七八七）被暱稱爲《第一批判》，與之後的《第二批判》（一七八八），也就是《實踐理性批判》及《第三批判》，《判斷力批判》（一七九〇），合稱爲康德的三大批判。《純粹理性批判》有兩個版本，爲了閱讀及文獻索引上的便利，目前坊間的版本都同時列出A（一七八一）、B（一七八七）版，並且以皇家普魯士科學院版的頁碼來標示。①康德的哲學立場因而被標示爲「批判主義」（Kritizismus），②主要針對康德哲學思考（philosophieren），尤其是探討知識可能性的

① 《純粹理性批判》分別在皇家普魯士科學院編的《康德全集》（*Kants Gesammelte Schriften*）（以下簡稱KGS）的第三冊（一七八七）及第四冊（一七八一）。KGS1-22 冊由皇家普魯士科學院主編出版。第二十三冊則由柏林德國科學院出版（Deutschen Akademie der Wissenschaften zu Berlin）。從第二十四冊開始由哥廷根學院（Akademie der Wissenschaften zu Göttingen）出版。

② 請參考 Riehl, Alois (1904): "Anfänge des Kritizismus - Methodologisches aus Kant", in *Kant-Studien*, Vol.9,

功夫（Kunst）或方法（Methode），而非建立特定的知識學說。即使很多人不同意他的哲學立場，如先驗（a priori）與超驗（transzendental）；但很難不承認這一套功夫在開拓哲學思考方面的重要性。

康德自認爲B版並沒有更動《純粹理性批判》主要立場，而是爲了眾多讀者們，在第一版出版後對內容提出質疑及要求釐清而有的標段落之增補或刪除；除此之外，放入標題及段號，以利定位。但康德的研究者對此並不贊同，尤其像叔本華、海德格這樣的讀者，認爲特定的篇章，如認爲B版新增的「對觀念論之反駁」（B274-279，標題「Widerlegung der Idealismus」）偏離立場，③或者認爲A、B版的「範疇超驗推述」立論的觀點並不相同。④不過，對於初學或入門者而言，並不需要對此有太多顧慮，因爲隨著更多的閱讀及理解上的需求，自然會作相關的比較和判斷。

493-517. 康德《純粹理性批判》之前的著作因而習慣稱之爲「批判前期」或「前批判」的著作，標示著《純粹理性批判》之前的著學思考仍未完全脫離傳統形上學的玄想思考模式。

③ 請參考 Baumgartner, Hans Michael（1991）：《康德〈純粹理性批判〉導讀》，李明輝譯，臺北：聯經出版社，頁一四五。

④ 請參考 Karr, D. (2007): "Heidegger on Kant on Transcendence", In *Transcendental Heidegger*, California: Standford University Press, pp. 32-34.

從書名《純粹理性批判》來看，被批判的對象是所謂的「純粹理性」，也就是批判完全不涉及經驗，單純透過理論原則認識對象的理性（B24）。爲什麼這樣的純粹理性需要批判？康德認爲有一部分的純粹的先驗（a priori）概念和原則，涉及經驗（對象）可能的條件，如時、空與範疇；另一些與此截然不同純粹的先驗概念和原則，則涉及超離的（transzendent）應用而產生辯證（無法確立），如傳統形上學所涉的靈魂、世界（自由）與上帝。基於以上這兩類先驗知識的界限需要釐清，所以需要檢查、釐清、糾正純粹理性、完整羅列其基本概念的系統，以確立知識的可能性及界限。

康德在第二版的導論界定純粹理性的批判爲一門特殊的學問（science），與超驗哲學及純粹理性系統並不完全重疊（B25-26）。這樣的區隔主要因爲純粹理性的系統（康德稱之爲「純粹理性的工具論（organon）」）集原則之大成，依這些原則，純粹先驗知識的所有樣態可以產生並存在。不過，在康德看來，如果想要達成這樣的系統，知識的界限必須先確立才有可能。因此，純粹理性之批判是純粹理性系統的預備（Propädeutik），而非系統本身。而命名爲「批判」，即在強調它不是理性的學說（Lehre），因此它也不完全與超驗哲學重疊，雖然它涵蓋超驗哲學非常核心的部分。黑格爾在《精神現象學》取笑康德這種區分的扭捏造作⑤，好像拿著捕鳥棒去捕鳥，明明捕鳥棒的樣式已經決定捕到的鳥會是哪一些類型，卻宣稱如果沒有這樣的捕鳥棒，會不知道捕到哪一種鳥。

在A版的《純粹理性批判》出版兩年之後，康德在《一切能作爲學問而出現的未來形上學之序論》（一七八三）抱怨《純粹理性批判》的讀者並沒有認眞看待純粹理性的系統作爲整體在了解個別組成要素的關鍵地位。⑥如果缺少整體的視野，個別的部分有可能無法清楚、透徹理解。這樣的觀點在B版的序言（BXXIII）再次呈現，不過在此康德更清楚地把批判的對象關聯到形上學（作爲思辨的理性）的完整系統，稱這樣的系統是一個有機的體系，每一個部分的存在是爲了整體，反之亦然。探究純粹理性的完整應用，才能理解其個別關係的原則。康德想藉這樣的說明強調《純粹理性批判》是一套功夫或方法，雖然不是學問系統本身，卻因爲它的功能，能夠決定這門學問系統的內部結構及界限。

這其實已經說明《純粹理性批判》的篇章和結構⑦爲什麼會分成要素論

⑤ 請參考 Hegel, G. W. F. (1988): *Phänomenologie des Geistes*, Hamburg: Felix Meiner Verlag, S. 58.

⑥ KGS, IV, S.255-256.

⑦ 請參考 Baumgartner, Hans Michael（1991）：《康德〈純粹理性批判〉導讀》，李明輝譯，臺北：聯經出版社，頁四八，章節的圖表。

（Elementalehre）與方法論（Methodenlehre）兩大部分；而要素論爲什麼又會涵蓋感性論（Ästhetik）與廣義的知性論（康德以「超驗邏輯」來命名），而後者又涵蓋分析論（Analytik）與辯證論（Dialetik）。尤其是爲什麼方法論要針對純粹理性完整系統的條件，也就是對純粹理性的紀律、法規、組織架構及歷史，提出一套完整的解說。從《純粹理性批判》能夠決定純粹理性系統的功能來說，知識與道德、法政、美感判斷與宗教，從來就不是可以完全截然二分的。相反地，反而是在釐清知識的可能性及界限之後，我們才能使道德、法政、美感判斷與宗教獲得符合其自身尊嚴的獨立空間，作爲理解人到底是什麼的必要因素。

由此不難看出《純粹理性批判》在康德哲學的核心地位，除了其作爲功夫和方法所展示的哲學思考（philosophieren）的力量外，當然還有其貫穿人類不同存在面向，雖是知識無法到達、卻必須回應的關鍵問題：我應該做什麼？以及：我能希望什麼？一旦涉及「應該」的問題時，人類已經不是實然世界的產物，只能受限於自然的因果，而是獨立於自然的因果，成爲一種具備理性自我立法（Selbstgesetzgebung）的存在。不過，作爲這樣的存在，反而會讓人類看到自身現實上無法根除的惡；⑧因爲人類一方面可以把握到道德法則

⑧ 有關「根本惡」請參考康德《單純理性界限內之宗教》，KGS, VI, 32-44。

自身的嚴格性與必然性，也就是行爲應該具備的標準在哪裡，實際上卻總是違背這樣的標準。⑨爲了讓實踐的理性最後不會導致一種理論上的自我矛盾或荒謬，康德認爲需要自由、靈魂與上帝作爲理性的設準，回應人能希望什麼的問題。

Baumgartner 認爲《純粹理性批判》不僅未過時，而且根本不能捨棄，⑩即在於它是自由理論的基礎，對以下問題，提供初步的回應：人類既然受制於自然法則，爲什麼仍然可以自由行動？雖然完整的回答必須等到《實踐理性批判》有關自由的理論才達成，但康德爲此已在《純粹理性批判》奠定基石。Baumgartner 曾引述A版前言的一段話，說明人類理性的奇特處境：

「人類理性在其知識的某一門類中有如下特殊的命運：它爲種種問題所煩擾，卻無法擺脫這些問題，因爲它們是由理性自身的本性向它提出的，但它也無法回答它們，因爲它們超

⑨ 道德法則就其普遍性客觀上爲必然，但主觀上卻爲偶然。請參考康德《道德底形上學之基礎》（一九九〇），李明輝譯，臺北：聯經出版社，頁五五。

⑩ 請參考 Baumgartner, Hans Michael（1991）：《康德〈純粹理性批判〉導讀》，李明輝譯，臺北：聯經出版社，頁二一。

越了人類理性的一切能力。」（AVII）

認清人類理性在知識上的困頓與界限，就人類其他生命經驗的開啓並非全然負面，即使知道其他意義與價值的追尋，並非具備自然知識的意義。但可以確定的是，人類作爲知識眞理、意義與價值追尋者的地位，並不會隨著人類文明的進展而有所改變。

不過，這應該讓我們更爲好奇：《純粹理性批判》這本書在康德哲學的關鍵地位，到底是如何達到的？而康德在《純粹理性批判》裡的哲學的哥白尼革命，扭轉了一般對於存在與思想的看法：不是存在決定思想，而是思想決定存在，又是在什麼樣的思考脈絡下出現的呢？

在《一切能作爲學問而出現的未來形上學之序論》的序言裡，康德特別提到休謨喚醒他獨斷論的迷夢。[11]但在一七九八年九月二十一日給葛佛（Garve）的一封信中，康德卻提到是一般理性的背反喚醒他獨斷論的迷夢，使他走向《純粹理性批判》的批判主義。那麼倒底是哪一個因素，喚醒康德獨斷論的迷夢？[12]勞思光引用康德《純粹理性批判》出版前十年，

---

⑪ KGS, IV，頁二六〇。

⑫ Baumgarner 提到康德一七七〇到一七七一年給友人的信中，說明當時正在寫一本有關感性的界限，或者感

也就是沉默時期的斷簡（後來收在康德皇家普魯士版全集的第十八冊 Reflexiononen[13]），康德提到二律背反，懷疑那是知性的幻象，而一七六九年見到一個大光，使他走向純粹理性的批判，而非建立懷疑論的學說。[14]勞思光因而認爲《純粹理性批判》的基源問題，也就是決定理論範圍基本問題，其實是：本體知識是否可能？換句話說，不是知識來自經驗或理性，而是知識的條件及界限，才是問題的核心。

經驗主義與理性主義的哲學立場雖然南轅北轍，但它們卻都執著於知識來源及部分條件的問題，對於探究知識界限的問題，卻沒有眞正達成。休謨可以說是這些哲學立場的代表人物中，最接近提出這個問題的哲學家，因爲他意識到事物能否認知的問題，但卻給予這個問題一個相對性的回應而走向知識的懷疑論。如果依循休謨的立場，不但形上學的知識不可能，數學及自然科學所建立的知識也不可能。康德在《純粹理性批判》的各個篇章都涉及對休謨懷疑論的回應：感性論在回應：作爲學問純粹數學如何可能？分析論：純粹自然科學如

性與理性界限的書，都顯示一七六九年後，界限問題是《純粹理性批判》的核心。請參考 Baumgartner, Hans Michael（1991）：《康德〈純粹理性批判〉導讀》，李明輝譯，臺北：聯經出版社，頁三。

[13] KGS，XVIII，頁六九，Reflexion 5037，康德的斷簡皆有編號，可以回溯文獻的撰寫年代及日期。

[14] 請參考勞思光（二〇〇一）：《康德知識論要義新編》，關子尹編，香港：香港中文大學，頁八。

何可能？辯證論則是：作爲學問的形上學如何可能？而方法論則涉及特殊的形上學，也就是回應：自由的形上學如何可能？打破懷疑論的限制，提出一個過去應該思考卻沒有觸及的問題，是《純粹理性批判》最重要的突破，也是一個具有原創力的哲學家對於哲學發展的重要貢獻。

表面上看起來，問一個不同的問題僅僅只是開啓一個不同的理論範圍而已；但實際上，卻決定了一整個文明學問思考及科學發展的方向。古希臘哲學家提出宇宙的基本組成爲何就是最明顯的例子，在經歷過工業革命、數位化革命的二十一世紀，這個古老的問題依然決定今天物理學的研究目標和發展方向。古希臘哲人泰利斯認爲宇宙的基本組成是水，今天聽來也許怪異，但泰利斯所要回應的問題卻流傳至今。就決定理論範圍的方面，問題的意義遠大於其可能的答案。所以既使不同意康德在《純粹理性批判》中有關現象與本體的區隔，也完全不同意他在理論理性範圍內，認爲物自身不可知的說法，卻很難不去認眞看待知識界限的問題。

康德在《純粹理性批判》清楚勾勒出經驗主義的限制：雖然我們的知識都始於經驗，但以上這樣命題並無法得出：所有我們的知識皆以經驗作爲它的基礎，當時的純數學及物理學的知識和理論就是最好的案例。理性主義雖然看到人類理性能力的創造力，卻沒有正視感性作爲獨立的知識能力，而將它看做是矇昧的理性。雖然兩者立場相異，但無論是經驗主義還是理性主義，都沒有對於知識如何可能的問題作必要的回應。換句話說，它們皆直接假設知識的可能性，以至於忽略其建構性的部分條件及其界限的問題。從這樣的角度來看，兩者同樣獨斷，尤其兩種相互矛盾的立場，卻都同樣假設：事物的原本面貌在我們的知識可以達到的範圍之內，不過卻同樣沒有說明或證明這樣的假設。⑮

在B版的序言，康德說明知識界限問題對他的重要意義：

「因此，我不得不揚棄知識，以便爲信念騰出地盤。」（BXXX）

換句話說，釐清知識的界限問題，還會有實踐理性上的結果：上帝、自由與靈魂並非思辨理性的對象，而是理性在道德實踐方面貫徹要其自身而必要的設準（Postulat）。如此一來，反而更能確立道德與信仰的獨立地位，反而更能確立，而不是流於非道德價值，如效益的實踐或教條或神學化終極價值的信仰。康德從小受到家庭信仰敬虔主義（Pietismus）（德國宗教改革後的一個學派，與普魯士的國王威廉一世的統治勢力密切，尤其哥尼斯堡是普王登基之所在）影響，他所就讀的中學及大學都無法擺脫宗教與神學對於當時知識、道德與信仰

---

⑮ 此點乃參考 Baumgartner, Hans Michael（1991）：《康德〈純粹理性批判〉導讀》，李明輝譯，臺北：聯經出版社，頁一〇～一一。休謨最先看到這個問題。

的左右。康德對此十分反感，終其一生都認爲個人與社會有啓蒙的必要，尤其擺脫宗教的政治勢力之影響，走出因自己的懶惰與怯弱造成未成年狀態，[16]能眞正達成人的自主與自由。不過，康德去逝之後，雖然葬禮受到外界極大的推崇，但也因爲他的宗教立場，使他的學生和同事不願意替他作傳記。[17]不過這樣的後果反而顯示康德有關啓蒙看法的重要性：思想及良心的自由不應受不同的宗教（政治）信仰之限制；即使不同意特定的言論，亦應追求保障其言論的自由。

部分出現在《實踐理性批判》、《判斷力批判》及《單純理性界限內之宗教》（一七九五）的論述，已經出現在《純粹理性批判》第三個二律背反、辯證論的附錄「論純粹理性各理念的範導性應用」及方法論。一般認爲《純粹理性批判》僅在解決知識可能條件及界限，其實有過度窄化之嫌，無法確切理解康德探究知識可能條件及界限的意義。從學術的觀點來看，當然可以質疑：康德後來的幾個批判著作是否與仍然維持《純粹理性批判》批判主義的立場？是否存在著立場改變？或者理論理性與實踐理性是否無法一致或融貫？不

⑯ 請參考康德〈答「何謂啓蒙？」之問題〉，收在《康德歷史哲學論文集》，李明輝翻譯，臺北：聯經出版社，頁二五～三六。

⑰ 請參考 Kuehn, Manfred (2001): Kant – A Biography, Cambridge: Cambridge University Press, S. 1-23.

過，類似問題的討論也許只有內在康德研究上面的學術意義，對於康德批判主義作爲一種功夫或方法，還有其他至關重要的問題需要釐清和探詢，而探討這些問題的可能性，如自由、美感經驗、自然與道德的目的、宗教與根本惡等自由的形上學議題，必須透過批判主義來開啓。

如果《純粹理性批判》的批判主義可以確立，那麼所有的學科，無論是理論科學還是經驗科學，皆需更加反思其立論的基礎（純粹先驗）原理和原則，並且做批判性的檢驗，釐清其作爲知識的有效界限。最明顯的例子莫過於過去人類學對於「種族」的僞科學探究，與種族主義的偏見密不可分。「種族」的區隔其實並不存於自然本身，而是人們思考、範疇的概念，以指稱生活在不同地理區域的人們。若不反省產生這些偏見的因素，限制這些偏見的超驗運用（視之爲自然的事實），就無法在實踐理性的領域裡，發現自身有關種族的偏見及認清平等保障人自由與尊嚴的重要性。這種批判性的反思尤其應該應用在各個學科有關人的性別、階級、年齡、身心狀態等立論隱藏的先驗的原則，忽略這些原則已非知識可及之範圍，卻仍將以這些原則推導出想法，視爲自然的「天經地義」。

相較於德國觀念爭論物自身是否可知的批評，或者當代康德研究對於《純粹理性批判》A、B兩版超驗推述的比較和批評，康德應該更樂見這樣的功夫和方法被廣泛理解和應用才是，因爲這樣才眞正貫徹《純粹理性批判》的目標，符應他在《一切能作爲學問而出現的未來形上學之序論》想要引發的關注。而從閱讀的過程中，初學者若能學會這樣的一套功夫，反思性地批判自身理性的囿見，應該更可以獨立地思考與判斷，避免因不反思造成的平庸之邪惡，而不枉康德在《純粹理性批判》這本書中所建立的批判主義之典範。

目次

上冊

下冊

第二部　先驗方法論

第二卷　論純粹理性的辯證推理

儘管一個純然先驗的理念是完全必然地在理性中按照其原始的規律產生的，但人們仍然能夠說，它的對象是某種人們沒有任何概念的東西。因爲事實上，即便是對於一個應當符合理性要求的對象，也不可能有一個知性概念，也就是說，有一個能夠在可能經驗中顯示並直觀化的概念。如果人們說：我們對於同一個理念相應的客體雖然能夠有一個或然的概念，但卻不能有任何知識，那就畢竟表達得更爲得體，較少誤解的危險。

B397 A339 如今，至少純粹理性概念先驗的（主觀的）實在性，乃是基於我們透過一種必然的理性推理達到這樣的理念。因此，有一些理性推理不包含經驗性的前提，我們憑藉它們從我們認識的某種東西推論到我們畢竟沒有任何概念的某種別的東西，而且我們還由於一種不可避免的幻相而賦予這種東西以客觀的實在性。因此，諸如此類的推理就其結論而言，與其把它們稱爲理性推理，倒不如把它們稱爲玄想的推理；儘管它們由於其起因能夠當得起理性推理的名稱，因爲它們畢竟不是虛構的或者偶然產生的，而是起源自理性的本性的。它們不是人們的詭辯，而是純粹理性本身的詭辯，所有的人中甚至最智慧的人也擺脫不了這些詭辯，雖然也許能在諸多努力之後預防錯誤，但卻永遠不能完全擺脫不斷地煩擾他和愚弄他的幻相。

因此，這些辯證的理性推理就只有三種，恰如其結論所導致的理念那麼多。在第一種理性推理中，A340 我從不包含任何雜多東西的主體的先驗概念出發，推論到我以這種方式對它根本沒有任何概念的這個主體本身的絕對統一。我將把這種辯證推理稱爲先驗的謬誤推理。第二 B398 種玄想推理旨在於一般被給予的顯象的條件序列之絕對總體性的先驗概念；而且我從我關於這個序列在一方面的無條件綜合統一任何時候都有一個自相矛盾的概念出發，推論到我儘管如此也沒有任何概念的相反的統一的正確性。我將把理性在這些辯證推理中的狀態稱爲純粹理性的二論背反。最後，我按照第三種玄想推理從思維能夠被給予我的一般對象的條件的總體性出發，推論到一般事物的可能性之一切條件的絕對綜合統一。也就是說，從我根據其純然的先驗概念並不認識的事物出發，推論到我透過一個先驗概念更不認識的一切存在者的存在者，而對於它的無條件的必然性，我不能形成任何概念。我將把這種辯證的理性推理稱爲純粹理性的理想。

第一篇

論純粹理性的謬誤推理

B399　A341

邏輯的謬誤推理在於一個理性推理在形式上的錯誤，除此之外在其內容上卻可以隨便是什麼。但是，一個先驗的謬誤推理卻有一種先驗的根據來作出形式上錯誤的推論。以這樣的方式，一種諸如此類的錯誤推論就在人類理性的本性中有其根據，並帶有雖然並非不可消解、但卻無法避免的幻覺。

現在，我們到達一個概念，上文並沒有在先驗概念的一覽表中列出該概念，儘管如此卻必須列入其中，畢竟並不因此就對那個表有絲毫改變，說明它是有缺陷的。這就是「我思」的概念，或者寧可說是判斷。但是，人們很容易看出，它是一切一般概念的載體，因而也是先驗概念的載體，從而任何時候都在這些概念中間一起被把握，所以同樣是先驗的，但卻不能有任何特殊的稱號，因爲它僅僅用於指出一切思維都是屬於意識的。然而，無論它如何純粹而不含經驗性的東西（感官的印象），它畢竟還是用於從我們的表象能力的本性出發把兩種不同的對象區分開來。「我」作爲思維者是內感官的一個對象，叫做靈魂。是外感官的一個對象的「我」則叫做肉體。據此，作爲一個能思維的存在者的「我」這一術語就已經意味著心理學的對象；如果我對於靈魂並不要求知道得比獨立於一切經驗（它們更確切地具體規定我）而從在一切思維中都出現的「我」這一概念能夠推論出來的東西更進一步的話，這種心理學就可以叫做理性的靈魂說。

於是，理性的靈魂說確實是這樣一種冒險；因爲只要我的思維的一點經驗性的東西、我的內部狀態的任何一個特殊的知覺還混雜進這門科學的知識根據之中，這門科學就不再是理性的，而是經驗性的靈魂說。因此，我們已經面臨著一門所謂的科學，它建立於其上的唯一命題就是：我思；我們在這裡可以完全適當地按照一種先驗哲學的本性對這門科學的根據或者無根據加以研究。至於我畢竟對這一表達我自己本身的知覺的命題有一種內部經驗，從而在此之上建立的理性的靈魂說永遠不是純粹的，而是部分地根據一個經驗性的原則的，人們不要對此有所不滿。因爲這種內部知覺無非是純然的統覺：我思；它甚至使一切先驗概念成爲可能，在這些先驗概念中所說的是：我思維實體、原因等等。因爲一般內部經驗及其可能性，或者一般知覺及其與其他知覺的關係，如果不是經驗性地給出了它們的某種特殊區別和規定，就不能被視爲經驗性的知識，而是必須被視爲對一般經驗性的東西的知識，並且屬於對任何一個經驗的可能性的研究，而這種研究卻是先驗的。參與自我意識的普遍表象的知覺，其最低限度的客體（例如僅僅是快樂或者不快）都會使理性的心理學轉化爲一種經驗性的心理學。

B401　A343

因此，我思是理性心理學的唯一解說詞，它應當從中展開自己的全部智慧。人們很容易看出，這一思想如果應當與一個對象（我本身）發生關係，就只能包含著該對象的一些先驗謂詞；因爲最低限度的經驗性謂詞都會敗壞這門科學對於一切經驗的理性純粹性和獨立性。

但是，我們在這裡將只能跟隨範疇的導線；只是由於這裡首先給出了一個物，亦即作爲思維存在物的我，所以我們雖然將不改變相互之間如在範疇表中所表現的上述秩序，但畢竟

B402　A344

在這裡要從實體範疇開始，由此表現一個物自身，並這樣來回溯範疇的序列。據此，理性的靈魂說所可能包含的所有其他東西都必須從它的位置論推導出來，該位置論如下：

1.
靈魂是實體[①]

2.
靈魂在其質上是單純的

3.
靈魂就其所在的不同時間而言是數目上同一的，亦即單一性（非複多性）

4.
靈魂處於同空間中可能的對象的關係中[②]

B403 A345

從這些要素中，僅僅透過組合，而絲毫不用認識別的原則，就產生出純粹的靈魂說的所有概念。這種實體純然作爲內感官的對象，提供了**非物質性**的概念，作爲單純的實體提供了**不死性**的概念，其作爲理智實體的同一性提供了**人格性**的概念，所有這三項一

---

① 康德在其手寫樣書中改進爲：「靈魂作爲實體實存」（《康德〈純粹理性批判〉補遺》，第CLXI條）。參見B410-413。——科學院版編者注

② 不那麼容易從這些術語中就其先驗抽象性而言猜測出它們的心理學意義以及靈魂的最後這個屬性爲什麼屬於實存性範疇的讀者，將在下文發現它們得到了充分的解釋和理由說明。此外，我還要爲我不僅在本章中，而且在全書中違背純正文風的鑑賞插入拉丁術語來取代同等意義的德文術語而請求原諒：我寧可在語言的優雅上有所損失，也不願因絲毫的晦澀而給教學的用途增加困難。——康德自注

起提供了精神性；與空間中的對象的關係提供了與物體的交感；因而它也就把思維的實體表現爲物質中生命的原則，亦即把後者表現爲靈魂（anima），而且表現爲動物性的根據，動物性被精神性所限制，表現爲不死性。

與此相關的有先驗的靈魂說的四個謬誤推理，先驗的靈魂說被錯誤地視爲純粹理性的一門關於我們能思維的存在者之本性的科學。但我們能夠作爲這門科學基礎的，卻無非是單純的、自身在內容上完全空洞的表象：我；關於這個表象，人們就連說它是一個概念也不能，它只不過是一個伴隨著一切概念的意識。透過這個能思維的我或者他或者它（物）所表象出來的不是別的，無非是思想的一個先驗主體＝X，它唯有透過是它的謂詞的那些思想才被認識，而分離開來，我們就永遠不能對它有絲毫概念；因此，我們在一個不斷的循環中圍繞著它打轉，因爲我們要想對它作出某種判斷，在任何時候都必須已經使用了它的表象；這是一種與它不可分離的不便，因爲意識自身並不是對一個特殊的客體作出區分的表象，而是應當被稱爲知識的一般表象的形式；因爲只有對於知識，我才能說我由此思維著某物。

但是，一開始必然顯得古怪的是，我一般而言在其下進行思維的、因而是我的主體的一種性狀的條件，同時應當對一切能思維的對象都有效，而我們居然能夠妄稱在一個顯得是經驗性的命題之上建立起一個無可爭辯的和普遍的判斷，也就是說，凡是進行思維的東西，就都具有自我意識的陳述就我而言所說的那種性狀。但這裡的原因在於：我們必然要先天地賦予事物以構成我們唯有在其下才思維事物的那些條件的一切屬性。於是，對於一個能思維的

A346　B404

A347　B405

存在物，我不是透過任何外部經驗、而是只有透過自我意識才能有最起碼的表象。因此，諸如此類的對象無非是我的這個意識向只有因此才被表象爲能思維的存在物的其他事物的過渡。但是，「我思」這個命題在這裡只是被當做或然的，不是就它包含著關於一個存在的知覺而言（笛卡爾的 cogito, ergo sum〔我思故我在〕），而是根據它的純然可能性，要看一看有哪些屬性能夠從這個如此簡單的命題出發推論到它的主體（不論諸如此類的主體是否實存）。

假若作爲我們關於一般能思維的存在物的純粹理性知識之基礎的不只是 cogito〔我思〕，假若我們還要求助於對我們思想活動的觀察和由此得出的能思維的自我的自然規律，那麼，就會產生一種經驗性的心理學，它將是一種內感官的自然學，也許能夠用來說明內感官的顯象，但卻永遠不能用來揭示根本不屬於可能經驗的那些屬性（例如單純的東西的屬性），也不能用來就一般能思維的存在者而言無可爭辯地告知某種涉及其本性的東西；因此，它不會是理性的心理學。

既然「我思」這個命題（作爲或然的來看）包含著任何一個一般知性判斷的形式，並且作爲其載體伴隨著一切範疇，那麼就很清楚，從它作出的推論就只能包含著知性的一種先驗的應用，這種應用排除了經驗的一切混雜，對於它的進展，按照我們上面所指出的，我們不可能預先形成任何極有利的概念。因此，我們想以一種批判的眼光透過純粹的靈魂說的一切

B406

A348

陳述詞來追蹤這一命題。③但爲了簡短起見，要把對這些陳述詞的考察放在一個連續的關聯中進行。

首先，下面的總的說明可以增強我們對這種推理方式的重視。我不是僅僅透過我在思維而認識某個客體的，而是唯有透過我就一切思維都存在於其中的那種意識的統一性而言規定一個被給予的直觀，我才能認識某個對象。因此，我甚至也不是透過我意識到我自己在思維來認識我自己的，而是當我意識到對我自己的直觀是在思維功能方面被規定了的時，我認識到我自己。因此，思維自身中自我意識的一切樣式還不是關於客體的知性概念（範疇），而只是一些根本不把任何對象，從而也不把我自己作爲對象提供給思維來認識的邏輯功能。客體並不是對作出規定的自我的意識，而僅僅是對可被規定的自我的意識，亦即對我的內直觀（如果它的雜多能夠按照思維中統覺的統一性的普遍條件被聯結起來的話）的意識。

1. 在一切判斷中，我始終是構成判斷的那種關係的作出規定的主體。但是，能思維的我在思維中永遠必須被視爲主體，被視爲某種並非像謂詞那樣只能被看做是依附於思維的東西，這卻是一個無可爭辯的，甚至是同一的命題；但它並不意味著我作爲客體是一個對我自己來說持存著的存在物或者實體。後一種說法走得很遠，因此還要求有在思維中根本找不到

③ 由此開始直至本篇末均爲對第一版的改寫，第一版的原文將附在本篇末。——譯者注

的材料，也許（如果我把思維者僅僅看做是思維者）要求比我（在思維者中）在任何地方將發現的都更多。

2. 統覺的我，從而在每次思維中的我，乃是一個不能被分解爲主體之複數的單數，因而表示一個邏輯上單純的主體，這已經蘊涵在思維的概念中，因而是一個分析命題；但是，這並不意味著能思維的我是一個單純的實體，後者會是一個綜合的命題。實體的概念總是與直觀相關，直觀在我這裡只能是感性的，從而完全處在知性的領域及其思維之外，本來在這裡畢竟只是在說我在思維中是單純的時才談到思維。如果某物在其他情況下需要作出如此之多的準備，以便在直觀所表現的東西中分辨出其中是實體的東西，甚至分辨出這一實體是否可能是單純的（就像在物質的各部分中那樣），在這裡卻會如此直截了當地在一切表象之最貧乏的表象中彷彿透過一種啓示被給予我，這也會是稀奇古怪的。

B408

3. 我所意識到的我自己在一切雜多中的同一性的命題，是一個同樣蘊涵在概念之中的命題，從而是分析的命題；但是，主體的這種同一性，我在它的一切表象中都能夠意識到，卻並不涉及它作爲客體被給予所憑藉的對它的直觀，因而也不可能意味著它自己的實體作爲能思維的存在者在各種狀態的一切變易中之同一性的意識被理解所憑藉的人格的同一性。爲此，要證明這種同一性，單憑對「我思」這一命題的反思是辦不到的，而是需要基於被給予的直觀的各種綜合判斷。

B409

4. 我把我自己作爲一個能思維的存在者的實存與我（也包括我的肉體）之外的其他

事物區別開來，這同樣是一個分析命題；因爲其他事物就是我作爲與我有別的東西來思維的。但是，我由此卻根本不知道，對我自己的這種意識沒有我之外使得各種表象被給予我的事物是否可能，因而我是否能夠僅僅作爲能思維的存在者（不是作爲人）實存。

因此，透過對一般思維中的我自己的意識的分析，就對作爲客體的我自己的知識而言，沒有絲毫收穫。對一般思維的邏輯探討被錯誤地視爲客體的一種形而上學規定。

如果有可能先天地證明，一切能思維的存在者自身都是單純的實體，因而作爲這樣的實體（這是從上述證明根據得出的一個結果）都不可分割地具有人格性，而且意識到自己與一切物質相分離的實存，那麼，這就會是違背我們的全部批判的一個重大的、乃至唯一的絆腳石。因爲以這樣的方式，我們畢竟就已經跨出了超越感官世界的一步，我們就會步入本體的領域，於是就沒有人會否認我們有權在這個領域拓展、定居，並且每一個人只要吉星高照，就可以占領這一領域。因爲「每一個能思維的存在者本身都是單純的實體」這個命題乃是一個先天綜合命題，這首先是由於它超越了爲它奠定基礎的概念，給一般思維附加上了存在的方式，其次是由於它給那個概念附加上了根本不能在任何經驗中被給予的謂詞（單純性）。因此，先天綜合判斷就不僅像我所主張的那樣，乃是與可能經驗的對象相關，也就是說作爲這種經驗本身的可能性的原則才是可行的和可允許的；相反，它們還可以關涉一般的物和物自身，這樣的結論將斷送這整個批判，並且會要求照舊行事就可以了。然而，如果人們更接近事實，危險在這裡就沒有那麼大。

B410

在理性心理學的程序中，起支配作用的是透過以下理性推理展現出的一種謬誤推理：

只能被思維爲主體的東西也只僅僅作爲主體實存，因而也就是實體。

如今，一個能思維的存在者僅僅作爲這樣的存在者來看，只能被思維爲主體。

因此，它也僅僅作爲這樣的存在者，亦即作爲實體而實存。

在大前提中談到的存在者，一般而言能夠在一切方面來思維，因而也可以像它可能在直觀中被給予的那樣來思維。但在小前提中談到的存在者，則只是相對於思維和意識的統一性，卻不同時在與它作爲思維的客體被給予所憑藉的直觀的關係中把自己視爲主體。因此，這一結論是 **per sophisma figura dictionis**〔透過言說式的詭辯〕，因而是透過一種錯誤的推論得出的。④

B411

④ 在兩個前提中，是在完全不同的意義上對待思維的：在大前提中是如它關涉一般客體那樣（因而是如客體可能在直觀中被給予那樣）；而在小前提中，則只是像它處於同自我意識的關係中那樣，因而在這裡根本沒有任何客體被思維，而只是表現出與作爲主體（作爲思維的形式）的自己的關係。前者所談的是只能被思維爲主體的物；後者所談的則不是物，而是思維（因爲人們抽掉了一切客體），在思維中我總是被用做意識的主體；因此，在結論中並不能推論出：我只能作爲主體實存，而是只能推論出：我在對我的實存的思維中只能

如果人們回顧一下原理的系統介紹的總說明和關於本體的一章，那就會清楚地顯示出，B412 把這個著名的論證化解爲一個謬誤推理是完全正確的，因爲那裡已經證明，一個能夠獨自作爲主體，但卻不能夠作爲純然的謂詞實存的物的概念，還根本不具有客觀的實在性。也就是說，人們無法知道是否在任何地方都能夠有一個對象屬於它，因爲人們看不出這樣一種實存方式的可能性，因此，該概念根本沒有提供任何知識。所以，如果它應當在一個實體的稱謂下表示一個能夠被給予的客體，如果它應當成爲一種知識，那麼，就必須有一個持久的直觀來作爲基礎，該直觀是一個概念的客觀實在性不可或缺的條件，也就是說，是對象被給予所唯一憑藉的東西。但現在，我們在內直觀中根本沒有任何持久的東西，因爲我只不過是我的 B413 思維的意識罷了；因此，如果我們僅僅停留在思維上面，我們就也缺乏把實體亦即一個獨自持存的主體的概念應用於作爲能思維的存在者的自身的必要條件；與此相聯繫的實體的單純性就與這一概念的客觀實在性一起消失了，轉變成一般思維中自我意識的一種純然邏輯的、質的單一性，而不管主體是不是複合的。

把我用做判斷的主體，而這是一個同一的命題，它對我的存在的方式絕對沒有揭示任何東西。——康德自注

對孟德爾頌關於靈魂持久性的證明的反駁

這位敏銳的哲學家很快就發現，在通常應當用來證明靈魂（如果人們承認它是一種單純的存在者的話）不可能由於分解而終止存在的論證中，對於保證靈魂的必然存續的目的來說缺乏充分性，因爲人們還可以假定靈魂由於消失而終止存在。在其《斐多篇》中，他試圖擯除靈魂的這種短暫性，這種短暫性會是一種眞正的消滅。他大膽地證明道：一個單純的存在者根本不可能終止存在，因爲既然它不能被減弱而逐漸地喪失其存在的某種東西，進而逐漸地轉化爲無（因爲它在自身中沒有部分，從而也沒有複多性），在它存在的瞬間和它不存在的另一個瞬間之間就根本不會發現任何時間，而這是不可能的。然而，他沒有看到，即使我們承認靈魂有這種單純的本性，因爲它不包含彼此外在的雜多，從而不包含擴展的量，人們也畢竟就像對任何一個實存者那樣，不能否認強弱的量，也就是說，不能否認就其一切能力而言的實在性的一種程度，甚至一切構成其存在的東西的一種程度，這種程度可能透過一切無限多的較小的程度而減弱，這樣，所說的實體（其持久性不像通常那樣已經確定的事物）雖然不是透過分解，但卻透過其力量的逐漸減退（remissio）——從而透過枯萎，如果允許我使用這一術語的話——而轉化爲無。因爲即便是意識，也在任何時候都有一個總是還能夠減弱的程度⑤，因此意識到自己的那種能力以及一切其餘的能力亦復如是。所以，靈魂的持久性，僅僅作爲內感官的對象來看，依然未得到證明，甚至是不可證明的。儘管它在生命中的持久性由於能思維的存在者（作爲人）同時是外感官的一個對象而本身是清晰的，但這根本不能讓理性心理學家感到滿足，理性心理學家是從事於純然從概念出發證明靈魂甚至超出生命的絕對持久性的。⑥

⑤ 明晰性並不像邏輯學家們所說的那樣是一個表象的意識；意識的某個尚不足以達到回憶的程度，必然甚至能夠在一些模糊不清的表象中發現，因爲如果沒有任何意識，我們在種種模糊表象的聯結中就不能作出任何區分，而我們就一些概念的特徵而言畢竟是能夠做到這一點的（例如權利和公正的區分，又如音樂家在即興演奏中同時奏出幾個音符時的區分）。但是一個表象，意識在其中足以意識到該表象與別的表象的區別，它就是明晰的。如果意識雖然足以作出區分，但卻不足以意識到區別，那麼，該表象就還必須被稱爲模糊的。因此，意識一直到消失，有無限多的程度。——康德自注

⑥ 一些人爲將一種新的可能性引入軌道，而認爲只要他們使人們不能向他們指出其前提假設中的矛盾，就已經感到滿足了（例如，那些雖然就經驗性直觀而言只能在人的生命中擁有思維之可能性的例證，但卻相信能夠看出思維即便在生命終結之後的可能性的人，就全都是這樣的人），他們會因爲別的絲毫也不更大膽的可能性而陷入嚴重的困境。諸如此類的東西就是將一個單純的實體分割成多個實體的可能性，以及反過來多個實體匯合（合併）成一個單純的實體。因爲雖然可分割性以一個複合物爲前提條件，但它畢竟並不必然要求一

個眾多實體的複合物，而是僅僅要求同一個實體的眾多程度（各種各樣的能力）的複合物。正如人們能夠設想靈魂的一切力量和能力、甚至意識的能力都減小到一半，而畢竟實體始終存留下來，人們也能夠沒有矛盾地想像這消失了的一半被保存下來，但不是保存在靈魂裡面，而是保存在它外面，而且既然這裡凡是在靈魂裡面始終實在的、因而有一種程度的、進而靈魂的整個毫無缺陷的實存都已經被分成兩半，在這種情況下，在靈魂外面就會產生一個特殊的實體。因爲被分割的複多性是事先就有的，但不是眾多實體的複多性，而是作爲靈魂中實存的量的每一種實在性的複多性；而實體的單一性只不過是一種實存方式罷了，這種方式唯有透過這種分割才轉變爲一種自存體的複多性。但這樣一來，多個單純的實體就也可以又匯合成一個實體，此際除了自存體的複多性之外，並不損失任何東西，因爲這一實體把此前所有實體的實在性的程度一起包含在自身之中；也許，給予我們一種物質的顯象（誠然不是透過相互之間的一種力學的或者化學的影響，而是透過一種我們不知道的影響，前者只不過是後者的顯象罷了）的種種單純實體會透過對作爲強弱量的父母靈魂進行的諸如此類的**動力學**分割來產生子女靈魂，而父母靈魂又透過與同類新材料的合併來彌補自己的損耗。我絕不是承認諸如此類的幻想有絲毫的價值或者效力，而且上面的諸分析論原理也已經充分地說明，對範疇（例如實體的範疇）只能做經驗的應用。但是，如果唯理論者僅僅由於思維中的統覺的統一性不允許他從複合物出發作出任何說明，就足夠大膽地從純然的思維能力出發而無須一個對象被給予所憑藉的一種持久的直觀就去形成一個獨立持存的存在者，而不是更好地去承認自己不知道怎樣說明一種能思維的自然的可能性，那麼，**唯物論者**雖然同樣不能爲了自己的種種可能性而援引經驗，卻爲什麼不應當有權同樣大膽地運用自己

現在，如果我們在綜合的關聯中對待我們的上述命題，就像在作爲體系的理性心理學中 B416
他們必須被當做對一切能思維的存在者都有效那樣，並且從關係範疇出發借助「一切能思維
的存在者自身都是實體」這一命題向後回溯過範疇的序列，直到完成一個圓圈，那麼，我們 B417
就最終達到了這些能思維的存在者的實存，這些存在者在這一體系中獨立於外部事物不僅意
識到自己的實存，而且還（就必然地屬於實體的特性的持久性而言）能夠從自身出發規定這 B418
種實存。但由此就得出，在同一種唯理論體系中觀念論就是不可避免的了，至少是或然的
觀念論，而如果外部事物的存在對於規定他自己在時間中的存在來說根本不是必要的，那
麼，假定外部事物的存在也就只是全然沒有道理的了，對此絕不能提供任何證明。

與此相反，如果我們遵循分析的程序，由於「我思」作爲一個已經包含著一種存在於自
身的命題，作爲被給予的，從而有模態作爲基礎，而且如果我們對該命題進行分析，以便認
識它的內容，即這個我是否以及如何在空間中或者時間中僅僅由此而確定自己的存在。那
麼，理性靈魂說的種種命題就會不是從一個一般能思維的存在者的概念開始，而是從一種現
實性開始，從這種現實性被思維的方式出發，在這裡經驗性的一切都被抽掉之後，就推論出 B419
屬於一個一般能思維的存在者的東西，如下表所示：

的原理，同時保持前者做相反應用時的形式統一性呢？——康德自注

1.
我思

2.
作為主體

3.
作為單純的主體

4.
作為我的思維的任何狀態中的同一主體

由於這裡在第二個命題中並沒有確定我是否能夠僅僅作爲主體，並不也作爲另一個主體的謂詞而實存和被思維，所以，一個主體的概念在這裡只是在邏輯上對待的，至於它是否應當被理解爲實體，依然是未被確定的。但在第三個命題中，儘管我關於主體的性狀或者自存性還沒有澄清任何東西，統覺的絕對統一性，亦即單純的我，在構成思維的一切聯結和分離都與之相關的表象中卻也就自身而言是重要的。統覺是某種實在的東西，其單純性已經蘊涵在其可能性之中。如今，在空間中沒有任何實在的東西會是單純的；因爲點（點是空間中是唯一單純的東西）僅僅是界限，本身並不是某種作爲部分用來構成空間的東西。所以由此就得出，從唯物論的根據出發解釋作爲純然能思維的主體的我的性狀是不可能的。但是，由於我的存在在第一個命題中是被視爲被給予的，因爲這個命題並不是說每一個能思維的存在者都實存（這同時就會主張它的絕對必然性，所以言之過多），而是僅僅說我在思維時實存，所以它是經驗性的，包含著我的存在僅僅就我在時間中的表象而言的可規定性。但是，既然我又爲此首先需要某種持久的東西，諸如

B420

此類的東西就我思維我自己來說根本沒有在內直觀中被給予我，所以我實存的方式，無論是作爲實體還是作爲偶性，都根本不可能透過這種單純的自我意識而得到規定。因此，如果唯物論對於我的存在的解釋方式來說是不適用的，那麼，精神論對此也同樣是不充分的；而結論就是：我們以隨便任何一種方式都不能對我們靈魂的一般而言涉及其獨立實存的可能性的性狀而認識某種東西。

而且，透過我們自己只是由於我們爲經驗的可能性而使用才認識的意識的統一性來超越經驗（我們在生命中的存在），甚至透過「我思」這個經驗性的、但就一切直觀方式而言都不確定的命題來把我們的知識擴展到一切一般能思維的存在者的本性，這也應當是可能的嗎？

因此，不存在一種作爲對我們的自我認識有所增益的**學說**的理性心理學，而只存在一種作爲在這一領域爲思辨理性設置不可逾越的界限的訓練的理性心理學。這一方面是以免投入無靈魂的唯物論的懷抱，另一方面是以免蜂擁陷入對我們來說在此生沒有根據的精神論之中，而毋寧說提醒我們把我們理性對令人滿意地答覆好奇的、超出此生的問題的這種拒絕視爲理性的一種暗示，即把我們的自我認識從無益浮誇的思辨轉用到有益的實踐應用上去，這種應用雖然也只是始終指向經驗的對象，但卻自更高的地方取得其原則，並如此規定行爲，就好像我們的規定無限遠地超越經驗，從而超越此生似的。

從這一切可以看出，一種純然的誤解爲理性心理學提供了其起源。作爲範疇的基礎的意識統一性在這裡被當做作爲客體的主體的直觀，實體的範疇被運用於其上。但是，它只不過是思維中的統一性罷了，僅僅由於它還沒有任何客體被給予，所以在任何時候都以被給予的直觀爲前提條件的實體範疇不能運用於其上，從而這個主體根本不能被認識。因此，各範疇的主體不能由於它思維這些範疇就獲得關於自己本身作爲這些範疇的一個客體的概念；因爲要思維這些範疇，它就必須將它自己的純粹的自我意識奠定爲基礎，而這種自我意識畢竟是應當予以說明的。時間的表象原初在其中有其根據的主體，同樣不能由此規定它自己在時間中的存在，而如果後者不可能，則前者作爲透過範疇對它自己本身（作爲一般能思維的存在者）的規定也不能成立。⑦

B422

⑦ 如同已經說過的那樣，「我思」是一個經驗性的命題，在自身中包含著「我實存」的命題。但是，我不能說「凡思維者皆實存」；因爲這樣的話，思維的屬性就會使一切具有這種屬性的存在者都成爲必然的存在者了。因此，我的實存也不能像笛卡爾所主張的那樣，被視爲從「我思」的命題中推論出來的（因爲若不然，「凡思維者皆實存」這個大前提就必須走在前面），而是與該命題同一的。它表述一種不確定的經驗性直觀，亦即知覺（因而它畢竟證明，已經有屬於感性的感覺作爲這個實存命題的基礎），但先行於應當透過範疇在時間方面規定知覺的客體的經驗；而實存在這裡並不是一個範疇，並不作爲範疇與一個不確定的被給予的客體相關，而是僅僅與一個人們有其概念，並且人們想知道它是否還在這一概念之外被設定的客體相關。一個不確定的知覺在這裡意味著某種實在的東西，它被給予，而且僅僅是爲了一般的思維而被給予的，因而

※　※　※

這樣，一種力圖超越可能經驗的界限，且畢竟屬於人類的最高旨趣的知識，就它應當歸功於思辨哲學而言，就消失在迷茫的期望之中了；此際，批判的嚴格性依然透過它同時證明對於經驗的對象不可能超出經驗界限獨斷性地澄清某種東西，而不僅就理性的這一旨趣而言爲理性作出了不菲的貢獻，還保障理性免除了對反面的一切可能的肯定；這種情況之所以能夠發生，除非是人們要麼無可置疑地證明自己的命題，要麼是不能證明自己的命題時，就找出這種無能的種種根源，這些根源如果蘊涵在我們的理性的必然界限之中，就必定使任何反對者都服從拒斥對獨斷性主張的一切要求的同一條規律。

儘管如此，對於按照與思辨的理性應用結合在一起的實踐的理性應用而接受一種來生的必然性來說，由此在這裡並沒有失去任何東西；因爲純然思辨的證明對於通常的人類理性來

B424　B423

不是作爲顯象，也不是作爲事物自身（本體），而是作爲事實上實存的某物，並在「我思」的命題中被表示爲這樣一個某物。因爲應當注意的是，當我把「我思」這個命題稱爲一個經驗性命題的時候，我由此並不是想說，「我」在這個命題中是經驗性的表象；毋寧說，它是純理智的，因爲它屬於一般的思維。然而，沒有爲思維提供材料的某種經驗性表象，「我思」的行動就畢竟是不成立的，而經驗性的東西只不過是純粹理智能力的運用或者應用的條件罷了。——康德自注

說本來就從來不能有任何影響。它是如此建立在一個髮梢之上的，以至於即便是學派要把它保持在這個髮梢上，也只能使它作爲一個陀螺圍繞著同一個點不停地旋轉，因此，它即便在學派自己的心目中也不能提供一種使某種東西能夠建立於其上的持久基礎。對世人有用的種種證明，在此都保持其毫不減弱的全部價值，毋寧說還透過放棄那些獨斷的僭妄而獲得清晰性和自然的信念，因爲它們將理性置於其特有的領域之中，即置於畢竟同時又是自然秩序的目的秩序之中，但理性同時作爲實踐的能力自身，並不被限制在自然秩序的條件之上，有權利把目的秩序連同我們自己的實存擴展到經驗和此生的界限之外。對於這個世界上的生物來說，理性必須必然地接受爲原理的是，不能發現任何器官、任何能力、任何衝動，因而任何東西是多餘的或者與應用不相稱的，從而是不符合目的的，而是一切都完全適合其生命中的規定；根據與這個世界上的生物的本性的類比來作出判斷，畢竟是唯一能夠在自身中包含著這一切的終極目的的人，就必須是唯一例外的造物。因爲人的自然稟賦——不僅就天資和應用這天資的動力而言，而且首先是他心中的道德法則——如此遠地超出了他在此生中能夠從中得出的用途和好處，以至於道德法則甚至教人即便缺少一切好處，乃至於缺少身後榮譽的虛幻而將正直意念的純然意識置於一切之上，人在內心中感到有責任透過自己在這個世界中的所作所爲、憑藉放棄諸多的好處使自己適合於做一個他在理念中所擁有的更好的世界的公民。這個強有力的、永遠不會被質疑的證明根據伴隨著對我們面前所見的一切事物中的合目的性不斷增加的知識，伴隨著對廣闊無垠的創造的眺望，從而也伴隨著我們的知識的可能擴

B425 B426

展方面的某種不受局限性的意識，連同與這種不受局限性相符合的衝動，即便我們不得不放棄從對我們自己的純然理論知識來看出我們的實存的必然延續，也依然還存留下來。

心理學謬誤推理之解決的結論

理性心理學中的辯證幻相基於理性的一個理念（一種純粹的理智）與一個一般能思維的存在者在所有方面都不確定的概念的混淆。我思維我自己，乃是由於一個可能的經驗，因爲我還抽掉了一切現實的經驗，由此推論出：我即便在經驗及其經驗性條件之外也能夠意識到我自己的實存。因此，我把對我經驗性地確定的實存的可能抽象與自以爲對我能思維的自我的一種孤立地可能的實存的意識混爲一談，相信認識到我裡面的實體性的東西就是先驗的主體，因爲我在思想中只有一切規定作爲知識的純然形式而當做基礎的意識統一性。

說明靈魂與肉體的共聯性的任務本來並不屬於這裡所談的心理學，因爲這種心理學的目的在於證明即便在這種共聯性之外（在死後）也還有人格性，因而在眞正的意義上是超驗的，儘管它研究的是經驗的一個客體，但卻只是就該客體不再是經驗的一個對象而言的。不過，即便是對這一點，按照我們的體系也能夠給予充分的回答。如同已知的那樣，這一任務所造成的困難在於預先設定的內感官對象（靈魂）與外感官對象的異類性，因爲作爲直觀的形式條件而屬於前者的只有時間，屬於後者的卻還有空間。但是，如果人們考慮到，這兩種對象彼此的區別在這裡並不是內在的，而只是就一個顯現得外在於另一個而言的，從而作爲物自身而是物質顯象的基礎的東西也許並不如此異類，這一困難就消失了，而存留下來的唯一問題就是，一般而言諸實體的共聯性是如何可能的，這一問題的解決完全處於心理學的領域之外，而且就像讀者根據基本力量和能力的分析論中所說的內容而可以輕而易舉地判斷的那樣，毫無疑問也處於一切人類知識的領域之外。

B428

有關從理性心理學向宇宙論的過渡的總說明

「我思」或者「我在思維時實存」的命題是一個經驗性的命題。但是，這樣一個命題是以經驗性的直觀，從而也是以作爲顯象的被思維客體爲基礎的；這樣，看起來就好像是按照我們的理論，靈魂即便在思維中也會完全轉變爲顯象似的，而以這樣的方式，我們的意識自身作爲純然的幻相就必然在事實上不關涉任何東西。

思維就其自身而言，僅僅是邏輯的功能，因而純粹是聯結一個可能直觀的雜多的自發性，絕不把意識的主體展示爲顯象，之所以如此，僅僅是因爲它並不顧及直觀的方式，不管它是感性的還是理智的。由此，我表象我自己，既不是如我本來那樣，也不是如我對我

B429

顯現的那樣，而是我思維我自己，僅僅如任何一個我抽掉了其直觀方式的一般客體那樣。當我在這裡把我自己表象爲思想的主體或者也表象爲思維的根據的時候，這些表象方式並不意味著實體或者原因的範疇，因爲這些範疇都是思維（判斷）的那些已經運用於我們的感性直觀的功能，而如果我想認識我自己，感性直觀當然就是需要的。但如今，我只想意識到我自己是能思維的；至於我自己的自我如何在直觀中被給予，我把它擱置一旁，而此時，它就可能對於能思維的我來說——但不是就我在思維而言——純然是顯象；在對純然思維時的我自己的意識中，我就是存在者本身，但對這個存在者本身，當然由此還沒有給予我任何東西供思維。

但「我思」這個命題，如果它等於是說「我在思維時實存」，就不是純然的邏輯功能，而是在實存方面規定著主體（主體在這種情況下同時是客體），沒有內感官就不能發生，而內感官的直觀在任何時候都不是把客體當做物自身，而僅僅是當做顯象來提供的。因此，在它裡面就已經不再僅僅有思維的自發性，而是還有直觀的感受性，也就是說，對我自己的思維被運用於對同一個主體的經驗性直觀。在這種情況下，能思維的自我必然在這種直觀中尋找爲實體、原因等範疇而使用其邏輯功能的條件，以便不僅僅透過「我」來標示自己爲客體自身，而且還規定自己存在的方式，也就是說，認識自己爲本體；但這是不可能的，因爲內在的經驗性直觀是感性的，且提供的無非是顯象的材料，這些材料並不爲純粹意識的客體認識其獨立的實存提供任何東西，而是僅僅被用來爲經驗服務罷了。

B430

但是如果假定，今後不是在經驗中，而是在純粹的理性應用的某些（不是純然的邏輯規則，而是）先天地確定的、涉及我們的實存的規律中發現理由，來預先設定我們在我們自己的存在方面是立法的，並且規定這種實存本身的，那麼，由此就會揭示出一種自發性，透過它我們的現實性就是可規定的，爲此無須經驗性直觀的條件；而在這裡我們還會覺察到，在對我們的存在的意識中先天地包含著某種東西，它畢竟能夠用來在某種與一個理知世界（當然只是被思維的世界）相關的內在能力方面規定我們只是在感性上可以完全地規定的實存。B431

然而，這仍然絲毫不會促進理性心理學中的所有企圖。因爲透過道德法則的意識首先給我啓示的那種令人驚異的能力，我雖然有一個規定我的實存的原則，該原則是純粹理智的，但卻是透過什麼謂詞呢？只能透過必須在感性直觀中給予我的那些謂詞；而這樣一來，我就會又陷入我在理性心理學中所處的位置，即陷入對感性直觀的需求中，才能賦予我的知性概念如實體、原因等等以意義，我只有透過這些概念才能對我自己擁有知識；但那些直觀卻絕不能幫助我超出經驗的領域。不過，就總是指向經驗的對象的實踐應用而言，我畢竟是有權按照理論應用中的類似意義而把這些概念應用於自由及其主體的，因爲我僅僅把它們理解爲主體與謂詞、根據與結果的邏輯功能，根據它們，行動或者結果被按照那些規律如此規定，以至於那些規律連同自然規律一起都可以總是按照實體和原因的範疇得到說明，儘管它們產生自完全不同的原則。B432 說這些東西，應當只是爲了防止關於我們作爲顯象的自我直觀的學說容易遭受的誤解。人們將在下文中有機會應用它們。

〔附：第一版原文〕

第一謬誤推理：實體性

其表象是我們的判斷的絕對主體，因而不能被用做另一個事物的規定的東西，就是實體。

我，作爲一個能思維的存在者，是我的一切可能的判斷的絕對主體，而且關於我自己的這個表象不能被用做任何一個別的事物的謂詞。

所以，我作爲能思維的存在者（靈魂），就是實體。

對純粹心理學的第一謬誤推理的批判

在先驗邏輯的分析部分裡，我們已經指明：如果不給純粹範疇（以及其中還有實體）加上它們作爲綜合統一性的功能能夠運用於其雜多之上的一種直觀，它們就其自身而言根本沒有客觀的意義。沒有這種雜多，它們就僅僅是一種判斷的功能而沒有內容。關於任何一個一般的事物，就我把它與事物純然的謂詞和規定區別開來而言，我都能夠說它是實體。如今，在我們的一切思維中，我都是思想僅僅作爲規定所依存的主體，而且這個我不能被用做

A349

另一個事物的規定。因此，每一個人都必須必然地把自己視爲實體，而把思維僅僅視爲他的存在的偶性和他的狀態的規定。

但是，我應當怎樣利用這個實體概念呢？我從中絕不能推論出，我作爲一個能思維的存在者對於我自己來說持久存在，既不以自然的方式產生，也不以自然的方式消逝；而且，我的能思維的主體的實體性的概念對我來說畢竟只能用在這方面，沒有這種應用，我就完全可以沒有這個概念。

人們還遠遠不能從純然的、純粹的實體範疇推論出這些屬性，毋寧說，如果我們想把關於一個實體的經驗性概念用於一個被給予的對象，我們就必須以該對象出自經驗的持久性爲基礎。但現在，我們在我們的命題中並沒有以任何經驗爲基礎，而是僅僅從一切思維與作爲它們所依存的共同主體的我之關係的概念出發進行推論。即使我們有志於此，也不能用任何可靠的觀察來闡明這樣一種持久性。因爲我雖然在一切思想中，但與這個表象卻沒有絲毫的直觀相結合，來把它與直觀的其他對象區別開來。因此，人們雖然能夠覺察這個表象在一切思維中都一再出現，但卻不能覺察它是一個種種思想（作爲可變的）在其中相互交替的常駐不變的直觀。

由此得出：先驗心理學的第一個理性推理在把思維恆常的邏輯主體冒充爲依存性的實在主體的知識時，只不過是在用一種被信以爲眞的新洞識來欺騙我們罷了；關於這個實在的主體，我們沒有也不可能有絲毫知識，因爲意識是唯一使一切表象成爲思想的東西，從而作爲

A350

先驗的主體，在它裡面必然發現我們的一切知覺，而且在我的這種邏輯意義之外，我們對於作爲基底構成這一思想以及一切思想的基礎的主體自身沒有任何知識。然而，人們盡可以承認「靈魂是實體」這個命題，只要人們滿足於，我們的這個概念並不使人前進一步，或者能夠告訴人玄想的靈魂說的種種通常的結論中的任何一個，例如告訴人靈魂無論人有什麼變化，甚至死亡也永久持存，因此，它只不過表示一個理念中的實體罷了，但並不表示實在性中的實體。

A351

第二謬誤推理：單純性

其活動絕不能被視爲諸多活動著的事物的協作的事物，就是單純的。

現在，靈魂或者能思維的我就是這樣一個事物。

所以，……

對先驗心理學的第二謬誤推理的批判

這是純粹的靈魂說的一切辯證推理的阿基里斯，並不純然是一個獨斷論者假造出來賦予其種種主張以一種易逝的外表的詭辯把戲，而是一種甚至看起來能夠經得起最嚴厲的檢驗和研究的最大疑慮的推理。該推理如下所述：

任何一個複合的實體都是諸多實體的集合，而一個複合物的活動或者依存於這樣一個複合物的東西，都是分布於大量實體中間的諸多活動或者偶性的集合。現在，雖然從諸多活動 A352 著的實體的協作產生的一種結果是可能的，只要這種結果是純然外部的（例如一個物體的運動是其所有部分的聯合運動）。作爲內在地屬於一個能思維的存在者的偶性的思想就是另一回事了。因爲假定複合物能思維，那麼，它的每一個部分就會包含著思想的一個部分，而所有的部分合起來才包含著整個思想。然而，這是自相矛盾的。因爲既然分布於不同的存在者中間的表象（例如一句詩的各個個別的詞）絕不構成一個完整的思想（一句詩），所以，思想不能依存於這樣一個複合物。因此，思想唯有在一個並非諸多實體的集合，從而絕對單純的實體中才是可能的。①

這一論證的所謂 nervus probandi〔證明的關鍵〕就在於如下命題：爲構成一個思想，在能思維的主體的絕對統一性中必須包含著許多表象。沒有人能夠從概念出發證明這一命題。A353 因爲爲了做到這一點，他要如何開始呢？一個思想只能是能思維的主體的絕對統一性

---

① 給予這一證明以通常合乎學術的準確性，是很容易的事情。但對我的目的來說，充其量以通俗的方式舉出純然的證明根據就已經夠了。——康德自注

的結果，這個命題不能被當做分析的來對待。因爲由許多表象構成的思想的統一性是集合的，並且在純然的概念上，這種統一性既能夠與一起參與這一思想的諸多實體的集合統一性相關（就像一個物體的運動是其所有部分的複合運動一樣），也同樣能夠與主體的絕對統一性相關。因此，按照同一性的規則，看不出就一個複合的思想而言預設一個單純的實體的必要性。但是，沒有人敢於聲辯應當綜合地和完全先天地從純然概念出發認識這一命題，如果他像我們上面闡述過的那樣了解先天綜合命題的可能性的根據的話。

但現在，也不可能從經驗引申出主體的這種必然的同一性，來作爲任何一個思想的可能性的條件。因爲經驗並不給出必然性以供認識，更不用說絕對統一性的概念遠遠超出經驗的領域了。在這種情況下，我們從何處得到整個心理學的理性推理都依據的這個命題呢？

顯而易見，如果要想像一個能思維的存在者，人們就必須設身處地，把要考慮的客體掉換成他自己的主體（在任何別的方式的研究中都不是這種情況），而且我們之所以對一個思想來說要求主體的絕對統一性，只是因爲若不然，就不能說我思（在一個表現中的雜多）。因爲儘管思想的整體能夠被分割並分布於諸多主體中間，但主觀的我卻不能被分割和分布，而且我們在一切思維中都畢竟以這個我爲前提條件。

A354

因此，在這裡與在前面的謬誤推理中一樣，統覺的形式命題，即我思，依然是理性心理學敢於擴展自己的知識所依據的全部根據；這個命題固然不是一個經驗，而是屬於每個經驗並先行於每個經驗的統覺形式，但儘管如此，它卻必須始終就一般可能的知識而言被視爲這種知識的純然主觀的條件，我們沒有理由使這種條件成爲對象的一種知識的可能性的條件，亦即成爲關於一般能思維的存在者的概念，因爲我們如果不憑藉我們的意識的公式將我們自己置於任何別的理智存在者的位置上，就不能把這個存在者表現給我們。

但是，我自己（作爲靈魂）的單純性實際上也不是從我思這個命題推論出來的，相反，這種單純性已經蘊涵在每一個思想自身裡面。「我是單純的」，這個命題必須被視爲統覺的一種直接的表達，就像被信以爲眞的笛卡爾式推理「cogito, ergo sum」〔我思，故我在〕 A355 事實上是同義反覆一樣，因爲 cogito〔我思〕（sum cogitans〔我是思維者〕）直接陳述著現實性。但「我是單純的」卻僅僅意味著，「我」這個表象在自身不包含絲毫的雜多性，它是絕對的（儘管純然是邏輯的）統一性。

因此，這個如此著名的心理學證明只是建立在一個僅僅就某個人稱而言來支配動詞的表象之不可分割的統一性之上。但顯而易見，透過依附思想的「我」，只是先驗地表示出依存性的主體，並沒有說明它的絲毫屬性，或者關於它根本沒有認識或知道某種東西。它意味著一個一般的某物（先驗的主體），其表象當然必須是單純的，這正是因爲人們在它那裡根本沒有規定任何東西，就像毫無疑問沒有任何東西能夠比透過一個純然的某物的概念被表現得更加單純一樣。但是，一個主體的表象的單純性卻並不因此就是關於這主體本身的單純性的知識，因爲在用「我」這個完全空無內容的表述（我可以把它用於任何一個能思維的主體）來表示它的時候，它的種種屬性就都被抽掉了。

A356 如此說來也就毫無疑問，我透過這個「我」在任何時候都想到主體的絕對的、但卻是邏輯的統一性（單純性），然而並不是我由此就認識到我的主體的現實的統一性。就像「我是實體」這個命題無非意味著我不能具體地（經驗性地）使用的純粹範疇一樣，我也被允許說「我是一個單純的實體」。也就是說，這個實體的表象絕不包含雜多的一種綜合；但就作爲經驗的一個對象的我自己而言，這個概念或者這個命題並沒有告訴我們絲毫的東西，因爲實體的概念本身只是被當做綜合的功能來使用，沒有匹配的直觀，因而沒有客體，只是適用於我們的知識的條件，但並不適用於某個相關的對象。我們要對這個命題被信以爲眞的可用性作一番試驗。

每一個人都必須承認，靈魂的單純本性的主張，只是就我能夠由此把這個主體與一切物質區別開來，從而使靈魂免除這些物質在任何時候都承受著的衰敗而言才具有一種價值。眞正說來，上述命題也完全是著眼於這種用途，因此它在大多數情況下也被這樣來表述：靈魂不是有形體的。A357 現在，如果我能夠指出，儘管人們承認理性的靈魂說的這個基本命題在一個（從純粹範疇出發的）純然的理性判斷的純粹意義上具有客觀的有效性（凡是思維的東西，都是單純的實體），然而，在靈魂與物質異類或者相似方面，這個命題卻不能有絲毫的應用，那麼，這也就等於是說，好像我已把這個被信以爲眞的心理學洞識放逐到缺乏客觀應用的實在性的純然理念的領域裡了。

在先驗感性論中，我們已經無可爭辯地證明了，物體是我們外感官的純然顯象，而不是物自身。據此，我們就有理由說，我們能思維的主體不是有形體的，也就是說，既然它被我們表現爲內感官的對象，所以，就它在思維而言，它就不能是外感官的對象，亦即不是空間中的顯象。這就等於是要說：能思維的存在者作為這樣的存在者，絕不在外部顯象中間呈現給我們；或者，我們不能在外部直觀到這樣的存在者的思想、意識、欲望等等；因爲這一切都屬於內感官。事實上，這一論證看起來也是自然的和通俗的論證，甚至最平常的知性也似乎歷來都落在它上面，很早就已經開始把靈魂視爲與物體完全不同的存在者了。

A358

但是，儘管廣延、不可入性、聯繫和運動，總而言之，只要是外感官能夠給我們提供的一切，就都不是思想、情感、偏好或者決定，或者包含著這樣的東西，這些在任何地方都不是外部直觀的對象，然而，作爲外部顯象的基礎，如此刺激我們的感官，使得感官獲得空間、物質、形象等等的表象的這個某物，這個作爲本體（或者更好地說作爲先驗的對象）來看的某物，畢竟還能夠同時是思想的主體，雖然我們透過我們的外感官由此被刺激的方式所獲得的不是關於表象、意志等等的直觀，而純然是關於空間及其種種規定的直觀。但這個某物不是有廣延的，不是不可入的，不是複合的，因爲所有這些謂詞只是就我們被諸如此類的（除此之外對我們來說未知的）客體刺激而言，才關涉到感性及其直觀。但是，這些表述根本不使人認識到，這是一個什麼對象，而是僅僅使人認識到，作爲這樣一個無須與外感官相關而就其自身而言被考察的東西，不能把外部顯象的這些謂詞賦予它。然而，內感官的謂詞，亦即表象和思維，卻與它並不矛盾。據此，即使承認本性是單純的，如果人們把物質

A359

（如人們應當的那樣）純然視爲顯象的話，那麼，就物質的基底而言，人類靈魂根本沒有與物質充分地區別開來。

如果物質是一個物自身，那麼，它作爲一個複合的存在者，就會與作爲一個單純的存在者的靈魂全然有別了。但現在，物質是純然外部的顯象，它的基底根本不透過任何可以陳述的謂詞被認識；因而關於這個基底，我盡可以假定：它就自身而言是單純的，雖然它以刺激我們感官的方式在我們裡面產生出有廣延者的直觀，從而產生出複合物的直觀；因此，就我們的外感官而言具有廣延的實體，就自身而言是擁有思想的，這些思想透過該實體的內感官就能夠被有意識地表現出來。以這樣的方式，某種東西在一種關係上叫做有形體的，在另一種關係上就會同時是能思維的存在者。我們雖然不能直觀到它的思想，但畢竟能夠直觀到它的思想在顯象中的標誌。這樣一來，說唯有靈魂（作爲特殊種類的實體）能思維，這種表述就被取消了；毋寧說，這如通常那樣意味著人能思維，亦即正是作爲外部顯象而有廣延的東西，內在地（就自身而言）是一個主體，這個主體不是複合的，而是單純的並且能思維。

但是，即使不允許諸如此類的假說，人們也可以一般地說明，如果我把靈魂理解爲一個能思維的存在者自身，那麼，靈魂與物質（根本不是物自身，而僅僅是我們裡面的一種表象的物質）是否同類，這個問題就自身而言就已經是不適當的了；因爲這已經是不言而喻的，即一個物自身與純然構成它的狀態的種種規定具有不同的性質。

但是，如果我們不是把能思維的我與物質，而是把它與作爲我們稱爲物質的外部顯象的

A360

基礎的理知物進行比較，那麼，由於我們關於後者根本不知道任何東西，所以我們也就不能說，靈魂與這個理知物在某一方面有內在的區別。

據此，單純的意識並不是關於我們的主體的單純本性的知識，是就這種意識並不由此與作爲一種複合物的物質區別開來而言的。

但是，如果這個概念在它可用的唯一場合，亦即在我自己與外部經驗的對象的比較中，並不適用於規定我自己的本性的特殊有別的東西，那麼，人們盡可以一直僞稱知道，能思維的我亦即靈魂（內感官的先驗對象的一個名稱）是單純的；但這一表述卻由此而根本沒有延伸到現實對象的應用，因而絲毫不能擴展我們的知識。

這樣，全部理性心理學就隨著其主要支柱倒臺了，而且在這裡和在別處一樣，我們都很少能夠希望，透過純然的概念（更沒有希望透過我們的一切概念的純然主觀形式亦即意識），無須與可能的經驗相關就擴充洞識，尤其是因爲甚至單純的本性這個基礎概念也具有這樣的性質，即它在任何地方都不能在經驗中遇到，因而也就根本不存在把它作爲一個客觀有效的概念來達到它的途徑。

A361

第三謬誤推理：人格性

在不同的時間裡意識到它自己在數目上的同一性的東西，就此而言是一個人格。

如今靈魂就是……

因此，靈魂就是一個人格。

對先驗心理學的第三謬誤推理的批判

如果我要透過經驗來認識一個外部對象在數目上的同一性，那麼，我將注意其餘的一切作爲規定都與作爲主體的它相關的那個顯象的持久的東西，並且發現那持久的東西在其餘的一切發生變遷的時間中的同一性。但現在，我是內感官的一個對象，而一切時間都純然是內感官的形式。所以，我把我的所有的和每一個演替的規定都與在一切時間中，亦即在對我自己的內部直觀的形式中數目上同一的自我相關聯。在這一基礎上，靈魂的人格性就必須根本不是被視爲推理出來的，而是被視爲自我意識在時間中的一個完全同一的命題，而且這也是這個命題之所以先天有效的原因。因爲它所說的確實無非是：在我意識到我自己的全部時間裡，我意識到這個時間是屬於我自己的統一性的；而且我是說這全部時間是作爲個別的統一性在我裡面，還是說我以數目上的同一性處在所有這些時間中，這全都是一回事。

因此，在我自己的意識中不可避免地能夠遇到人格的同一性。但是，如果我從另一個人

A362

的角度來觀察我自己（作爲他的外部直觀的對象），那麼，這個外部的觀察者將首先在時間中考慮我，因爲在統覺中，**時間**眞正說來只是在我裡面被表現的。因此，即使他承認這個在所有的時間裡都在我的意識中伴隨著、並且以完全的同一性伴隨著一切表象的「我」，但他畢竟還不能從這個「我」推論到我自己的客觀的持久性。因爲既然在這種情況下，觀察者將我置入其中的時間並不是在我自己的感性中，而是在他的感性中遇到的時間，所以與我的意識必然相結合的同一性就並不因此而與他的意識，亦即與對我的主體的外部直觀相結合。

因此，在不同的時間中對我自己的意識的同一性只不過是我的思想及其聯繫的一個形式條件罷了，但根本不證明我的主體在數目上的同一性；在我的主體裡面，雖然有「我」的邏輯同一性，但仍有可能發生一種不允許保持「我」的同一性的變遷，儘管始終還有聽起來一樣的「我」可以歸之於前一個「我」；後一個「我」在任何別的狀態中，甚至在主體的轉換中，畢竟總是能夠保持先行主體的思想並把它傳遞給繼起的主體。②

A363

② 一個彈性的球沿直線方向撞擊另一個同樣的球，把自己的全部運動、從而把自己的全部狀態（如果人們只注意空間中的位置）傳遞給後者。如果你們按照與諸如此類的物體的類比假定一些實體，其中一個實體把表象連同其意識撞入另一個實體，那麼，就可以設想一整個序列的實體，其中第一個實體把自己的狀態連同其意識傳遞給第二個實體，這第二個實體把它自己的狀態連同前一個實體的狀態傳遞給第三個實體，這第三個實體同樣傳遞前面所有實體的狀態連同它自己的狀態及其意識。因此，最後的實體就會把在它之前被改變了的

儘管一旦人們接受實體，一些古老的學派的命題，即世界上萬物皆流，無物常駐，就 A364
不可能成立，但它畢竟不是被自我意識的統一性駁倒的。其實我們自己不能從我們的意識出發來判斷，我們作爲靈魂是否是持久的，因爲我們只把我們意識到的東西歸於我們同一的自我，並且這樣一來當然就必然作出判斷，我們在我們意識到的整個時間裡都是同一個靈魂。但站在一個外人的立場上，我們由此還不能宣布這是有效的，因爲既然我們在靈魂那裡所遇到的持久的顯象無非是伴隨並聯結一些表象的「我」這個表象，所以我們絕不能澄清，這個「我」（一個純然的思想）是否像其餘由此而相互連成串的思想那樣都是流轉的。

但值得注意的是，靈魂的人格性及其前提條件，亦即其持久性，從而還有其實體性， A365
現在才必須得到證明。因爲如果能夠預設這些東西，那麼，雖然由此還不會得出意識的持存，但畢竟會得出一個常駐的主體中的一種持續的意識的可能性，這對於人格性來說就已經夠了，人格性並不由於其作用一時被打斷，其本身就立刻終止。但是，這種持久性並不是在我們從同一的統覺推論出來我們自己在數目上的同一性之前就不透過任何東西被給予我們

實體的一切狀態都意識成爲它自己的狀態，因爲那些狀態連同意識都被過渡到它裡面，而儘管如此，它畢竟不會是所有這些狀態中的同一個人格。——康德自注

的，而是由這種同一性才推論出來的（而且如果正確地進行，則只能經驗性地使用的實體的概念，就必須繼這種同一性之後才出現）。既然人格的這種同一性絕不是在我認識我自己的所有時間的意識中從「我」的同一性得出的，所以，上面也不能把靈魂的實體性建立在人格的同一性上。

然而，就像實體和單純物的概念可以保留一樣，人格性的概念（就它是純然先驗的，亦即是主體的統一性而言，此外這個主體不爲我們所知，但在它的種種規定中卻有一種透過統覺的無例外聯結）也可以保留；就此而言，這個概念對實踐的應用來說也是必要的和充分的；但是，我們絕不能把它當做我們透過純粹理性的自我認識的擴展來炫耀，這樣的擴展從同一自我的純然概念出發給我們假裝出主體的一種不斷的持存，因爲這個概念始終是圍繞自己本身旋轉的，而且不在著眼於綜合知識的任何問題上使我們繼續前進。物質是一種什麼樣的物自身（先驗的客體），這雖然是我們完全不知道的，但儘管如此，物質在被表現爲某種外部的東西時，作爲顯象的物質的持久性卻畢竟是可以觀察到的。但是，既然在我要不顧一切表象的變遷而觀察純然的「我」時，除了我自己連同我的意識的普遍條件之外，沒有我進行比較的其他相關物，所以對於一切問題，我只能給出同義反覆的回答，因爲我把我的概念及其統一性加給了屬於作爲客體的我的屬性，預設了人們要求知道的東西。

A366

第四謬誤推理：觀念性

其存在只是作爲被給予的知覺的一個原因而被推論出來的東西，具有一種僅僅可疑的實存。

A367 現在，一切外部顯象都具有這樣的性質，即它們的存在不能被直接知覺到，而是僅僅作爲被給予的知覺的原因被推論出來。

所以，外感官的一切對象的存在都是可疑的。這種不確定性我稱之爲外部顯象的觀念性，而這種觀念性的學說就叫做觀念論，相比之下，認爲外感官的對象有一種可能的確定性的主張被稱爲二元論。

對先驗心理學的第四謬誤推理的批判

首先我們要檢驗前提。我們能夠有理由來主張，唯有在我們自己裡面的東西才能被直接地知覺到，而且唯有我自己的實存才能是一種純然知覺的對象。因此，在我（如果這個詞是在理智的意義上採用的）之外的一個現實對象的存在絕不是徑直在知覺中被給予的，而是只能作爲知覺的外部原因被在思想上附加給作爲內感官的一種變狀的知覺，因而被推論出來。A368 因此，笛卡爾也有理由把一切最狹義的知覺限制在「我（作爲一個能思維的存在者）在」的命題上。因爲顯而易見，既然外部的對象不在我裡面，我就不能在我的統覺中遇到它，因而也就不能在眞正說來只是統覺的規定的知覺中遇到它。

因此，我眞正說來不能知覺到外部的事物，而只能從我的內部知覺推論到他們的存在，因爲我把內部知覺視爲結果，某種外部的東西是其最切近的原因。但現在，從一個被給予的結果向一個確定的原因的推論在任何時候都是不可靠的，因爲結果可能產生自不止一個原因。據此，就知覺與其原因的關係而言，這原因是內部的還是外部的，因而一切所謂的知覺是否是我們內感官的一種純然遊戲，或者它們是否與作爲其原因的外部現實事物相關，這在任何時候都依然是可疑的。至少，後者的存在只是推論出來的，而且要冒一切推理的危險，因爲與此相反，內感官的對象（我自己連同我的一切表象）是直接知覺到的，而其實存根本不應受到懷疑。

因此，人們必須不把**觀念論者**理解成爲否定感官的外部對象的存在的人，而是理解成爲僅僅不承認這種存在透過直接的知覺被認識到的人，但由此就得出，我們透過一切可能的經驗也永遠不能完全確知外部對象的現實性。

A369

在我按照我們的謬誤推理的騙人的外表展示它之前，我必須首先說明，人們必須區分雙重的觀念論，即先驗的觀念論和經驗性的觀念論。我把一切顯象的先驗的觀念論理解成爲這樣一個學術概念，按照它，我們把所有的顯象均視爲純然的表象，而不視爲物自身；而且根據它，時間和空間只是我們的直觀的感性形式，而不是作爲物自身的客體的獨立被給予的規定或者條件。與這種觀念論相對立的，是一種先驗的實在論，它把時間和空間視爲某種就其自身而言（不依賴於我們的感性）被給予的東西。因此，先驗的實在論者把外部的顯象（如果人們承認它們的現實性）表現爲物自身，它們不依賴於我們和我們的感性而實存，因而按照純粹的知性概念也是外在於我們的。眞正說來，這種先驗的實在論者就是後來扮演經驗性的觀念論者的人，而且在他關於感官的對象錯誤地假定，如果它們應當是外部的，就必須就其自身而言無須感官也有其實存之後，就在這一觀點上發現我們感官的一切表象都不足以確定感官對象的現實性了。

與此相反，先驗的實在論者可能是一個經驗性的觀念論者，從而像人們稱謂他的那樣， A370
可能是一個二元論者，也就是說，承認物質的實存，無須超出純然的自我意識，無須假定比我裡面的表象的確定性，從而比 cogito, ergo sum〔我思，故我在〕更多的東西。因爲既然他承認這種物質、甚至物質內在的可能性僅僅是顯象，這種顯象與我們的感性分開就什麼也不是，那麼，物質在他那裡就只是一種表象（直觀），這種表象叫做外部的，並不是好像它們與就自身而言外部的對象有關似的，而是因爲它們使知覺與空間相關，在空間中一切都彼此外在，而空間自己卻在我們裡面。

從一開始，我們就已經宣布我們是贊同這種先驗的觀念論的。因此，對於我們的學術概念來說，就像我自己作爲一個能思維的存在者的存在一樣，根據我們純然的自我意識的見證來假定物質的存在，並由此宣稱這種存在已得到證明，這方面的所有疑慮都沒有了。因爲我畢竟意識到我的表象；因此，這些表象和擁有這些表象的我自己都是實存的。但現在，外部對象（物體）純然是顯象，因而也無非是我的一種表象，其對象唯有透過這些表象才是某種東西，與這些表象相分離就什麼也不是。因此，無論是外部事物還是我自己都實存，而且二 A371
者都根據我的自我意識的直接見證，區別只是我自己作爲能思維的主體，其表象僅僅與內感官相關，而表示有廣延的存在者的表象則也與外感官相關。爲了外部對象的現實性，我不需要進行推論，就像在我的內感官的對象（我的思想）的現實性方面一樣；因爲在這兩方面，對象無非是表象，其直接的知覺（意識）同時是其現實性的充分證明。

因此，先驗的觀念論者是一個經驗性的實在論者，並承認作爲顯象的物質有一種不可以推論出來，但可以直接知覺到的現實性。與此相反，先驗的實在論必然陷入尷尬，並發現自己被迫對經驗性的觀念論作出讓步，因爲它把外感官的對象視爲某種與感官本身有別的東西，把純然的顯象視爲存在於我們之外的獨立的存在者；這樣一來，即使我們對我們關於這些事物的表象有極清楚的表象，也還遠遠不能確定，如果表象實存，則與表象相應的對象也實存；與此相反，在我們的體系中，這些外部事物，即物質，在其一切形狀和變化中都無非是純然的顯象，也就是說，是我們裡面的表象，其現實性是我們直接意識到的。 A372

既然就我所知，一切擁護經驗性的觀念論的心理學家都是先驗的實在論者，所以他們當然完全一貫地行事，非常重視經驗性的觀念論，把它當做人類理性很難使自己擺脫的問題之一。因爲事實上，如果人們把外部顯象視爲由其對象作爲就自身而言存在於我們之外的事物而在我們裡面造成的表象，那就可以看出，除了透過從結果到原因的推理之外，人們不能以別的方式認識這些事物的存在；而這樣一來，那原因究竟是存在於我們裡面，還是存在於我們之外，就必然始終是可疑的了。現在，人們雖然可以承認，某種在先驗意義上可能處於我們之外的東西是我們的外部直觀的原因；但這並不是我們在物質和有形體事物的表象下所理解的對象；因爲這些表象都僅僅是顯象，也就是說，是純然的表象方式，它們在任何時候都僅僅存在於我們裡面，它們的現實性如同對我自己的思想的意識一樣，都基於直接的意識。先驗對象無論就內部直觀而言還是就外部直觀而言都同樣是不爲人知的。但這裡所說的也不是這種先驗對象，而是經驗性對象；經驗性對象如果在空間中被表現，就叫做外部對象，如果僅僅在時間關係中被表現，就叫做內部對象；但空間和時間二者都只能在我們裡面發現。

然而，由於「在我們之外」這個表述本身帶有一種不可避免的歧義性，它時而意味著作爲物自身而與我們有別地實存的某種東西，時而意味著僅僅屬於外部顯象的某種東西。所以，爲了使這個概念在後一種意義上，即在關於我們的外部直觀的實在性的心理學問題眞正說來被接受的意義上，免除不可靠性，我們就要徑直把經驗性上的外部對象稱爲可以在空間中遇到的事物，由此把它們與在先驗意義上叫做外部對象的對象區別開來。

空間和時間雖然是還在一個現實的對象透過感覺規定我們的感官，以便在那些感性的關係下把它表現出來之前，就作爲我們的感性直觀的形式寓於我們裡面的先天表象，然而，這種質料的或者實在的東西，這個應當在空間中被直觀的某物，卻必然以知覺爲前提條件，不

A373

依賴於顯示空間中的某物的現實性的知覺，這個某物就不能透過任何想像力構想或者產生出
來。因此，感覺是根據其與感性直觀的這種或者那種方式相關而在空間和時間中表示一種現 A374
實性的東西。一旦有感覺被給予（如果感覺被用於一個一般對象而不規定這個對象，它就叫
做知覺），就可以透過感覺的雜多性來在想像中構想某種對象，這對象在想像之外在空間和
時間中沒有經驗性的位置。這是毫無疑問地確定的；人們盡可以提到快樂與痛苦等感覺，或
者也提到外感官的感覺如顏色、熱等等，知覺都是爲思維感性直觀的對象而必須首先給出材
料所憑藉的東西。因此（我們現在只考慮外部直觀），這種知覺表現著空間中的某種現實的
東西。因爲第一，知覺是一種現實性的表象，就像空間是一種並存的純然可能性的表象一
樣。第二，這種現實性是在外感官之前，亦即是在空間中被表現的。第三，空間本身不外是
純然的表象；因此，在空間中就唯有在它裡面被表現的東西才能夠被視爲現實的③，而反過
來，在空間中被給予亦即透過知覺被表現的東西，在空間中也是現實的；因爲如果這東西在 A375

---

③人們必須好好留意這個悖謬卻又正確的命題，即在空間中除了在它裡面被表現的東西之外一無所有。因爲空間本身無非是表象；所以，凡是在它裡面的東西，都必須包含在表象中，而除了實際上在空間中被表現的，在空間中也根本沒有任何東西。說一個事物唯有在關於它的表象中才能夠實存，這個命題聽起來當然必定令人覺得奇怪，但在這裡，由於我們與之打交道的事物並不是物自身，而僅僅是顯象，亦即是表象，這個命題就不令人反感了。——康德自注

它裡面不是現實的，亦即不是直接透過經驗性的直觀被給予的，那麼，它也就不能被構想出來，因爲人們根本不能先天地認識直觀的實在的東西。

因此，一切外部知覺直接地證明著空間中的某種現實的東西，或者毋寧說是現實的東西本身，就此而言，經驗性的實在論是毫無疑問的，也就是說，空間中有某種現實的東西與我們的外部直觀相應。當然，空間本身連同它的所有作爲表象的顯象都在我裡面，但在這個空間中，畢竟仍然有實在的東西或者外部直觀的一切對象的材料，現實地、不依賴於一切構想被給予出來，而且在這個空間中也不可能有某種在我們之外的東西（在先驗的意義上）被給予出來，因爲在我們的感性之外的空間本身什麼也不是。因此，最嚴格的觀念論也不能要求人們證明，我們之外（在嚴格的意義上）的對象與我們的知覺相適應。因爲即使存在諸如此類的東西，它也畢竟不能被表象和直觀成爲在我們之外，因爲這是以空間爲前提條件的，而作爲一個純然表象的空間中的現實性無非就是知覺本身。因此，外部顯象的實在的東西唯有在知覺裡面才是現實的，而且不能以任何別的方式是現實的。

從知覺能夠產生出對象的知識，要麼是透過想像的單純活動，要麼是憑藉經驗。而這時，當然會產生對象不與之相適應的虛假表象，而且在這裡，欺騙有時可歸之於想像的幻覺（在夢中），有時可歸之於判斷力的錯誤（在所謂感官的欺騙中）。爲了在這裡避開虛假的外表，人們按照如下的規則行事：按照經驗性的規律與一個知覺相聯繫的，就是現實的。然而，無論是這種欺騙還是對這種欺騙的抵制，都既涉及觀念論也涉及二元論，因爲這裡

A376

只與經驗的形式相關。經驗性的觀念論作爲對我們的外部知覺的客觀實在性的一種錯誤的疑
慮，對它的反駁已經很充分了；外部知覺直接證明著空間中的一種現實，這個空間雖然就自
身而言只不過是表象的純然形式罷了，但就一切外部顯象（外部顯象也無非是表象）而言卻 A377
具有客觀的實在性；此外，如果沒有知覺，甚至構想和夢也不可能，因此，我們的外感官就
經驗能夠由之產生的材料而言在空間中具有現實的相應對象。

獨斷的觀念論者會是否認物質的存在的觀念論者，而懷疑的觀念論者則會是懷疑物質的
觀念論者，因爲他把物質視爲不可證明的。前者之所以如此，只是因爲他相信在一般物質
的可能性中發現了種種矛盾；而我們現在還不想與這種觀念論者打交道。關於辯證推理的
下一章，將就屬於經驗的聯繫的東西之可能性的概念而言，來介紹處於其內在衝突之中的
理性，它也將消除這種困難。但僅僅攻擊我們的主張的根據、宣稱我們相信建立在直接的知
覺之上的關於物質存在的勸說並不充分的懷疑的觀念論者，卻就他迫使我們甚至在平常經驗
的極微小的進步時都要小心謹慎、不馬上把我們也許只是騙取來的東西當做正當獲得的而納 A378
入我們的財產而言，是有益於人類理性的人。觀念論的異議在這裡所造成的好處，如今已是
清晰可見了。這些異議極力推動我們，如果我們不想在我們最平常的主張中也糾纏不清的
話，就把一切知覺，無論它們叫做內部知覺還是叫做外部知覺，都僅僅視爲對依賴於我們感
性的東西的一種意識，而把這些知覺的外部對象不是視爲物自身，而是僅僅視爲表象；我們
能夠直接意識到這些表象，正如我們能夠直接意識到任何其他表象一樣；但它們之所以叫做

外部表象，乃是因爲它們依賴於我們稱爲外感官的那種感官；外感官的直觀就是空間，但空間本身畢竟不外是一種內部的表象方式，在其中某些知覺相互聯結起來。

如果我們使外部對象被視爲物自身，那就完全不可能理解，由於我們僅僅依據在我們裡面的表象，我們應當如何達到它們在我們之外的現實性的知識。因爲人們畢竟不能在自身之外感覺，而只能在自身之內感覺，因此，整個自我意識所提供的無非僅僅是我們自己的種種規定。因此，懷疑的觀念論就迫使我們抓住這唯一留給我們的避難所，即求助於一切顯象的觀念性，這種觀念性我們在先驗感性論中就曾經不依賴於我們當時尚不能預見的這一切後果而闡明過了。如今，如果有人問，據此在靈魂學說中是否唯有二元論才是成立的，回答則是：當然！但只是在經驗性的意義上；也就是說，在經驗的聯繫中，確實有物質作爲顯象中的實體被給予外感官，就像能思維的我同樣作爲顯象中的實體被在內感官之前給出一樣；而這一範疇把一些規則引入我們的外部知覺的聯繫和內部知覺的聯繫，使它們成爲經驗，顯象在這兩方面都必須按照這些規則相互聯結起來。但是，如果人們要像通常發生的那樣擴展二元論的概念，並在先驗的意義上對待它，那麼，無論是它還是與它相對立的精神論爲一方，或者唯物論爲另一方，都沒有絲毫根據，因爲在這種情況下，人們就錯用了自己的概念的規定，把我們根據其自身所是的東西依然未知的對象的表象方式的不同視爲這些事物本身的不同。透過內感官在時間中被表現的「我」和空間中在我之外的對象雖然在類上是完全有別的顯象，但由此卻並不被思維成不同的事物。作爲外部顯象的基礎的先驗客體和作爲內部

A379

A380

顯象的基礎的先驗客體，都既不是物質，也不是一個能思維的存在者自身，而是既提供前一類的概念也提供後一類的概念的種種顯象的一個不爲我們所知的根據。

因此，如果我們像目前的批判明顯迫使我們做的那樣，忠實地遵循上面確定的規則，即不把我們的問題推進到可能的經驗能夠給我們提供其客體的程度之外，那麼，我們就絕不會突發奇想，要根據我們的感官的對象就其自身而言，亦即無須與感官的關係所可能是的東西來了解這些對象。但是，如果心理學家把顯象當做物自身來對待，不管他是作爲唯物論者僅僅把物質納入他的體系，還是作爲精神論者僅僅把能思維的存在者納入他的體系，還是作爲二元論者把二者都作爲獨立實存的事物納入他的體系，他都會總是被誤解拖累在關於畢竟不是物自身，而只是一個事物的顯象的東西如何能夠就自身而言而實存的玄想方式上。

根據這些謬誤推理對純粹的靈魂說的總體的考察

如果我們把作爲內感官的自然學的靈魂說與作爲外感官的對象的自然學的物體說進行比較，那麼，除了在這二者中都能夠經驗性地認識許多東西之外，我們畢竟還發現了這種顯著的區別，即在前一門科學中，許多東西先天地從一個有廣延的、不可入的存在者的純然概念出發就能夠被綜合地認識到，而在前一門科學中，從一個能思維的存在者的概念出發根本不

A381

能先天綜合地認識任何東西。其原因如下：儘管二者都是顯象，但外感官面前的顯象畢竟擁有某種固定的或者常駐的東西，提供一種作爲可變的規定之基礎的基底，從而提供一個綜合的概念，亦即關於空間和空間中的顯象的概念，而作爲我們的內部直觀的唯一形式的時間卻不擁有常駐的東西，從而僅僅使人認識各種規定的變遷，卻不使人認識可規定的對象。因爲在我們稱爲靈魂的東西中，一切都處在不斷的流動中，除了（如果人們絕對要如此表述的話）那個單純的「我」之外，沒有任何常駐的東西，而那個「我」之所以是單純的，乃是因爲這個表象沒有任何內容，因而也沒有任何雜多性，所以它也顯得是在表現、更準確地說是在表示一個單純的客體。要想有可能實現關於一個能思維的一般存在者的本性的純粹理性知識，這個「我」就必須是一個直觀，它既然在一切思維中（先於一切經驗）都被當做前提條件，就作爲先天直觀提供出綜合命題。然而，這個「我」卻不是直觀，正如它不是關於某一個對象的概念一樣，而是能夠伴隨兩種表象，並且就還有某種爲一個對象的表象呈現材料的別的東西在直觀中被給予出來而言，能夠把兩種表象提升爲知識的那個意識的純然形式。因此，整個理性心理學作爲一門超出人類理性一切力量的科學就作廢了，而給我們剩下來的就無非是根據經驗的導線來研究我們的靈魂，並堅守在不超出可能的內部經驗能夠展示其內容的範圍之外的問題的限制之內。

但是，儘管它作爲擴展的知識不具有任何用途，而且這樣的知識還是由純然的謬誤推理複合而成的，但是，如果它應當被視爲無非是對我們的辯證推理，而且是平常的和自然的理

A382

性的辯證推理的一種批判的探討的話，人們畢竟還是不能否認它有一種重要的消極用途。

A383

我們爲什麼需要一種純然建立在純粹的理性原則之上的靈魂說呢？毫無疑問，主要意圖是爲了針對唯物論的危險來保障我們能思維的自我。但是，這是我們已經給出的關於我們能思維的自我的理性概念完成的。因爲根據這個概念，遠遠不會還剩下一些懼怕，即如果人們除去物質，一切思維乃至能思維的存在者的實存就會由此被取消，毋寧說它清楚地表明，如果我除去能思維的主體，整個物體世界就必然消逝，因爲物體世界無非是我們主體的感性中的顯象和主體的一種表象罷了。

由此，我固然不能更好地根據其屬性來認識這個能思維的自我，也不能看出它的持久性，甚至就連它的實存對外部顯象的某個先於基底的獨立性也不能看出；因爲無論是這種基底，還是那個能思維的自我，都是不爲我所知的。但是，由於我除了從純然思辨的根據出發之外，仍有可能從別處獲得理由來希望我的能思維的本性有一種獨立的、不顧我的狀態的所有可能的變遷而仍然持久地實存，所以，即使坦率承認我自己的無知，也仍然能夠擊退一個思辨對手的獨斷進攻，並且向他指出，關於我的主體的本性，他爲了否認我的種種期望的可

A384

能性而能夠知道的，絕不多於我爲了堅持這些期望而能夠知道的，這已經是所獲頗豐了。

建立在我們心理學概念的這種先驗外表之上的，還有三個辯證的問題，它們構成了理性心理學的眞正目標，而且除了透過上述研究之外，不能以任何別的方式來裁定。這三個辯證問題是：1. 關於靈魂與一個有機物體的共聯性之可能性的問題，亦即關於人的生命中的動物

性和靈魂狀態的問題；2.關於這種共聯性的開始的問題，亦即關於人出生時和出生前的靈魂的問題；3.關於這種共聯性的終結的問題，亦即關於人死時和死後的靈魂的問題（關於不死性的問題）。

我斷言，人們認為在這些問題中所發現的、人們當做獨斷的異議試圖以之博得對事物的本性有比平常的知性所能有的一種更深刻的洞識的聲望的所有困難，都依據一種純然的幻覺，人們按照這種幻覺把純然在思想中實存的東西實體化，以同樣的性質把它假定為在能思維的主體之外的一個現實的對象。也就是說，把無非是顯象的廣延視為外部事物的一種即便沒有我們的感性也自存的屬性，把運動視為它們即便在我們的感官之外也就自身而言實際發生的結果。因為其與靈魂的共聯性激起如此之大的疑慮的物質，無非是一種純然的形式，或者是透過人們稱為外感官的那種直觀來表現一個未知對象的某種方式。因此，可能有某種東西在我們外面，我們稱為物質的這種顯象與它相應；但是，在這種作為顯象的形狀中，它卻不在我們外面，而是僅僅作為一個思想在我們裡面，儘管這個思想透過所說的感官把它表現為存在於我們外面的。因此，物質並不意味著實體與內感官的對象（靈魂）完全有別的、異質的種類，而僅僅意味著一些（就自身而言不為我們所知的）對象的顯象的異類性，我們稱它們的表象為外部的，乃是與我們歸之於內感官的表象相比較而言的，儘管它們與其他一切思想一樣，都同樣純然屬於能思維的主體；只不過它們自身具有這種迷惑人的東西，即既然它們是表現空間中的對象的，它們就顯得彷彿是從靈魂脫落、在靈魂之外飄浮似的，但即便

A385

是它們在其中被直觀到的空間，也無非是一個表象，我們在靈魂之外根本找不到其處於同樣性質之中的對應物。如今，問題不再是靈魂與我們外面的另一些已知的和異類的實體的共聯性，而純然是內感官的表象與我們外部感性的種種變狀的聯結，而且不管這些變狀如何按照恆常的規律相互聯結，以至於在一個經驗中相互聯繫。 A386

只要我們把內部顯象和外部顯象都作爲經驗中的表象相互結合起來，我們就不會發現悖理的東西和使得兩種感官的共聯性令人覺得奇怪的東西了。但是，一旦我們把外部經驗實體化，不再把它們當做表象，而是以它們存在於我們裡面的同樣性質也當做在我們外面獨立存在的事物，而把它們作爲顯象在關係中相互顯示出的活動與我們能思維的主體聯繫起來，那麼，我們就有了在我們外面的作用因的一種性質，這種性質與該作用因在我們裡面的結果是無法協調的，因爲前者僅僅與外部感官相關，而後者卻與內感官相關，這些感官雖然被結合在一個主體中，但卻是極不同類的。在外感官中，除了位置的變化之外，我們沒有任何別的外部結果，而且除了以空間中的關係爲其結果的種種努力之外，我們也沒有任何力量。但在我們裡面，結果卻是思想，在思想中間不存在位置的關係、運動、形象或者一般的空間規定，而且我們在應當顯示在內感官之中的結果那裡完全失去了原因的導線。但是我們應當考慮到：物體並不是對我們來說在場的對象自身，而是誰也不知道的一種未知對象的純然顯象；運動並不是這個未知原因的結果，而純然是它對我們感官的影響的顯象；因此，二者都不是在我們外面的某物，而純然是在我們裡面的表象，因而並不是物質的運動在我們裡 A387

面造成表象，而是運動本身（因而還有由此而使自己可被認識的物質）是純然的表象；而最後，整個自作自受的困難的結果就是：我們的感性的表象是如何亦即透過什麼原因如此相互結合，以至於我們稱爲外部直觀的那些表象能夠按照經驗性的規律被表現爲在我們外面的對象；這個問題根本不包含被信以爲眞的那種困難，即透過我們把一種未知的原因的顯象當做在我們外面的原因，而從存在於我們外面的、完全異類的作用因來解釋表象的起源；這樣做只能造成混亂。在出現了因長期的習慣而根深蒂固的誤解的那些判斷中，不可能使糾正立刻獲得在沒有諸如此類不可避免的幻覺來攪亂概念的其他場合所能夠要求的那種可理解性。因此，我們把理性從種種詭辯的理論中這樣解放出來，將很難說已經擁有使它完全滿足所必需的那種明晰性。

A388

我相信以如下方式將能夠增進這種明晰性。

所有的異議可以劃分爲獨斷的異議、批判的異議和懷疑的異議。獨斷的異議是針對一個命題的異議，而批判的異議則是針對一個命題的證明的異議。前者爲了能夠主張該命題關於對象所僞稱的東西的對立面，就需要對這個對象的本性的性狀有一種洞識；因此它本身是獨斷的，並且僞稱比對方更好地認識所說的性狀。批判的異議由於並不在命題的有價值或者無價值方面觸及命題，而是僅僅抨擊證明，所以根本不需要更好地認識對象，或者自以爲對這個對象有一種更好的知識；它只是指出這種主張是沒有根據的，但並不指出它是錯誤的。懷疑的異議把命題和反命題當做同等重要的異議相互對立起來，把雙方中的每一方都交替地當

做教條，而把另一方當做其異議，因而在兩個對立的方面看起來都是獨斷的，結果是完全摧 A389
毀了關於對象的一切判斷。因此，無論是獨斷的異議還是懷疑的異議，二者都必須僞稱對自己的對象所擁有的洞識之多，恰如對該對象肯定地或者否定地有所主張所必需。然而，批判的異議卻具有這樣的性質，即由於它僅僅指出，人們爲了自己的主張而假定了空無的、純然想像的東西，所以理論之所以倒臺，乃是因爲它抽掉了該理論自詡的基礎，除此之外，它並不想關於對象的性狀澄清某種東西。

現在，按照理性就我們能思維的主體與我們外面的事物處於其中的共聯性而言的平常概念，我們是獨斷的，並且按照某種先驗的二元論把這些事物視爲眞實的、不依賴於我們而存在的對象；這種先驗的二元論並不把那些外部顯象當做表象歸於我們主體，而是把它們如同感性直觀向我們提供的那樣作爲客體置於我們外面，並把它們與能思維的主體完全分離開來。這種置換是關於靈魂與肉體之間的共聯性的一切理論的基礎，而且從來都沒有問一
問，顯象的這種客觀實在性究竟是不是如此完全正確，相反，這種客觀實在性被預設爲已得 A390
到承認的，並僅僅對它必須如何解釋和理解的方式作出玄想。通常在這方面有三種體系被構想出來，而且實際上也只有三種可能的體系，這就是**自然影響**的體系、**預定和諧**的體系和**超自然的襄助**的體系。

對靈魂與肉體的共聯性的後兩種解釋方式是建立在對前一種解釋方式的異議之上的，而前一種解釋方式則是平常知性的想像；也就是說，顯現爲物質的東西，透過其直接的影響不

能是作爲一種完全異質的結果的表象的原因。但在這種情況下，它們就不能把物質的概念與它們所理解的外部感官的對象相結合，物質無非是顯象，因而就自身而言已經是透過某些外部對象所造成的純然表象；因爲若不然它們就會說，外部對象的表象（顯象）不可能是我們心靈中的表象的外部原因；這就會是一種完全沒有意義的異議，因爲沒有一個人會想到把它曾承認是純然的表象的東西視爲一種外部的原因。因此，按照我們的原理，它們必須把自己的理論集中在這一點上，即凡是我們的外感官的眞正的（先驗的）對象的東西，都不能是我們在物質這個名稱下所理解的那些表象（顯象）的原因。既然沒有人能夠有根據地宣稱關於我們外感官的表象的先驗原因知道些什麼，所以它們的主張就是毫無根據的。但是，如果自然影響說的所謂改善者們想按照一種先驗的二元論的通常表象方式把物質本身視爲一種物自身（而且不是視爲一個未知事物的純然顯象），而且把他們的異議集中於指明，除運動的因果性之外就自身而言不表明任何其他因果性的這樣一種外部對象，絕不能夠是表象的作用因，相反，必須有第三個存在者充當媒介，以便在兩者之間即使不造成相互作用，至少也造成一致與和諧，那麼，他們就會從把自然影響的 πρωτον ψευδος（根本虛妄）納入他們的二元論開始自己的反駁，因而透過他們的異議所反駁的不僅是自然影響，而且也是他們自己的二元論預設。因爲能思維的本性與物質的結合所遇到的一切困難，都毫無例外地僅僅產生自那個騙取的二元論表象，即：物質本身不是顯象，亦即不是心靈的純然表象，有一個未知的對象與之相適應，而是對象自身，如其在我們外面並且不依賴於一切感性而實存那樣。

A391

A392 因此，針對通常假定的自然影響，並不能提出獨斷的異議。因爲如果對手假定物質及其運動是純然的顯象，因而本身只是表象，那麼，獨斷的異議就只能夠把困難設定在這一點上，即我們感性的未知對象不能是我們裡面的表象的原因；但沒有絲毫的東西使它有權以此爲藉口，因爲關於一個未知對象，沒有人能夠澄清它能夠做什麼和不能夠做什麼。但是，按照我們上面的證明，如果他不想明顯地把表象實體化，把表象作爲眞實的事物置於自身之外的話，他就必須必然地承認先驗的觀念論。

儘管如此，對於通常的自然影響學說是能夠提出一種有根據的批判的異議的。兩種實體亦即能思維的實體和有廣延的實體之間的這樣一種僞稱的共聯性，以一種粗糙的二元論爲基礎，並且把畢竟無非是能思維的主體的純然表象的有廣延實體當做獨立存在的事物。因此，被誤解的自然影響必然由於人們揭示出其證明根據是虛妄的和騙取的而被完全挫敗。

因此，如果人們去除一切想像出來的東西，那麼，關於能思維者和有廣延者的共聯性這
A393 個臭名昭著的問題的結果就會僅僅是：在一個一般的能思維的主體裡面，外部直觀亦即空間（空間的充滿、形象和運動）的直觀是如何可能的。但對這個問題，沒有一個人有可能找到一種答案，而且人們永遠不能塡補我們知識的這個漏洞，而是只能把外部顯象歸於一個先驗對象來標出這個漏洞；這個先驗對象就是這種表象的原因，但我們根本不認識它，而且也永遠不會獲得關於它的一些概念。在經驗的領域可能出現的一切問題中，我們都把那些顯象當做對象自身來對待，並不關心它們（作爲顯象）的可能性的最初根據。但如果我們超出它們

的界限，一個先驗對象的概念就成爲必要的了。

從關於能思維的存在者和有廣延的存在者之間的共聯性的這些預先提醒出發，對涉及能思維的本性在這種共聯性之前（生前）或者在這樣的共聯性被取消之後（死後）的狀態的一切爭執或者異議的裁定就是一個直接的結果了。認爲能思維的主體在與肉體有任何共聯性之前就能夠思維的意見，就會這樣來表達：在空間中的某種東西顯現給我們所憑藉的這種感性方式開始之前，在當前狀態顯現爲物體的同樣一些先驗對象就已經能夠以完全不同的方式被直觀到。而認爲靈魂在與物體世界的一切共聯性都被取消之後仍然能夠繼續思維的意見，則會以這種形式來表現自己：如果先驗的、如今完全未知的對象對我們顯現爲物質世界所憑藉的感性方式應當終止，那麼，由此也並沒有取消對這些對象的一切直觀；完全可能的是，同一些未知對象繼續被能思維的主體所認識，儘管當然不再是以物體的性質被認識。

如今，雖然沒有人能夠援引絲毫的根據來從思辨的原則出發提出這樣一種主張，甚至連闡明它的可能性也不能，而是只能預設它；但也同樣沒有人能夠對此提出某種有效的獨斷異議。因爲無論是誰，他關於外部的和有形體的顯象的絕對的和內部的原因所知道的，與我和任何其他人所知道的都同樣少。因此，他也不能有根據地宣稱知道，外部顯象在現今狀態中（在活著時）的現實性所依據的是什麼，因而也不能宣稱知道，一切外部直觀的條件或者還有能思維的主體本身在這種狀態之後（在死後）將終止。

因此，關於我們能思維的存在者及其與物體世界的聯結之本性的一切爭論，都僅僅是人

A394

A395

們在取消自己一無所知的東西時用理性的謬誤推理來塡空的一種後果，因爲人們把自己的思想當成了事實並把它們實體化；由此就產生出自負的科學，無論就提出肯定主張的人而言還是就提出否定主張的人而言都是如此，因爲每一方都要麼自以爲對沒有人有任何概念的對象知道些什麼，要麼把他自己的表象當做對象，並這樣在歧義和矛盾的一個永恆的圈子中來回轉。除非是一種嚴格的、但又公正的批判的冷靜態度使人從透過想像出來的幸福把如此之多的人拖在種種理論和體系中間的這種獨斷幻象中解放出來，並把我們的一切思辨要求僅僅限制在可能經驗的領域，不是透過對屢遭失敗的嘗試的無聊嘲弄，或者透過對我們理性的限制善意嘆惜，而是憑藉按照可靠的原理對我們的理性實施的界限規定，這種規定極爲可信地把它的 Nihil ulterius〔不可逾越〕寫在赫爾庫勒斯石柱上；這些赫爾庫勒斯石柱是自然自己設立的，爲的是我們理性的航程僅僅持續到經驗那不斷延展的海岸所及的地方；我們不可能離開這海岸，而又不冒險進入無邊無際的大洋；這大洋透過總是騙人的景象終將迫使我們把一切艱辛又費時的努力都當做毫無希望的而放棄掉。

※　※　※

迄今爲止，我們還沒有對純粹理性的謬誤推理中的先驗的卻又是自然的幻相作出一種清晰而又普遍的討論，此外，也還沒有對謬誤推理的系統的、與範疇表平行的順序作出理由說

A396

明。在本章開始時，我們無法作出這種討論和說明，而又不冒模糊不清的危險，或者以不適當的方式提前行動。現在，我們要嘗試履行這項義務了。

人們可以把一切幻相都設定在這一點上，即思維的主觀條件被視爲對客體的知識。此外，我們曾在先驗辯證論的導論中指出，純粹理性僅僅涉及一個被給予的有條件者的條件之綜合的總體性。既然純粹理性的辯證幻相不能是在一定的經驗性知識中出現的一種經驗性的幻相，所以它將涉及思維之條件的普遍的東西，而純粹理性的辯證應用只有三種情況： A397

1. 一般思想的種種條件的綜合。
2. 經驗性思維的種種條件的綜合。
3. 純粹思維的種種條件的綜合。

在所有這三種情況裡，純粹理性只涉及這種綜合的絕對總體性，亦即本身無條件的條件。三種先驗幻相也是基於這種劃分的；三種先驗幻相爲辯證論的三章提供了理由，並同樣爲出自純粹理性的三種僞科學，亦即先驗心理學、先驗宇宙論、先驗神學提供了理念。我們在這裡只討論第一種。

由於我們在一般思維中抽掉了思想與任何一個客體（無論它是感官的客體還是純粹知性的客體）的一切關係，所以一般思想的種種條件的綜合（第一條）就根本不是客觀的，而純然是思想與主體的一種綜合，但這種綜合卻被誤以爲是一個客體的綜合表象。

但由此也得出，推出一切一般思維的本身無條件的條件的辯證推理並不犯內容上的錯

A398 誤（因爲它抽掉了一切內容或者客體），而是僅僅在形式上犯錯誤，且必須被稱爲謬誤推理。

此外，由於伴隨一切思維的唯一條件是「我思」這個全稱命題中的「我」，因而理性所涉及的是這個本身無條件的條件。但是，這條件僅僅是形式的條件，亦即任何一種我抽掉了一切對象的思想的邏輯統一性，而且儘管如此卻被表現爲我所思維的一個對象，亦即「我」自己及其無條件的統一性。

如果有人一般而言給我提出如下問題：一個能思維的事物具有什麼樣的性狀？則我先天地不知道絲毫的東西來回答它，因爲答案應當是綜合的（因爲一個分析的答案也許解釋了思維，但關於這個思維就其可能性而言所依據的東西，卻沒有給出任何擴展了的知識）。任何一種綜合的解答都要求有直觀，而直觀在這個如此一般的課題中已經被完全刪略了。同樣，沒有人能夠就其一般性來回答如下問題：可運動的東西究竟必須是什麼樣的事物？因爲不可入的廣延（物質）在這種情況下並沒有被給予。儘管我一般地對前一個問題不知道任何
A399 答案，但我畢竟認爲，我能夠在個別場合以表述自我意識的命題「我思」來給出答案。因爲這個「我」是最初的主體，亦即實體，它是單純的，等等。但如此一來，這就必然是純然的經驗命題，如果沒有一個表達一般地和先天地進行思維的可能性的種種條件的普遍規則，這些命題仍然不能包含任何諸如此類的謂詞（這些謂詞不是經驗性的）。以這樣的方式，我那開始時如此明顯的洞識，即對一個能思維的存在者的本性作出判斷，而且是從純粹的概念出

發作出判斷，就讓我起疑了，儘管我還沒有揭示它的錯誤。

然而，在我賦予我（作爲一個一般的能思維的存在者）的種種屬性的起源背後進一步作出探究，就能夠揭示這種錯誤。這些屬性無非就是純粹的範疇，我絕不是用它們來思維一個確定的對象，而僅僅是用它們來思維種種表象的統一性，以便規定這些表象的一個對象。如果沒有一個作爲基礎的直觀，單是範疇就不能給我帶來關於一個對象的任何概念；因爲只有透過直觀，對象才被給予，然後它才按照範疇被思維。如果我宣稱一個事物是經驗中的一個實體，那麼，事先就必須有它的直觀的種種謂詞被給予我，我根據它們把持久的東西與可變的東西區別開來，把基底（事物本身）與純然依存於基底的東西區別開來。如果我稱一個事物在顯象中是單純的，那麼，我由此理解的是，該事物的直觀雖然是顯象的一個部分，但本身卻不能被分割，等等。但是，如果某種東西僅僅在概念中而不是在顯象中被認識成爲單純的，那麼，我由此實際上所擁有的知識根本不是關於一個對象，而僅僅是關於我對不能有任何眞正的直觀的某物形成的概念。我之所以說我把某種東西思維成爲完全單純的，只是因爲我除了說它是某物之外，委實沒有什麼別的可說。

如今，純然的統覺（我）是概念中的實體，在概念中是單純的，等等；這樣一來，所有那些心理學的學說都具有其無可爭議的正確性。儘管如此，由此畢竟絕對沒有認識到靈魂的那種人們本來想知道的東西；因爲所有這些謂詞都根本不適用於直觀，因而也都不能有任何可以用於經驗對象的結果，所以它們就完全是空洞的。因爲那個實體概念並不告訴我

A400

靈魂獨自就持續存在，並不告訴我它是外部直觀的一個本身不能再被分割、因而不能透過自然的任何變化有生或者有滅的部分；這些都完全是能夠使我在經驗的聯繫中認識靈魂、就其起源和未來狀態給我作出說明的屬性。但現在，如果我透過純然的範疇說：靈魂是一個單純 A401 的實體，那麼很清楚，既然實體這個空洞的知性概念所包含的沒有別的，無非是一個事物應當被表現爲主體自身，並不又是另一個事物的謂詞，所以由此就不能得出持久性，而單純物的屬性肯定不能增添這種持久性，因而人們由此關於在世界的種種變化中可能波及靈魂的東西沒有得到任何教益。如果有人能夠告訴我們：靈魂是物質的一個單純的部分，那麼，我們就能夠從經驗關於物質所教導的東西出發，從物質推導出持久性，並連同單純的本性一起推導出靈魂的不可毀滅性。但對這些，這條心理學原理（我思）中的「我」這個概念卻未置一言。

但是，在我們裡面能思維的存在者，自以爲透過純粹的範疇，而且是透過每一項範疇中表述絕對統一性的那些範疇，就能夠認識自己，其原因如下。統覺本身是範疇的可能性的根據，而範疇在自己這方面不表現任何別的東西，只表現直觀的雜多在統覺中有統一性時的綜合。因此，一般的自我意識就是作爲一切統一性的條件且本身無條件的東西的表象。所以，能思維的「我」（靈魂）把自身思維成爲實體、單純的、在一切時間中都是數目上同 A402 一的、是一切存在的相關物、其他一切存在都必須從這個相關物推論出來，關於這個能思維的「我」，人們就可以說：它不是透過範疇而認識自己，而是在統覺的絕對統一性中，從而透過自己本身而認識範疇，並透過範疇而認識一切對象。如今，雖然很清楚，我不能把我爲了一般而言認識一個客體而必須預設的東西本身當做一個客體來認識，而且進行規定的自我（思維）有別於能被規定的自我（能思維的主體），正如知識有別於對象一樣。但儘管如此，卻再也沒有比把思想的綜合中的統一性視爲這些思想的主體中的一種被知覺到的統一性這種幻相更自然、更誘惑人了。人們可以把這種幻相稱爲被實體化的意識（apperceptionis substantiae〔作爲實體的統覺〕）的置換。

如果就理性的靈魂學說的辯證理性推理中的謬誤推理儘管如此仍具有正確的前提而言，人們想在邏輯上命名這種謬誤推理的話，那麼，它可以被視爲一種 sophisma fugurae dictionis〔言說式的詭辯〕，在它裡面，大前提就範疇的條件而言對範疇做了一種先驗的應用，而小前提和結論則就被統攝在這一條件之下的靈魂而言對同一範疇做了一種經驗性的應用。例如，實體概念在單純性的謬誤推理中是一個純理智的概念，如果沒有感性直觀的條件，它就只有先驗的應用，也就是說，沒有任何應用。但在小前提中，同一個概念卻被用於一切內部經驗的對象，卻畢竟沒有預先確立它的具體應用的條件，亦即沒有預先確立該對象的持久性，並把它作爲基礎，因此是對它做了一種經驗性的應用，儘管經驗性的應用在這裡是不允許的。

A403

最後，爲了在純粹理性的一種聯繫中展示一種玄想的靈魂學說中的所有這些辯證主張的系統聯繫，從而展示所有這些辯證主張的完備性，人們就要注意：統覺貫穿於範疇的所有類別，但是只達到在範疇的每一類別中作爲其他知性概念在一個可能的知覺中的統一性之基礎的那些知性概念，因而就是自存性、實在性、單一性（不是複多性）和實存；只不過理性在這裡把它們都表現爲一個能思維的存在者之可能性的本身無條件的條件罷了。因此，靈魂在自身認識到：

A404

1.
關係的無條件的統一性
亦即
自身不是依存的
而是
自存的

2.
質的無條件的統一性
亦即
不是實在的整體
而是
單純的④

3.
時間中的複多性中的無條件的統一性
亦即
不是在不同的時間裡數目上不同的
而是
作爲同一個主體

4.
空間中的存在的無條件的統一性
亦即不是作爲對它外面的諸多事物的意識
而是
僅僅對它自己的存在的意識
對其他事物的意識純然是對它的表象的意識

④ 單純的東西在這裡如何又與實在性的範疇相應，我現在還不能說明，而是要在下一篇，藉同一個概念的另一種理性應用的機會再指出。——康德自注

A405

理性是原則的能力。純粹心理學的種種主張並不包含關於靈魂的經驗性謂詞，而是如果成立的話，包含的是應當獨立於經驗、從而透過純然的理性規定對象自身的這樣一些謂詞。因此，它們正當地建立在關於一般能思維的本性的原則和普遍概念之上。但實際上不是如此，而是「我在」這個個別的表象全都支配著它們，而正由於這個表象（不確定地）表達著我的所有經驗的純粹公式，它就像一個對所有能思維的存在者都有效的普遍命題那樣宣告自己，而且既然它儘管如此仍在所有方面都是個別的，所以就帶有一般思維的種種條件的絕對統一性的幻相，並由此而把自己擴張到可能的經驗能夠達到的範圍之外。⑤

⑤ 所附第一版原文到此結束。鑒於自此以後第一版與第二版文本基本一致，下文不再標注第一版的邊碼。——譯者注

第二篇

純粹理性的二論背反

我們在本書這一部分的導論中已經指明，純粹理性的一切先驗幻相都基於辯證的推理，邏輯學在一般理性推理的三種形式中提供了辯證推理的圖型，就像各範疇在一切判斷的四種功能中發現自己的邏輯圖型一樣。這些玄想推理的第一種關涉（主體或者靈魂的）一切一般表象之主觀條件的無條件的統一性，與定言理性推理相應，其大前提作爲原則而表述一個謂詞與一個主體的關係。因此，辯證論證的第二種按照與假言理性推理的類比，以顯象中的客觀條件的無條件的統一性爲內容，而下一篇將出現的第三種則以一般對象的可能性之客觀條件的無條件的統一性爲主題。

B433

但是值得注意的是：就關於我們思維主體的理念而言，先驗的謬誤推理造成一種純然片面的幻相，而要斷言其反面，則不會產生絲毫出自理性概念的幻相。優點完全在精神論一方，儘管它也不能否認自己的根本缺陷，即不管有什麼有利於它的幻相，它仍將在批判的火刑驗罪中灰飛煙滅。

當我們把理性運用於顯象的客觀綜合的時候，情況就完全不同了。在這裡，它雖然想以諸多的幻相建立自己的無條件統一性的原則，但卻很快就陷入這樣一些矛盾，以至於它不得不在宇宙論方面放棄自己的要求。

也就是說，這裡顯示出人類理性的一種新現象、一種完全自然的對立，無須任何人苦思冥想或者人爲地設置圈套，相反，理性是完全自動地並且不可避免地陷入其中的；理性雖然由此得到保護，得以免除純然片面的幻相所造成的一種自負信念的安睡，但同時也使它受到

B434

誘惑，要麼沉浸於懷疑的絕望，要麼採取一種獨斷的固執態度，頑固地擔保某些主張，不讓反面的根據得到傾聽和公正對待。二者都是一種健康哲學的死亡，雖然前者或許還可以被稱爲純粹理性的安樂死。

在我們展示純粹理性的各種規律的這種衝突（二論背反）所引起的矛盾和錯亂的種種表現之前，我們想進行某些討論，它們可以說明和解釋我們在探討我們的對象時所採用的方法。我把所有涉及顯象之綜合中的絕對總體性的先驗理念都稱爲世界概念，部分是因爲這同一個絕對的總體性，世界整體的概念也以這個總體性爲基礎，本身只不過是一個理念罷了，部分是因爲它們僅僅關涉顯象的綜合，因而僅僅關涉經驗性的綜合，而與此相反，一切一般可能事物的條件之綜合中的絕對總體性則將造成純粹理性的一種理想，這種理想雖然與世界概念相關，但卻與它完全不同。因此，就像純粹理性的謬誤推理爲一種辯證的心理學奠定基礎一樣，純粹理性的二論背反也將展示一種自以爲的純粹的（理性的）宇宙論的先驗原理，這不是爲了認定它們有效並採用它們，而是像理性的一種衝突這一稱謂已經表現出來的那樣，爲了在其眩目而又虛假的幻相中展示它們是一種不能與顯象統一的理念。

第一章　宇宙論理念的體系

如今，爲了能夠按照一個原則系統精密地列舉這些理念，第一，我們必須注意，純粹的和先驗的概念只能從知性中產生，理性本來根本不產生任何概念，而是充其量只能使知性概念擺脫一種可能經驗的不可避免的限制，並且力圖使它擴展到經驗性事物的界限之外，但畢竟仍與經驗性事物相聯結。之所以如此，乃是因爲理性對於一個被給予的有條件的東西來說在條件（知性在這些條件下使一切顯象都服從綜合的統一）方面要求絕對的整體性，並由此使範疇成爲先驗的理念，以便透過將經驗性綜合一直延伸到無條件者（無條件者絕不是在經驗中，而是在理念中發現的）而給予經驗性綜合以絕對的完備性。理性提出這種要求，乃是依據如下原理：如果有條件者被給予，則種種條件的整個總和，從而絕對無條件者也被給予，唯有透過後者，前者才是可能的。因此，先驗理念首先就本來無非是成爲那些一直擴展到無條件者的範疇，而且能夠被納入一個按照範疇的各項排列的表。但其次，適合於這樣做的畢竟也不是所有的範疇，而是只有綜合在其中構成一個序列，而且是關於一個有條件者的相互隸屬的（不是相互並列的）條件之序列的範疇。絕對的總體性只是就它涉及關於一個被給予的有條件者的種種條件的上升序列而言，才爲理性所要求，因而不是在談到後果的下降冪列，也不是談到關於這些後果的並列條件之集合體時所要求的。因爲就被給予的有條件者而言，條件乃是已經預先設定的，並且與有條件者一起被視爲被給予的；相反，既然後果並不使其條件成爲可能，而是毋寧說以其爲前提，所以人們在向後果的進展中（或者在從被給予的條件向有條件者的下降中），就可以不考慮序列是否中止，而關於其總體性的問題就根

B436

B437

本不是理性的一種前提了。

這樣，人們就必然地把直到被給予的瞬間已經完全過去了的時間也思維成被給予的（儘管不是能夠由我們規定的）。但就未來的時間而言，既然它並不是達到現在的條件，所以爲了把握現在，我們要如何看待未來的時間，是想讓它在某處終止還是延續到無限，則是完全無所謂的。今有一個序列m、n、o，其中n被給予，就m而言它是有條件的，但它同時又是o的條件；這個序列從有條件者n上升到m（l、k、i等等），同樣從條件n下降到有條件者o（p、q、r等等）。這樣，爲了把n視爲被給予的，我就必須以前面的序列爲前提條件，而n按照理性（諸般條件的總體性）就只有憑藉該序列才是可能的，但它的可能性卻並不基於下面的序列o、p、q、r，因而下面的序列就不能被視爲被給予的，而是只能被視爲 dabilis〔可被給予的〕。

我想把一個在條件方面、因而從最接近被給予的顯象的條件開始、並且這樣達到較遙遠的條件的序列之綜合稱爲回溯的綜合，而把在有條件者方面從最接近的後果前進到較遙遠的後果的綜合稱爲前進的綜合。前者是在 antecedentia〔先行者〕中進行的，後者是在 consequentia〔後來者〕中進行的。因此，宇宙論的理念探討的是回溯的綜合的總體性，是在 antecedentia 中進行的，而不是在 consequentia 中進行的。如果發生後一種情況，那麼，它就是純粹理性的一個任意的、而非必然的問題，因爲對於完全地理解在顯象中被給予的東西來說，我們所需要的是根據，而不是後果。

如今，爲了按照範疇表建立理念表，我們首先採用我們的一切直觀的兩個原始的量，
即時間和空間。時間就自身而言是一個序列（而且是一切序列的形式條件），因此在時
間中，就一個被給予的現在而言，antecedentia 作爲條件（過去的東西）先天地有別於
consequentia（未來的東西）。因此，關於一個被給予的有條件者的諸般條件之序列的絕對 B439
總體性的先驗理念，就只關涉到一切過去了的時間。按照理性的理念，全部過去了的時間作
爲被給予的瞬間的條件必然被思維成已被給予的。至於空間，在它裡面就其自身而言沒有前
進與回溯之別，因爲它構成一個集合體，但並不構成任何序列，它的各個部分全都是同時
的。我只能就過去的時間而言把現在的時刻視爲有條件的，但絕不能把它視爲過去的時間
的條件，因爲這個時刻唯有透過逝去的時間（或者毋寧說透過先行時間的流逝）才產生出
來。但是，既然空間的各個部分並不相互隸屬，而是相互並列，所以一個部分就不是另一個
部分的可能性的條件，所以空間並不像時間那樣就自身而言構成一個序列。然而，我用來把
握空間的那種對空間各雜多部分的綜合卻畢竟是漸進的，因而是在時間中發生的，包含著一
個序列。而既然在一個被給予的空間之集合起來的各空間（例如一桿中的各尺）的這一序列
中，在繼續附加上的空間那裡總有前面的空間的界限的條件，所以對一個空間的測量也可以
被視爲一個被給予的有條件者的諸般條件之序列的一種綜合；只是條件方面與有條件者所遵
循的方面就自身而言並沒有什麼區別，因此空間中的回溯和前進就顯得是一回事。然而，由 B440
於空間中的一個部分並不是透過別的部分被給予的，而是透過別的部分被限制的，所以，就

此而言我們必須把每一受限制的空間也視爲有條件的，它預先設定另一空間爲其界限的條件，依此類推。因此，就限制而言，空間中的前進也是一種回溯，而條件序列中的綜合之絕對總體性的先驗理念也涉及空間，我既可以追問空間中顯象的絕對總體性，也可以追問逝去的時間中的絕對總體性。但是，是否在任何地方對此都有一種回答，將在後面予以規定。

第二，空間中的實在性亦即**物質**是一個有條件者，它的內在條件就是其各個部分，而部分的部分則是遙遠的條件，以至於在這裡出現一種回溯的綜合，理性要求這種綜合的絕對總體性，這種絕對的總體性唯有透過一種完成了的分割才能成立，而這樣一來，物質的實在性就要麼消失爲無，要麼消失爲不再是物質的東西，即消失爲單純的東西。所以在這裡，也有一個條件的序列和向無條件者的前進。

第三，至於顯象中間的實在關係的各個範疇，實體及其偶性的範疇並不適宜於成爲先驗的理念；也就是說，理性沒有任何根據就這一範疇而言回溯到條件。因爲偶性（就它們依存於同一個實體而言）都是彼此並列的，並不構成任何序列。但就實體而言，它們本來也並不從屬於實體，而是實體本身的實存方式。在這裡，還能夠顯得是先驗理性的一個理念的東西，是**實體性的東西**的概念。然而，既然這無非意味著一般對象的概念，而當人們在一般對象那裡所思維的是沒有任何謂詞的先驗主體的時候，這一般對象就是自存的，但此處所說的僅僅是顯象序列中的無條件的東西，所以顯而易見的是，實體性的東西不能構成該序列中的一個環節。這同樣的說法也適用於共聯性中的實體，這些實體是純然的集合體，並不具有一個序列的表徵，因爲它們並不像人們關於各空間能夠說的那樣，是作爲彼此可能性的條件而相互從屬的，各空間的界限絕不是就自身而言，而是始終透過另一個空間被規定的。因此，存留下來的就只是因果性的範疇了，該範疇呈現出一個被給予的結果的原因序列，在這個序列中人們能夠從作爲有條件者的結果上升到作爲條件的原因，並回答理性的問題。 B442

第四，可能的東西、現實的東西和必然的東西的概念，並不導向任何序列，除非偶然的東西在存在中必須任何時候都被視爲有條件的，並且按照知性的規則指向一個使其必然的條件，此條件又指向一個更高的條件，直到理性僅僅在這一序列的總體性中才達到無條件的必然性爲止。

據此，當人們挑出在雜多之綜合中必然導致一個序列的那些範疇時，按照範疇的四個項目就只有四個宇宙論的理念。

B443

1.
一切顯象的被給予的整體之
組合的絕對完備性

2.
顯象中一個被給予的整體之
分割的絕對完備性

3.
一個一般顯象之
產生的絕對完備性

4.
顯象中可變化者之
存在的依賴性的絕對完備性

這裡要說明的是：首先，絕對總體性的理念所涉及的僅僅是種種顯象的展示，因而與關於種種一般事物的一個整體的純粹知性概念無關。所以，在這裡顯象被視爲被給予的，而理性則就顯象的可能性之條件構成一個序列而言要求其絕對的完備性，因而要求顯象能夠按照知性規律得到展示所憑藉的那種絕對（也就是說，在所有方面）完備的綜合。

其次，理性在對條件的這種以序列方式進行的、回溯式進展的綜合中所尋找的，本來就只是無條件的東西，彷彿就是前提序列中的完備性，這些前提總起來再不以別的前提爲前 B444
提條件。這種無條件的東西任何時候都包含在序列的絕對總體性之中，只要人們在想像中表象它。然而，這種絕對完成了的綜合又是一個理念；因爲人們不能知道，至少事先不能知道，這樣一種綜合在顯象這裡是否也是可能的。如果人們僅僅透過純粹的知性概念，無須感性直觀的條件就表象一切，那麼，人們就可以直截了當地說：對於一個被給予的有條件者來說，也有互相從屬的條件的整個序列；因爲前者只是透過後者才被給予的。但在顯象這裡，可以發現條件如何被給予的方式的一種特別的限制，也就是說，是由於直觀之雜多的漸進的綜合，這綜合在回溯中應當是完備的。至於這種完備性如今在感性上是否可能，還是一個問題。然而，這種完備性的理念畢竟還處在理念之中，不管是否有可能把與它相符的經驗性概念聯結起來。因此，既然在顯象中的雜多之回溯式綜合（按照範疇的引導，範疇把顯象表象爲一個被給予的有條件者的條件序列）的絕對完備性裡面必然包含著無條件者，哪怕人 B445
們讓是否以及如何能夠實現這種總體性懸而不決，所以，理性在這裡採取的道路就是從總體性的理念出發，儘管它本來以無條件者爲終極目的，無論是整個序列的無條件者還是序列的一個部分的無條件者。

人們可以這樣思考這一無條件者：它要麼是純然在於整個序列，因而在整個序列中所有環節都毫無例外地是有條件的，只有序列的整體才是絕對無條件的，而在這種情況下，回溯就叫做無限的；要麼絕對無條件者只是序列的一個部分，序列的其餘環節都從屬於它，但它自己卻不服從其他任何條件。①在前一種場合，序列 a parte priori〔向前〕是沒有界限（沒有開端）的，也就是說，是無限的，並且彷彿是完整地被給予的，但它裡面的回溯卻是絕未完成的，只能被稱爲潛在地無限的。在第二種場合，序列有一個最初者，它就逝去的時間而言是世界的開端，就空間而言是世界的界限，就一個在它的界限中被給予的整體的各部分而言是單純的東西，就原因而言就是絕對的自我能動性（自由），就可變事物的存在而言就叫做絕對的自然必然性。

① 一個被給予的有條件者之條件序列的絕對整體在任何時候都是無條件的，因爲在該序列之外不再有任何條件使該整體能夠是有條件的。然而，這樣一個序列的這種絕對整體只不過是一個理念，或者毋寧說是一個或然的概念，它的可能性尚需研究，尤其是就無條件者作爲關鍵所在的眞正的先驗理念何以能夠包含在其中的方式而言。——康德自注

我們有兩個術語：世界和自然。這兩個術語有時是相互滲透的。前者意味著一切顯象在數學上的整體和其綜合的總體性，無論是在宏觀上還是在微觀上，也就是說，無論是在透過組合進行的綜合之進展中還是在透過分割進行的綜合之進展中。但是，這同一個世界如果被視爲一個力學的整體，就被稱爲自然②；而人們所關注的不是空間中或者時間中的集合，以便把它當做一個量來完成，而是種種顯象的存在中的統一。在這裡，所發生的事物的條件就叫做原因，而顯象中原因的無條件的因果性就叫做自由，與此相反，其有條件的因果性在狹義上就叫做自然原因。一般存在中的有條件者就叫做偶然的，而無條件者則叫做必然的。顯象的無條件的必然性可以叫做自然必然性。

我們現在所研究的理念，我在上面稱之爲宇宙論的理念。之所以如此，部分是因爲我們的世界被理解爲一切顯象的總和，而我們的理念也僅僅指向顯象中的無條件者，部分也是因爲世界這個詞在先驗的意義上意味著實存事物之總和的絕對總體性，而我們只注意（雖然本

② 自然，在形容詞上（形式上）來對待，意味著一個事物的種種規定按照一個內在的因果性原則的聯繫。與此相反，人們在實體上（質料上）把自然理解爲憑藉一個內在的因果性原則無一例外地相互關聯的種種顯象的總和。在前一種意義上，人們談到流體物質的自然、火的自然等等，並且僅僅在形容詞上使用這個詞；與此相反，當人們談到自然的種種事物時，人們在思想中有一個持存的整體。——康德自注

來僅僅在向條件的回溯中的）綜合的完備性。此外，這些理念全都是超驗的，它們雖然在種類上並不超越客體亦即顯象，而是僅僅與感官世界（不與本體）打交道，但卻將綜合推進到一種超越一切可能的經驗的程度，鑒於此，在我看來，人們可以把它們全都極爲適當地稱爲世界概念。就回溯之目的所在的數學上的無條件者和力學上的無條件者的區別而言，我卻要把前兩者在狹義上稱爲世界概念（宏觀上的世界和微觀上的世界），把餘下的兩者稱爲超驗的自然概念。這一區分在目前還沒有特別的重要性，但它在以後就會變得更爲重要。

B448

第二章　純粹理性的反論

如果正論每一個都是獨斷學說的總和，那麼，我就不把反論理解爲反面的獨斷主張，而是理解爲表面上獨斷的知識（thesin cum antithesi〔正論與反論〕）的衝突，人們並不認爲一種知識對另一種知識在要求贊同方面占有優勢。因此，反論並不研究片面的主張，而是按照理性的普遍知識彼此之間的衝突及其原因來考察這些普遍知識。先驗的反論是對純粹理性的二論背反及其原因和結果的一種研究。當我們不是純然爲了知性原理的應用而把自己的理性運用於經驗的對象，而是冒險地將這些原理擴展到經驗的界限之外時，就產生出玄想的定理，這些定理在經驗中既不能指望得到證實，也不必擔心受到反駁，它們的每一個都不僅就自身而言沒有矛盾，而且甚至在理性的本性中也可以找到其必然性的條件，只不過不幸的是，對立的定理在自己那方面也有作出斷言的同樣有效和必然的根據。

因此，在純粹理性的這樣一種辯證法中自然而然地呈現出來的問題是：1.究竟在哪些命題中，純粹理性不可避免地陷入一種二論背反。2.這種二論背反基於哪些原因。3.儘管如此，理性在這種矛盾下是否以及以什麼方式還留有達到確定性的道路。

據此，純粹理性的一個辯證定理必須自身具有這種把它與一切詭辯的命題區別開來的東西，即它所涉及的不是人們僅僅爲了某個任意的意圖提出的一個問題，而是任何人類理性在其進展中都必然遇到的問題；其次，它與其對立命題所包含的，並不純然是一種一經發現就馬上消失的人爲幻相，而是一種自然的和不可避免的幻相，這種幻相即使在人們不再受其愚弄的時候也總是迷惑人，儘管不是欺騙人，因此，雖然能夠使它成爲無害的，但卻絕不能根

B449

B450

除它。

這樣一種辯證學說與經驗概念中的知性統一性無關，而僅僅與理念中的理性統一性相關；既然它首先作爲依照規則的綜合應當與知性一致，但同時又作爲綜合的絕對統一而應當與理性一致，所以，它的種種條件在它與理性統一性相符時對於知性來說就太大，在它適合知性時對於理性來說就太小；由此就必然產生一種無論人們怎麼做都不能避免的衝突。

因此，這些玄想的主張就開闢了一個辯證的戰場，其中任何被容許著手進攻的一方都保持著優勢，而被迫純然採取守勢的一方則都無疑落敗。因此，精力充沛的騎士們不管擔保的是好事還是壞事，只要設法擁有進行最後進攻的特權，而無須抵抗敵人的新進攻，就肯定能夠戴上勝利的桂冠。人們輕而易舉地就能夠想像，這一戰場自古以來就爭戰不已，雙方都已取得過多次勝利，但對於決定成敗的最後勝利來說，在任何時候都被安排得讓好事的捍衛者們獨自保有戰場，那是由於其敵人被禁止繼續拿起武器。作爲公正的裁判，我們必須把競爭者爲之戰鬥的是好事還是壞事置之一旁，讓他們在自己中間澄清自己的事情。也許，在他們相互之間鬥得精疲力盡而不能互相傷害之後，他們自己就看到其爭執毫無意義，而作爲好朋友分手告別。

這種旁觀或者毋寧說甚至唆使各種主張的爭執的方法，並不是爲了最終作出有利於一方或者另一方的裁決，而是爲了研究爭執的對象是否也許是一個純然的幻象，每一方都徒勞地捕捉這個幻象，但即使它根本不受到抵抗，在這個幻象上它也不能有絲毫收穫；依我說，人們可以把這種行事方式稱爲懷疑的方法。這種方法與懷疑論全然不同，懷疑論是藝術上和科學上無知的原則，它破壞一切知識的基礎，以便盡可能地到處都不留下知識的可信性和可靠性。因爲懷疑的方法旨在確定性，它力圖在雙方眞誠地對待且理智地進行的這樣一種爭執中揭示出誤解之處，以便像睿智的立法者所做的那樣，從法官在訟案中所感到的困惑爲自己得出關於自己的法律中的缺陷和不確定之處的教訓。在法律的應用中顯露出來的二論背反，對我們受限制的智慧來說是立法論證的最好檢驗嘗試，以便讓在抽象的思辨中不容易覺察到自己錯誤的理性由此注意在規定自己的原理時的種種因素。

但是，這種懷疑的方法在本質上僅僅爲先驗哲學所擁有，在任何一個別的研究領域裡也許可以缺少，唯有在這個領域裡是不可或缺的。在數學中使用這種方法就會是荒謬的，因爲在數學中，由於證明在任何時候都必須按照純直觀的導線並且透過在任何時候都自明的綜合來進行，所以沒有錯誤的主張能夠隱藏自己而不爲人所見。在實驗哲學中，一種延遲的懷疑誠然可能是有益的，但畢竟至少不可能有不能輕而易舉地被排除的誤解，而在經驗中畢竟最終必然蘊涵著裁決懷疑的最終手段，無論它被發現是早還是晚。道德至少能在可能的經驗中將其原理全都具體地連同實踐的後果一起給出，並由此避免對抽象的誤解。與此相反，甚至自認爲有擴展到一切可能經驗的領域之外的洞識的先驗主張，既不處在其抽象的綜合能夠在某種直觀中先天地被給予出來的情況中，也不具有誤解能夠憑藉某種經驗被揭示的性狀。因此，先驗理性除了使它的種種主張相互配合，從而首先使它們相互之間自由地不受阻礙地爭

B452 B453

執的嘗試之外，不允許有別的任何試金石，而我們現在就要處理這種爭執。①

先驗理念的第一個衝突

正論

B454

世界有一個時間中的開端，就空間而言也被封閉在界限之中。

證明

因爲人們可以假定世界在時間上沒有開端，那麼，到每一個被給予的時刻爲止，都有一個永恆已經過去，從而在世界中有種種事物前後相繼的各種狀態的一個無限序列已經流逝了。但如今，一個序列的無限性恰恰在於它絕不能透過漸進的綜合來完成。因

反論

B455

世界沒有開端，沒有空間中的界限，相反，無論就時間而言還是就空間而言，它都是無限的。

證明

因爲人們可以設定：它有一個開端。既然開端是一種存在，有一個事物尚不存在的時間先行於它，所以，必須有一個世界尚不存在的時間，亦即一個空的時間已經過去了。但如今，在一個空的時間中不可能有某個事物的產生，因爲這樣一個時間的任何部

---

① 這些二論背反是按照上面所列舉的先驗理念的順序前後相繼的。——康德自注

此，一個無限的已經流逝的世界序列是不可能的，從而世界的一個開端是它的存在的一個必要的條件；這是首先要證明的一點。

就第二點而言，人們又可以假定反面：這樣，世界就將是同時實存著的事物的一個無限的被給予了的整體。如今，我們不能以別的方式，只能透過對各部分的綜合來設想一個並未在任何直觀的某些界限內部被給予的量的大小②，且只能透過完成了的綜合或者透過單位的反覆附加來設想這樣一個量的總體性。③據此，爲了把充填一切空間的世

B456

分都不先於別的部分而在不存在的條件之前就具有某種作出區分的存在條件（無論人們假設該條件是自行產生的還是透過另外一個原因產生的）。因此，在世界中雖然可能開始一些事物的序列，但世界自身卻不可能有開端，因此它就過去的時間而言是無限的。

至於第二點，人們可以首先假定反面，即世界就空間而言是有限的和受限制的，這樣，世界就處在一個不受限制的空的空間之中。因此，就不僅會發現空間中種種事物的關係，而且會發現種種事物與空間的關係。

② 當一個不確定的量被封閉在界限之中時，我們就能夠把它視爲一個整體，無須透過測量，亦即透過其各個部分的相繼綜合來構成它的總體性。因爲界限透過截斷一切更多的東西，已經規定著完備性。——康德自注

③ 總體性的概念在這一場合無非是它的各個部分完成了的綜合的表象，因爲既然我們不能從整體的直觀（直觀在這一場合是不可能的）中得出這個概念，我們就唯有透過對各個部分的綜合直到至少在理念中完成無限者，才能領會這個概念。——康德自注

界設想爲一個整體，對一個無限的世界的各個部分進行的漸進綜合就必須被視爲已經完成，也就是說，一個無限的時間必須在歷數一切並存的事物時被視爲已經流逝了的；而這是不可能的。據此，現實事物的一個無限的集合體不能被視爲一個被給予了的整體，從而也不能被視爲同時被給予了的。所以，一個世界就空間中的廣延而言不是無限的，而是被封閉在其界限之中的；這是第二點。

如今，既然世界是一個絕對的整體，在它之外沒有發現直觀的任何對象，從而沒有發現世界與之處於關係之中的相關物，所以世界與空的空間的關係就會是它不與任何對象的關係。但這樣一種關係，從而還有空的空間對世界的限制都是無；因此，世界就空間而言是根本不受限制的，也就是說，世界就廣延而言是無限的。④

B457

④ 空間純然是外直觀的形式（形式的直觀），但不是能夠在外部直觀到的現實對象。空間，先於規定（充實或者限制）它或者毋寧說給出一個符合它的形式的經驗性直觀的一切事物，在絕對空間的名義下無非是外部顯象的單純可能性，只要這些外部顯象或者是自身能夠實存的，或者是還能夠附加在被給予的顯象之上的。因此，經驗性的直觀不是由顯象和空間（知覺和空的直觀）複合而成的。一方並不是另一方的綜合相關物，而只是在同一個經驗性直觀中作爲該直觀的質料和形式相結合。如果人們把這二者中的一個置於另一個之外（把空間置於一切顯象之外），就將從中產生出對外部直觀的各式各樣空洞的規定，這些規定畢竟不是可能的知覺：例如，無限的空的空間中世界的運動和靜止，就是對運動和靜止相互關係的一種規定，這種規定絕

第一個二論背反的說明

正論的說明

就這些彼此爭執的論證而言，我並沒有尋找幻象，以便進行一種律師式的證明，這種證明利用對方的不小心來達到自己的利益，很樂意讓對方訴諸一個被誤解的法律，以便於把自己的不正當要求建立在對該法律的反駁上。這些證明的每一個都是從事情的本性得出的，並且把雙方的獨斷論者的錯誤結論所可能給予我們的好處擱置一旁。

我也可以按照獨斷論者的習慣，對一個被給予的量的無限性預置一個有欠缺的概念來在表面上證明正論。一個量，在它之上不可能有更大的量（也就是說，超出其中所包

B458

反論的說明

被給予了的世界序列和世界整體的無限性的證明基於：在相反的場合必須有一個空的時間或者一個空的空間來構成世界的界限。如今，我並非不知道有人違背這一結論在尋找藉口，說世界在時間和空間上的一種界限是完全可能的，無須我們假定一個先於世界的絕對時間作爲開端或者假定一個絕對的、擴展到現實世界之外的空間；而這是不可能的。我對萊布尼茲學派哲學家們的這一見解的後一部分十分滿意。空間純然是外部直觀的形式，但卻不是能夠在外部直觀到的現實對象，不是顯象的相關物，而是顯

B459

不能被知覺到，因此也是一個純然的思想物的謂詞。——康德自注

含的一個被給予單位的數量），它就是無限的。如今，沒有任何數量是最大的數量，因爲總是還能夠附加上一個或者多個單位。因此，一個無限的被給予了的量，從而還有一個（無論就流逝了的序列而言還是就廣延而言）無限的世界是不可能的，它在這兩方面都是受限制的。這樣，我就能夠完成我的證明了；然而，這個概念與人們關於一個無限的整體所理解的東西並不一致。由此並沒有表現出它有多大，從而它的概念也不是一個極大的概念，而是由此僅僅思維了它與一個任意假定的單位的關係，就此單位而言，它是大於一切數字的。根據這個單位被假定得更大還是更小，無限者也就更大或者更小；然而，無限性既然僅僅在於與這個被給予的單位的關係，它就會總是保持爲同一個無限性，儘管整體的絕對的量由此還根本不爲人

B460

象本身的形式。因此，空間絕對（就其自身而言）不是作爲事物的存在中之某種確定的東西出現的，因爲它根本不是任何對象，而是可能對象的形式。因此，事物作爲顯象規定著空間，也就是說，在空間的所有可能謂詞（量和關係）中間，事物使得這些或者那些屬於現實性；但反過來，空間卻不能作爲某種自存的東西在量或者形狀方面規定事物的現實性，因爲空間自身不是什麼現實的東西。因此，空間（無論是充實的還是空的）[6]可以被顯象所限制，但顯象卻不能被它們之外的一個空的空間所限制。同樣這一點也適用於時間。即使承認這一切，無可爭議的也是：如果假定一個世界整體，無論是就空間而言還是就時間而言，人們都必須絕對假定世界之外的空的空間和世界之前的空的時間這兩個荒唐的東西。

B461

所知，即便在這裡也沒有談及它。

無限性的眞正的（先驗的）概念是：單位的漸進綜合在測量一個量時絕不可能得到完成。⑤由此可以完全肯定地得出：各種現實的前後相繼的狀態直至一個被給予了的（當前的）時刻的一個永恆不可能逝去，因而世界就必須有一個開端。

就正論的第二部分來說，雖然沒有一個無限的但畢竟又過去了的序列的困難，因爲一個在廣延上無限的世界的雜多是同時被給予了的。然而，爲了思維這樣一個數量的總

因爲就人們力圖避免這一結論——按照這一結論我們說，如果世界（在時間上和空間上）有界限，無限的空虛就必然在其量上規定現實事物的存在——所憑藉的出路來說，它只是暗地裡在於：人們所想的不是一個感官世界，而是誰也不知道什麼樣的理知世界，不是最初的開端（即有一個非存在的時間先行於它的那個存在）而是一般而言不以世界中的任何其他條件爲前提條件的存在，不是廣延的界限，而是世界整體的限制，並由此避開了時間和空間。但在這裡，

⑤ 由此，這個量就包含著大於任何數字的（被給予單位的）數量，這就是無限者的數學概念。——康德自注

⑥ 人們可以輕而易舉地發現由此想說的東西：空的空間，就它被顯象所限制而言，從而世界內部的空的空間，至少不與先驗原則相矛盾，因而就先驗原則來說是被允許的（儘管由此並沒有馬上斷定它的可能性）。——康德自注

體性，既然我們不能訴諸自行在直觀中構成這一總體性的界限，我們就必須說明我們的概念，該概念在這樣一種場合不能從整體推進到各部分的確定數量，而是必須透過各部分的漸進綜合來說明一個整體的可能性。既然這一綜合必須構成一個永遠不能完成的序列，所以人們就不能在先於它，從而也不能透過它思維一個總體性。因爲總體性的概念自身在這一場合是對各部分的一種完成了的綜合的表象，而這種完成，從而還有完成的概念都是不可能的。

所說的只是 mundus phaenomenon（作爲現象的世界）和它的量，對這個世界來說，人們絕對不可能抽掉上述感性條件而不取消它的本質。感官世界如果是受限制的，就必然處在無限的空虛中。如果人們想取消這一點，從而取消作爲顯象之可能性的先天條件的一般空間，則整個感官世界就被取消了。在我們的課題中，被給予我們的只是這個世界。mundus intelligibilis（理知世界）無非是一般而言的世界的普遍概念罷了，在這個概念中人們抽掉了世界之直觀的一切條件，因而關於理知世界，就根本不可能有綜合的命題，無論是肯定的還是否定的都不可能。

先驗理念的第二個衝突

正論

B462 在世界中每一個複合的實體都是由單純的部分構成的，而且除了單純的東西或者由

反論

B463 在世界中沒有任何複合的事物由單純的部分構成，而且在世界中任何地方都沒有單

單純的東西複合而成的東西之外，任何地方都沒有任何東西實存著。

證明

因爲假定複合的實體不是由單純的部分構成的，那麼，當一切複合都在思想中被取消時，就會沒有什麼複合的部分留存下來，而且（既然不存在任何單純的部分）也沒有任何單純的部分留存下來，從而也沒有任何東西留存下來，因而也沒有任何實體被給予。所以，要麼不可能在思想中取消一切複合，要麼在取消一切複合之後就必須留存有某種無須任何複合而持存的東西，亦即單純的東西。但在前一種情況下，複合物就又會不是由實體構成的（因爲在實體這裡，複合僅僅是種種實體的一種偶然的關係，沒有這種關係實體也必須作爲獨立持久的東西持存）。如今，既然這種情況與前提條件相矛

B464

純的東西實存著。

證明

假定一個複合的事物（作爲實體）由單純的部分構成。由於一切外部的關係、從而還有實體的一切複合都唯有在空間中才是可能的，所以，該複合物由多少部分構成，它所占有的空間也就由多少部分構成。如今，空間不是由多個單純的部分、而是由多個空間構成的。因此，複合物的每一個部分就必須都占有一個空間。但是，一切複合物的絕對最初的部分都是單純的。所以，單純的東西占有一個空間。如今，既然一切占有一個空間的實在的東西都在自身中包含著彼此外在的雜多，從而是複合的，而且作爲一個實在的複合物不是由偶性（因爲偶性不能沒有實體而彼此外在地存在）複合的，因而是由

盾，那麼就只剩下第二種情況：也就是說，在世界中實體性的複合物是由單純的部分構成的。

由此直接得出：世界上的事物全都是單純的存在物，複合只是它們的一種外部狀態，而且，即使我們永遠不能完全使這些基本實體擺脫這種結合狀態並把它們孤立起來，理性畢竟還必須把它們設想爲一切組合的第一批主體，從而先於組合是單純的存在物。

實體複合的，所以，單純的東西就會是一個實體性的複合物；而這是自相矛盾的。

反論的第二個命題，即世界上根本沒有任何單純的東西實存著，在這裡只不過是意味著：絕對單純的東西的存在，不能從任何經驗或者知覺，無論是外知覺還是內知覺得到說明，因此，絕對單純的東西是一個純然的理念，其客觀實在性永遠不能在任何一個可能的經驗中得到說明，因而在闡明經驗時沒有任何用處和對象。因爲我們想要假定的是可以爲這個先驗理念找到一個經驗對象；這樣，對某一個對象的經驗性直觀就必須被認爲是這樣一種直觀，它絕對不包含任何彼此外在並聯結爲統一體的雜多。如今，既然從這樣⑦一種雜多未被意識推論到這種雜多

B465

⑦「這樣」爲第二版所加。——譯者注

在對一個客體的任何一種直觀中的完全不可能性⑧是無效的，而這種推論對於絕對的簡單性又是完全必要的，由此就可以得出，無論從什麼樣的知覺中，都不能推論出這種簡單性。因此，既然作爲絕對單純的客體的某物永遠不能在某個可能的經驗中被給予，而感官世界卻必須被視爲一切可能經驗的總和，所以，在感官世界中任何地方都沒有單純的東西被給予。

反論的第二個命題比第一個命題走得更遠。第一個命題只是把單純的東西從對複合物的直觀中排除掉了，與此相反，第二個命題卻在這裡把它從整個自然中刪掉了；

⑧「推論到這種雜多在對一個客體的任何一種直觀中的完全不可能性」在第一版中爲「推論到這樣一種雜多在同一客體的任何一種直觀中的完全不可能性」。——譯者注

第二個二論背反的說明

正論的說明

當我談到一個必然由單純的部分構成的整體時，我只是把它理解成爲一個實體性的整體，作爲一個眞正的合成物，也就是說，是分離地（至少在思想中）被給予、被置於一種相互聯結之中、並由此構成一個東西的雜多的偶然統一體。人們本來不應當把空間稱爲合成物，而是應當稱爲總體，因爲空間的各個部分唯有在整體中才是可能的，而並非整體透過各個部分才是可能的。它充其量可以叫做 Compositum ideale〔觀念的合成物〕，但不能叫做 Compositum reale〔實

B466

因此，該命題也不能從一個被給予的外部直觀對象（複合物）的概念來證明，而是要從這個概念對於一個一般可能經驗的關係來證明。

反論的說明

物質無限分割的這一命題，其證明根據是純然數學的；針對這一命題，單子論者們曾提出種種異議，這些異議已經使自己變得可疑，因爲它們不願意承認最清晰的數學證明是對空間——就空間事實上是一切物質的可能性的形式條件而言——的性狀的洞識，而是把它們僅僅視爲從抽象但卻任意的概念出發的、不能與現實的事物發生關係的推論。這就好像是有可能發明另一種與在對空間的原始直觀中被給予的直觀不同的直觀方式，而空間的先天規定不同時涉及一切唯有

B467

在的合成物）。不過這畢竟有點吹毛求疵。
既然空間不是由實體（甚至也不是由實在的
偶性）複合而成的東西，所以當我在它裡面
取消一切複合的時候，就必然沒有任何東西
留存下來，甚至就連點也沒有留存下來；因
爲點唯有作爲一個空間（從而一個複合物）
的界限才是可能的。因此，空間和時間不 B468
是由單純的部分構成的。僅僅屬於一個實
體的狀態的東西，即便它有一種量（例如變
化），也都不是由單純的東西構成的；也就
是說，變化的某種程度並不是透過許多單純
的變化的增長產生的。我們從複合物到單純
的東西的推理僅僅適用於自己持存的事物。
但狀態的偶性並不自己持存。因此，單純的
東西作爲一切實體性複合物的組成部分，如
果把它的必然性的證明擴展得太遠，而且還
像實際上已經多次發生的那樣，使它無區別

透過充實這個空間才有可能的東西似的。如
果聽從這些異議，則人們就必須在單純的、
但不是空間的一部分、而純然是空間的界
限的數學點之外，還設想出物理學的點，這
些點雖然也是單純的，但卻具有作爲空間的
部分透過其純然的集合充實空間的優點。在
這裡，無須重複人們大量遇到的對這種謬論
的常見而又清晰的反駁了，要透過純然推論
的概念來用玄想破除數學的自明性，這是完
全徒勞無功的。我僅僅說明，當哲學在這裡
刁難數學時，之所以發生這樣的事情，乃是
因爲哲學忘記了在這個問題中僅僅涉及顯象
及其條件。但在這裡，僅僅爲複合物的純粹 B469
知性概念找到單純的東西的概念是不夠的，
而是要爲複合物（物質）的直觀找到單純的
東西的直觀；按照感性的規律，從而也就
是在感官的對象那裡，這是完全不可能的。

地對一切複合物生效，人們就很容易會敗壞這種證明，並由此敗壞自己的事情。

此外，我在這裡談到單純的東西，只是就它必然在複合物中被給予而言的，因爲複合物能夠分解成作爲其組成部分的單純的東西。**單子**一詞（按照萊布尼茲的用法）的本來意義應當僅僅關涉這樣一種單純的東西，它直接地作爲單純的實體被給予（例如在自我意識中），而不是作爲複合物的要素，後者稱爲原子會更好。而既然我只是就複合物而言想證明單純的實體是其要素，所以我可以把第二個二論背反的正論稱爲先驗的原子論。但是，由於這個詞久已用來表示物體顯象（molecularum〔分子〕）的一種說明方式，從而以經驗性的概念爲前提條件，所以它可以叫做**單子論**的辯證原理。

B470 因此，對於唯有透過純粹知性來思維的由實體構成的整體來說，說我們在這個整體的一切複合之前必須擁有單純的東西，這可能是適用的；但是，這並不適用於 totum substantiale phaenomenon〔作爲現象的實體性總體〕，後者作爲空間中的經驗性直觀，自身具有必然的屬性，即它沒有一個部分是單純的，因爲空間沒有一個部分是單純的。然而，單子論者們足夠巧妙地要逃避這一困難，他們不是把空間預先設定爲外部直觀對象（物體）的可能性的條件，而是把這些對象和實體的力學關係預先設定爲空間的可能性的條件。如今，我們只是對作爲顯象的物體才有一個概念，但作爲顯象，物體就必須必然地把空間預先設定爲一切外部顯象的可能性的條件；因此，這種逃避是徒勞的，在上面先驗感性論中，它就已經被充分地切斷了。誠然，如果物體是物自身，單子論者們的證明還是可以有效的。

第二種辯證的主張自身具有特殊之處，即它有一個與自己對立的獨斷主張，該主張在所有的玄想主張中是唯一著手根據一個經驗對象來明顯地證明我們上面僅僅歸之於先驗理念的東西的現實性，即證明實體的絕對簡單性的主張：也就是說，內感官的對象，即在此思維的我，是一個絕對單純的實體。我現在不探討這一點（因為上面已經更為詳細地考慮過了），我只是說明：如果某種東西僅僅被作為對象來思維，不為它的直觀附加任何一種綜合的規定（就像這透過「我」這個完全沒有內容的表象所發生的那樣），那麼，當然在這樣一個表象中就不能知覺到任何雜多和複合了。此外，既然我思維這個對象所憑藉的謂詞純然是內感官的直觀，所

先驗理念的第三個衝突

正論

按照自然規律的因果性，並不是世界的顯象全都能夠由之派生出來的唯一因果性。爲了解釋這些顯象，還有必要假定一種透過自由的因果性。

B472

以，在其中也不可能出現任何證明一種彼此外在的雜多，從而證明實在的複合的東西。因此，自我意識所造成的就是：由於能思維的主體同時就是它自己的客體，所以它就不能把自己劃分開來（雖然能夠把依附於它的規定劃分開來）；因爲就它本身來說，每一個對象都是絕對的統一。儘管如此，當這個主體在外部作爲直觀的對象被考察時，它畢竟還會在顯象自身中顯示出複合。但是，如果人們想知道在它裡面是否有一種彼此外在的雜多，它就必須始終被如此考察。

反論

沒有任何自由，相反，世界上的一切都僅僅按照自然規律發生。

B473

證明

人們假定，除了按照自然規律的因果性之外，不存在任何別的因果性；這樣，一切發生的事情都以一個在先的狀態爲前提條件，它按照一條規則不可避免地跟隨該狀態。但現在，在先的狀態本身也必須是某種發生的事情（在時間中形成的，因爲此前它並不存在），因爲如果它任何時候都存在，它的後果就也不會剛剛產生，而會是一直存在的。因此，某物發生所憑藉的原因的因果性本身是某種發生的事情，它按照自然的規律又以在先的狀態及其因果性爲前提條件，而這個狀態同樣以一個更早的狀態爲前提條件，如此等等。因此，如果一切都是按照純然的自然規律發生的，那麼，在任何時候都只有一個次等的開端，但永遠沒有一個最初的開端，因而一般來說在一個起源自另一個

B474

證明

假定有一種先驗意義上的自由作爲一種特殊方式的因果性，世界上的事情按照它才能發生，這就是絕對地開始一種狀態，從而也開始其後果的一個序列的能力；這樣，就不僅是一個序列將透過這種自發性絕對地開始，而且是產生該序列的這種自發性本身的規定亦即因果性也將絕對地開始，以至於沒有任何東西先行，使得這一發生的行動按照持久的規律得到規定。但是，每一個行動的開端都是以尚未行動的原因的一個狀態爲前提條件的，而該行動的力學第一開端則是以一個與同一個原因的先行狀態根本沒有因果性關聯，也就是說不以任何方式從中產生的狀態爲前提條件的。因此，先驗的自由是與因果規律相對立的，而且是起作用的種種原因之相互承繼狀態的這樣一種聯結，按照這

B475

的原因方面沒有序列的完備性。但現在，自然的規律恰恰在於：沒有充分地先天規定的原因，什麼東西都不會發生。因此，如果一切因果性都只有按照自然規律才是可能的，則這個命題就其不受限制的普遍性來說就是自相矛盾的，因而這種因果性不能被假定爲唯一的因果性。

據此，必須假定一種因果性，某物透過它發生，無須對它的原因再繼續透過另一個先行的原因按照必然的規律來加以規定，也就是說，它是原因的一種絕對的自發性，即自行開始一個按照自然規律進行的顯象序列，因而是先驗的自由，沒有這種自由，甚至在自然的進程中顯象的序列繼起在原因方面也永遠不是完備的。

種聯結，經驗的任何統一性都是不可能的，所以在任何經驗中都找不到這種聯結，因而先驗的自由是一個空洞的思想物。

因此，我們所擁有的無非是自然，我們必須在自然中尋找世界上的事情的關聯和秩序。對自然規律的自由（獨立性）雖然是對強制的一種解脫，但也是對一切規則的導線的一種解脫。因爲人們不能說，進入世界進程的因果性之中的不是自然規律而是自由規律，因爲如果自由是按照規律規定的，自由就不是自由，而其本身就無非是自然了。因此，自然與先驗自由的區別正如合規律性與無規律性的區別，其中自然雖然給知性增添了困難，即在原因序列中越來越高地向上尋找種種事件的起源，因爲因果性在這些事件中任何時候都是有條件的，但作爲補償它也許諾了經驗的無一例外的和合規律的統一

第三個二論背反的說明

正論的說明

自由的先驗理念遠遠沒有構成這一名稱的心理學概念的全部內容，該內容大部分是經驗性的，相反，它僅僅構成了行動的絕對自發性的全部內容，來作爲行動的自負其責的眞正根據。但儘管如此，它對哲學來說卻是眞正的絆腳石。哲學在容忍諸如此類的無條件的因果性方面發現了不可克服的困難。因此，在關於意志自由的問題中歷來使思辨

B476

性，因爲與此相反，自由的幻象雖然給進行研究的知性在原因的鏈條中許諾了休息地，它把知性引導到一種自行開始行動的無條件的因果性，但這種因果性由於本身是盲目的，所以扯斷了規則的導線，而只有遵循這一導線，一種無一例外地關聯著的經驗才是可能的。

反論的說明

自然萬能的辯護者（先驗的自然主義）在與自由學說的對立中會針對後者的玄想推理以如下方式來維護自己的命題。如果你們不在世界中假定就時間而言有任何數學上最初的東西，那麼，你們也就沒有必要就因果性而言尋找一種力學上最初的東西。是誰讓你們來想出一個絕對最初的狀態，從而想出一個川流不息的顯象序列的絕對開端，並由

B477

理性感到十分爲難的東西，本來就只是先驗的，而且僅僅關涉到是否必須假定一種自行開始相互承繼的事物或者狀態的一個序列的能力。至於這樣一種能力如何可能，則是同樣不必回答的，因爲我們就按照自然規律的因果性而言同樣必須滿足於先天地認識到，必須以這樣一種因果性爲前提條件，儘管我們無論如何也不能把握如何透過某一存在來設定另一事物的存在的可能性，因而必須僅僅以經驗爲根據。現在，儘管我們本來只是就世界的一個起源的可理解性所要求的而言，來闡明一個顯象序列出自自由的一個最 B478 初開端的必要性，而一切後起的狀態，人們都可以當做是一個按照純然的自然規律的序列。但由於這樣一來，畢竟就證明了（雖然並沒有看出）完全自行地開始一個時間中的序列的能力，所以我們現在也被容許在世界

此爲了給你們的想像創造一個休息地，而爲不受限制的自然設置一些界限呢？既然世界上的實體在任何時候都存在，至少經驗的統一性使這樣一個前提條件成爲必然的，所以也就沒有任何困難來假定實體種種狀態的變遷亦即其變化的序列也在任何時候都存在，從而就不可以尋求任何最初的開端，無論是數學的還是力學的。這樣一種沒有最初環節——就它而言其餘的一切都是後繼的——的無限起源的可能性，就最初環節的可能性而言是無法令人理解的。但是，如果你們想由此甩掉這個自然之謎，你們就將發現自己被迫擯棄許多你們同樣不能理解的綜合的基本性狀（基本力量），甚至一般變化的可能 B479 性也必然使你們感到反感。因爲如果你們不透過經驗發現這些變化是現實的，你們就絕不能先天地想出存在與不存在的這樣一種不

的進程中間讓種種不同的序列在因果性上自行開始，並賦予這些序列的實體以從自由出發行動的能力。但是，人們在這裡不要讓自己被如下的誤解所阻止：既然世界上的一個漸進的序列只能有一個相對最初的開端，因爲世界上畢竟總是有事物的一種狀態先行，所以在世界的進程中，就不可能有一個序列的絕對最初開端。因爲我們在這裡所談的不是時間上的、而是因果性上的絕對最初開端。如果我現在（舉例來說）完全自由地、無須自然原因的必然規定性影響就從我的椅子上站起來，那麼，在這個事件連同其直到無限的自然後果中，就絕對地開始了一個新的序列，儘管在時間上這個事件只不過是一個先行序列的延續而已。因爲這個決定和行動根本不在單純自然結果的序列之中，不是它的一個純然的延續；相反，決定性的自然

停的繼起是如何可能的。

即便是爲了開始世界的變化，自由的一種先驗能力能夠得到承認，這樣一種能力也畢竟至少將必須僅僅存在於世界的外面（儘管在所有可能直觀的總和外面再假定一個不能在任何可能的知覺中被給予的對象，始終還是一種大膽的僭妄）。然而在世界本身中把這樣一種能力歸於實體，則是絕不能允許的，因爲在這種情況下，人們稱之爲自然的那種按照普遍規律必然地相互規定的種種顯象的聯結，以及把經驗與夢幻區別開來的經驗性眞理的標誌，就會絕大部分消失了。與自由的這樣一種無規律的能力相伴，自然就幾乎無法設想了，因爲自然的規律將不斷地被自由的影響所改變，而顯象按照單純的自然整齊劃一的運動也將由此變得紊亂和支離破碎。

原因在這一事件之上就其發生而言完全終止，其發生雖然繼那些自然原因而起，但卻不是從中產生的，因此雖然不是在時間上，但卻就因果性而言必須被稱爲一個顯象序列的絕對最初開端。

理性的需求，即在自然原因的序列中訴諸一個出自自由的最初開端，其證實在下面這一點上極爲清晰地映入眼簾：古代所有的哲學家們（伊比鳩魯學派除外）都發現自己被迫爲解釋世界的運動而假定一個第一推動者，也就是說，一個首先並且自行開始各種狀態的這個序列的自由行動的原因。因爲他們不敢從純然的自然出發來解釋一個最初的開端。

先驗理念的第四個衝突

正論

有某種東西屬於世界，它或者作爲其部分或者作爲其原因，是一個絕對必然的存在者。

證明

感官世界作爲一切顯象的整體，同時包含著一個變化的序列。因爲沒有這個序列，就連作爲感官世界的可能性之條件的時間序列的表象也不會被給予我們。⑨但是，任何一種變化都從屬於時間上先行於它的條件，它在這種條件下是必然的。如今，任何一個被給予的有條件者就其實存而言都以種種條

B480

反論

任何地方，無論是在世界之中，還是在世界之外，都沒有作爲世界的原因的絕對必然的存在者實存。

證明

假定世界本身是一個必然的存在者，或者在世界中有一個必然的存在者，那麼，在它的變化序列中就要麼有一個開端，它是無條件地必然的，從而是沒有原因的，而這與規定時間中一切顯象的力學規律相衝突；要麼序列本身沒有任何開端，而且它儘管在其一切部分中都是偶然的和有條件的，但在整

B481

---

⑨ 時間作爲變化的可能性的形式條件，雖然在客觀上先行於這些變化，但在主觀上並且在意識的現實性中，這一表象畢竟只是如同任何別的表象一樣，乃是透過知覺的緣起而被給予的。——康德自注

件直到絕對無條件者的完備序列爲前提條件，而這絕對無條件者則是絕對必然的。因此，某種絕對必然的東西如果有一種變化作爲其後果而實存，那就必定是實存的。但這個必然的東西本身屬於感官世界。因爲假定它處於感官世界之外，那麼世界的變化序列就會從它引申出自己的開端，而這個必然的原因本身卻不屬於感官世界。這是不可能的。因爲既然一個時間序列的開端唯有透過時間上先行的東西才能得到規定，所以一個變化序列的開端之至上條件就必須在該序列尚不存在的時間中實存（因爲開端是一種存

B482

體上卻依然是絕對必然的和無條件的，而這是自相矛盾的，因爲一個集合如果沒有任何一個部分擁有自身必然的存在，該集合的存在就不可能是必然的。

與此相反，假定在世界之外有一個絕對必然的世界原因，那麼，這個原因作爲世界上的變化之原因序列的至上環節，就會首先開始這些變化的存在及其序列。⑩但在這種情況下，這個原因就必定也開始行動，而它的因果性就會屬於時間，但正因爲此而屬於顯象的總和，也就是說，屬於世界，所以它本身，亦即原因，並不處於世界之外，而這

B483

⑩ 開始這個詞是在雙重意義上採用的。第一種意義是能動的，此時原因開始（infit）一個種種狀態的序列作爲其結果；第二種意義是被動的，此時因果性在原因本身中起始（fit）。我在這裡從第一種意義推論到第二種意義。——康德自注

在，有一個時間先行於它，開始的事物在這時間中尚不存在）。因此，種種變化的必然原因的因果性，從而還有原因本身，都屬於時間，從而屬於顯象（時間只有藉著顯象作爲顯象的形式才是可能的）；所以，時間不能被與作爲一切顯象之總和的感官世界分離開來思維。因此，在世界本身中，包含著某種絕對必然的東西（無論這絕對必然的東西是整個序列本身，還是它的一個部分）。

與前提條件是矛盾的。因此，無論在世界之中，還是在世界之外（但與世界處於因果聯結之中），都沒有任何絕對必然的存在者。

第四個二論背反的說明

正論的說明

B484

爲了證明一個必然的存在者的存在，我有責任除了宇宙論的論證外，不使用其他任何論證；宇宙論的論證透過人們把概念中的無條件者視爲序列之總體性的必然條件，而從顯象中的有條件者上升到該無條件者。試

反論的說明

B485

如果人們在顯象的序列中上升時自認爲遇到不利於一個絕對必然的至上原因之存在的困難，那麼，這些困難也必然不是基於一般事物的必然存在的純然概念，因而不是本體論的，而是出自與一個顯象序列的因果聯

圖從一切存在者中的一個至上存在者的純然理念出發作出這種證明，這屬於理性的另一個原則，因此，這樣一種證明將必須特別地產生。

純粹宇宙論的證明，除了將一個必然的存在者是世界本身還是一個與世界有別的事物的問題懸而不決之外，不能以任何別的方式闡明該存在者的存在。因爲要澄清該問題，所需要的原理就不再是宇宙論的，不是在顯象的序列中繼續的，而是需要一般偶然存在者（如果它們純然被當做知性的對象來考慮）的概念和一種透過純然的概念把這些存在者與一個必然的存在者聯結起來的原則，凡此種種都屬於一種超驗哲學，此處尚沒有這種超驗哲學的位置。

但是，人們一旦透過以顯象的序列和按照因果性的經驗性規律在顯象序列中進行的結（爲的是給該顯象序列假定一個本身無條件的條件），因此是宇宙論的，且是按照經驗性規律推論出來的。也就是說必須展示，原因序列中的上升（在感官世界中）絕不能在一個經驗性無條件的條件那裡終止，從世界的種種狀態的偶然性出發依據其變化作出的宇宙論論證的結果不利於一個最初的、絕對首先開始該序列的原因的假定。

但是在這一二論背反中，表現出一種奇特的對比：也就是說，在正論中推論出一個原始存在者的存在，與在反論中推論出該存在者的不存在，乃是出自同樣的證明根據，而且具有同樣的精確性。起初說：有一個必然的存在者，因爲整個過去的時間在自身中包含著一切條件的序列，從而也包含著無條件的東西（必然的東西）。現在又說：沒有任何必然的存在者，同樣是因爲整回溯為根據，而以宇宙論的方式開始證明，就不能在此後離開這裡，過渡到某種根本不作為一個環節屬於該序列的東西。因為某物 B486 被視為條件，同有條件者與其條件的關係在應當以連續的進步導向這個最高條件的序列中被對待，必須是在同一種意義上。現在，如果這種關係是感性的，並且屬於可能的經驗性的知性應用，那麼，至上的條件或者原因就只能按照感性的規律，從而只能作為屬於時間序列的來結束回溯，必然的存在者就必須被視為世界序列的至上環節。

儘管如此，人們卻冒昧地作了這樣一種跳躍（μεταβασις εις αλλο γενος〔轉變至另一種類〕）。也就是說，人們從世界中的變化推論到經驗性的偶然性，亦即推論到變化對經驗性規定原因的依賴，並得到一個經驗性條件的上升序列，這也是完全正確的。

個逝去的時間在自身中包含著一切條件的序列（因此這些條件全都又是有條件的）。這方面的原因如下：第一個論證僅僅關注在時間中相互規定的種種條件之序列的絕對總體性，由此得出一個無條件的和必然的東西；與此相反，第二個論證考慮到一切在時間序列中被規定的東西的偶然性（因為在每一個東西之前都有一個時間，其中條件本身又必須作為有條件的而被規定），由此一切無條件的東西和一切絕對的必然性都完全消逝了。然而，兩個論證中的推論方式都完全符合通常的人類理性，通常的人類理性由於從兩種不同的立場出發思考自己的對象，屢屢陷入自己與自己發生糾紛的境地。馬蘭（Mairan）先生認為兩位著名的天文學家因一種類似的困難關於選擇觀測點而產生的爭執是一個十分值得注意的現象，值得對此

B489

但是，既然在這裡不能發現任何最初的開端和至上的環節，人們就突然離開了偶然性的經驗性概念，拿起了純粹範疇，純粹範疇在這種情況下就造成了一個純然理知的序列，其完備性基於一個絕對必然的原因的存在。現在，既然這個絕對必然的原因不受任何感性條件的束縛，它也就擺脫了時間條件自己開始其因果性。如人們從下文能夠推論出來的那樣，這種行事方式是完全悖理的。

在範疇的純粹意義上偶然的東西，就是其矛盾的對立面有可能的東西。現在，人們根本不能從經驗性的偶然性推論到那種理知的偶然性。被改變的東西，其（狀態的）對 B488 立面在另一個時間裡是現實的，從而也是可能的。因此，這個狀態不是先前狀態的矛盾對立面，矛盾對立面要求在先前狀態存在的同一時間裡其對立面已經能夠取代它，這是

撰寫一篇專門的論文。也就是說，一位天文學家推論說：月球繞自己的軸自轉，乃是因爲它總是以同一個面朝向地球；另一位則推論說：月球並非繞自己的軸自轉，恰恰是因爲它總是以同一個面朝向地球。就人們採用的觀察月球運動的觀測點而言，兩種推論都是正確的。

根本不能從變化推論出來的。一個在運動中的物體（等於A）達到靜止（等於非A）。現在，從狀態A的一個相反狀態繼狀態A而起這一事實，根本不能推論說，A的矛盾對立面是可能的，因而A是偶然的；因爲爲此就要求在運動存在的同一時間裡，靜止就能夠取代它了。現在，除了靜止在繼起的時間裡是現實的，從而也是可能的之外，我們並不知道任何別的東西。但是，一個時間裡的運動和另一個時間裡的靜止彼此並不矛盾對立。因此，相反規定的演替亦即變化絕不證明根據純粹知性概念的偶然性，因而也不能導向一個根據純粹知性概念的必然存在者的存在。變化僅僅證明經驗性的偶然性，也就是說，根據因果性的規律，沒有一個屬於先前時間的原因，新狀態就根本不能自行出現。這個原因，即便是被假定爲絕對必然的，也畢竟必須以這種方式在時間中發現，且屬於顯象的序列。

第二章　論理性在它的這種衝突中的旨趣

B490

如今，我們在這裡已經擁有宇宙論理念的全部辯證活動。這些理念根本不允許在任何一種可能的經驗中有一個一致的對象被給予它們，就連理性與普遍的經驗規律一致地思維它們也不允許，儘管如此，它們畢竟不是被任意地虛構出來的，相反，理性在其經驗性綜合的連續進展中，如果想使按照經驗的規則在任何時候都只能有條件地被規定的東西擺脫一切條件，並且在其無條件的總體性中把握它，就必然導向這些理念。這些玄想的主張不過是解決理性的四種自然的和不可避免的問題的嘗試而已；因此，問題恰恰只能有四種，不多也不少，乃是因爲只有四種綜合的前提條件的序列先天地限制經驗性的綜合。

我們只是以僅僅包含其合法要求的根據的枯燥公式，來表現把自己的領域擴展到經驗的一切界限之外的理性之出盡風頭的僭妄，並且與一種先驗哲學相稱地消除掉這些僭妄的一切經驗性的東西，儘管理性主張的全部輝煌唯有與經驗性的東西相結合才能顯示出來。但在這種應用以及理性應用的不斷進步的擴展中，由於它從經驗的領域開始並且逐漸地翱翔直上，直達這些崇高的理念，哲學就表現出一種尊嚴；只要哲學能夠維護自己的僭妄，這種尊嚴就會遠遠地超過其他一切人類科學的價值，因爲它爲我們對一切理性能力最終必然匯聚於其中的終極目的的最大期望和展望許諾了基礎。世界是否有一個開端，它在空間中的廣延是否有某個界限；是否在某個地方，也許就在我的能思維的自我裡面有一種不可分割的、不可毀壞的統一性，抑或只有可分割的東西和轉瞬即逝的東西；我在我的行動中是否是自由的，抑或與其他存在者一樣受自然和命運的導線所支配；最後，是否有一個至上的世界原因，抑或自然物及其秩序構成了我們在自己的所有考察中都必須止步不前的最後對象。凡此種種問題，都是數學家樂意獻出其全部科學來換取其解決的問題；因爲就最高的和最關切的人類目的而言，其全部科學畢竟不能給他造成任何滿足。甚至數學（人類理性的這一驕傲）的尊嚴也基於：既然數學給理性提供指導，使它無論在宏觀上還是在微觀上都在自然的秩序和合規則性中，此外在推動自然的種種力量的值得驚贊的統一中，遠遠超越建立在通常經驗之上的哲學的一切期望來洞察自然，數學由此也就甚至爲理性擴展到一切經驗之外的那種應用提供了誘因和鼓勵，此外又向致力於此的世俗智慧供給最傑出的材料，在其研究的性質所允許的範圍內透過適當的直觀支持其研究。

B492

對思辨來說不幸的是（但也許對人的實踐規定來說幸運的是），理性發現自己在其最大的期待中如此囿於根據與反根據的衝突，以至於既然無論爲其榮譽還是甚至爲其安全，抽身而退並且漠然地把這種紛爭當做一場純然的兒戲來對待，都是不可行的，絕對地要求和平更是不可行，因爲爭執的對象是非常利益攸關的，所以留存給理性的，唯有思索理性與自己本身的這種不和的起源：一種純然的誤解是否應當爲此負責？在這一討論之後，雖然雙方也許都須放棄高傲的要求，但理性對知性和感官的持久平和的統治也會由此而開始。

B493

現在，我們想暫時擱置這一縝密的討論，先考慮一下：如果我們被迫表態，我們最願意站在哪一邊呢？既然我們在這種場合不問眞理在邏輯上的試金石，而是只問我們的旨趣，所以這樣一番研究儘管就雙方的有爭議的權利而言並不澄清任何東西，但仍然有用，即解釋這場爭執的參加者爲什麼寧可站在某一邊而不站在另一邊，卻沒有對對象的一種出色的洞識作爲這樣做的原因，此外還說明了另外一些次要的事情，例如一方的狂熱激情和另一方的冷靜斷言，以及爲什麼他們樂意愉快地贊同一方，而對另一方卻事先就毫不妥協地抱有偏見。

但是，有某種在這種暫時的判斷中規定觀點的東西，唯有從這種觀點出發才能以相應的縝密從事這種判斷，而這種東西就是雙方由以出發的原則的比較。在反論的種種主張中，人們注意到一種思維方式的完全齊一性和準則的完全統一性，也就是說，一個純粹經驗論的原則，不僅在於對世界上的種種顯象的說明，而且也在於世界總體本身的先驗理念的解決。與此相反，正論的種種主張除了顯象序列內部的經驗性解釋方式之外還以理智的開端爲根據，而準則就此而言則不是單純的。但是，根據其本質性的區別特徵，我要把正論稱爲純粹理性的獨斷論。

因此，在規定宇宙論的理性理念時的獨斷論一方或者正論一方表現出：

第一，某種**實踐的旨趣**，每一個思想正常的人，如果他了解自己的眞正好處，都會熱心參與這種旨趣。世界有一個開端，我能思維的自我具有單純的、因而永不泯滅的性質，這個自我同時在一種任意的行動中是自由的和超越自然強制的，最後，構成世界的種種事物的整個秩序源自一個元始存在者，一切都從這個元始存在者獲得其統一性和合目的的聯結，這些全都是道德和宗教的基石。反論則剝奪了我們所有這些支柱，或者至少是看起來剝奪了我們這些支柱。

第二，在這一方也表現出理性的一種思辨的旨趣。因爲如果以這樣的方式接受並使用各先驗理念，人們就可以完全先天地把握種種條件的整個鏈環，並理解有條件的東西的由來，因爲人們是從無條件者開始的；反論則不提供這種東西，它感到自己很糟糕，因爲它對於自己的綜合之條件的問題，不能給出不使人無窮地繼續追究的回答。按照反論，人們必須從一個被給予的開端上升到一個更高的開端，每一個部分都導致一個更小的部分，每一個事件都總是有另一個事件在其上作爲原因，而一般存在的條件總是又依據其他條件，絕不能在一個作爲元始存在者的獨立事物中獲得無條件的支持和支柱。

第三，這一方也有通俗性的優點，這種優點肯定不是其受歡迎的最無關緊要的原因。通常的知性在一切綜合的無條件開端的理念中沒有發現絲毫的困難，因爲它對下降到後果本來就比對上升到根據更爲習慣，並且在絕對最初者（它並不苦思冥想絕對最初者的可能性）的概念中感到愜意，同時有一個固定的點，以便將自己的步伐的導線連接在它上面，與此相反，它在從有條件者向條件的永無止境的上升中，任何時候都有一隻腳懸在空中，根本不能得到滿意。

在規定宇宙論的理念時經驗論一方或者反論一方發現：

第一，沒有這樣一種像道德和宗教所帶來的出自純粹的理性原則的實踐旨趣。毋寧說，純然的經驗論看起來剝奪了道德和宗教的一切力量和影響。如果不存在一個與世界有別的元始存在者，如果世界沒有開端，因而也沒有創造者，我們的意志不是自由的，靈魂與物質具

B495

B496

有同樣的可分性和可朽性，那麼，道德的理念和原理就也就喪失了一切效力，與構成其理論支柱的先驗理念一起作廢了。

但與此相反，經驗論也給理性的思辨旨趣提供了好處，這些好處很誘人，而且遠遠勝過理性理念的獨斷教師所能夠許諾的好處。按照經驗論，知性在任何時候都處於自己特有的地基之上，即處於純粹可能的經驗的領域裡，它探究這些經驗的規律，並憑藉這些規律而能夠無窮盡地擴展自己的可靠而又易於理解的知識。在這裡，它能夠並且應當表現對象，不僅是就其自身而言，而且是在其直觀關係之中，或者是在其圖像能夠在被給予的類似直觀裡面清楚明白地提供出來的概念中。不僅它沒有必要離開自然秩序的鏈環來依賴理念，理念的對象是它所不知道的，因爲理念的對象作爲思想物絕不能被給予出來；而且它也根本不容許離開自己的任務，藉口自己的任務已經完成而轉入觀念化的理性的領域，轉向超越的概念，在這裡它不再需要觀察和按照自然規律進行研究，而是僅僅思維和創作，可以保證不能被自然的事實所反駁，因爲它同樣不爲這些事實的見證所束縛，而是可以置之不理它們，甚至讓它們從屬於一個更高的威望，即從屬於純粹理性的威望。

因此，經驗論者絕不允許把自然的某一個時期假定爲絕對最初的時期，或者把他遠眺自然範圍的某一個界限視爲最外面的界限，或者從它透過觀察和數學能夠分辨並且在直觀中綜合地予以規定的對象（有廣延的東西）過渡到無論是感官還是想像力都絕不能具體地表現的對象（單純的東西）；他也不允許人們甚至在自然中把一種不依賴於自然規律而起作用的力

B498

量（自由）作爲基礎，並由此減輕知性按照必然規則的導線探究種種顯象的產生的任務；最後，他也不同意人們在自然之外尋找這方面的某個原因（元始存在者），因爲我們所認識的唯有自然，唯有自然才能向我們展示對象並告訴我們它們的規律。

儘管經驗論哲學家在提出反論時並沒有其他意圖，只是要打消認錯自己眞正規定性的理性的冒失和膽大妄爲，這種理性在洞識和知識眞正說來終止的地方炫耀洞識和知識，並且要把人們只是鑒於實踐的旨趣才承認的東西冒充爲對思辨的旨趣的一種促進，爲的是在有益於它的舒適的地方打斷物理研究的線索，並且藉口擴大知識而把這線索連接在先驗理念上，人們本來透過先驗理念只是認識到人們一無所知；如果——我要說——經驗論者滿足於此，他的原理就會是在提出要求時有節制、在作出斷言時謙遜、同時借助於眞正配備給我們的導師亦即經驗來盡可能地擴展知性的一條準則。因爲在這樣一種場合，我們就不會被剝奪有利於我們的實踐事務的種種理智的前提條件和信仰；只不過人們不能讓它們以科學和理性洞識的名義和排場出現罷了，因爲眞正的思辨知識除了經驗的對象之外，在任何地方都不可能遇到

B499

別的對象，而且如果人們逾越了經驗的界限，試探不依賴於經驗的新知識的綜合就沒有可以使它得以實施的直觀的基底。

但是，如果經驗論就理念而言（就像經常發生的那樣）自己變得獨斷，並且放肆地否定超出其直觀的知識範圍之外的東西，那麼，它本身就陷入了非分的錯誤，這種錯誤在這裡更應當受到責難，因爲由此對理性的實踐旨趣造成了一種無法彌補的損害。

這就是伊比鳩魯主義[①]與柏拉圖主義的對立。

二者中的每一個都說的比知道的更多，但前者雖然不利於實踐的東西，卻鼓勵並促進 B500
了知識，後者雖然爲實踐的東西提供了卓越的原則，但卻正因如此而在一切只能給予我們
一種思辨知識的事物裡面，允許理性追憶對自然顯象的觀念性說明，而忽視對此的物理學
探討。

最後，就在衝突雙方之間作出暫時選擇時所能關注的第三種要素而言，令人極爲驚訝的
是，經驗論完全不爲大眾所喜聞樂見，儘管人們應當相信，通常的知性將熱切地採納使它指
望僅僅透過經驗知識及其合理性的聯繫而得到滿足的規劃，而不是讓先驗的獨斷論迫使它上
升到遠遠超過在思維方面最純熟的大腦的洞識和理性能力的概念。但恰恰這一點是它被打動 B501

①然而，伊比鳩魯是否曾經把這些原理講述爲客觀的主張，還是一個問題。如果這些原理無非是理性的思辨應用的準則，那麼，他就藉此顯示出一種比古代任何一位世俗智者都更爲純正的哲學精神。至於人們在說明顯象時必須如此進行，就好像研究的領域不爲世界的任何界限或者開端封鎖似的；必須如此假定世界的材料，就像經驗把它告知我們時它必然是的那樣；除了像各種事件由不變的自然規律規定的那樣之外，不得利用任何別的產生，最後，不得利用任何與世界有別的原因；這些直到現在都還是正確的原理，但卻少有人遵守。它們擴展思辨哲學，也不依賴於外來的輔助源泉來發現道德的原則，由此，要求在我們從事純然的思辨時不理睬那些獨斷命題的人，就不可因此被指責爲想否定它們。——康德自注

的原因。因爲在這種情況下，它處於一種即使最有學問的人也不能對它有任何指責的狀態中。即使它對此理解甚少或者毫無理解，也畢竟沒有任何人能夠自詡理解得更多，而且儘管對此不能像其他人那樣按照學術規範說話，它也畢竟能夠無限更多地進行玄想推論，因爲它遊蕩於純粹的理念之間，關於理念人們之所以最爲健談，正是因爲人們對此一無所知；而關於自然的探究，它就不得不一言不發，承認自己的無知了。因此，愜意和虛榮已經是這些原理的強勁引薦了。此外，儘管對於一個哲學家來說，接受某種東西爲原理卻不能因此而作出解釋，或者乾脆引入看不出其客觀實在性的概念，是非常困難的②，但對於通常的知性來說，卻畢竟沒有更習以爲常的事情了。它要有某種東西來信心十足地由以開始。把握這樣一種前提條件本身的困難並不使它不安，因爲它（它不知道什麼叫做把握）從未想到過這個前提條件，它把由於經常使用而對它來說司空見慣的東西視爲已知的。但最終，一切思辨的旨趣在它那裡都消失在實踐的旨趣面前，它自負能夠看出，並且知道憂慮和希望激勵它去接受和相信的東西。這樣，經驗論就被完全剝奪了先驗的和觀念化的理性的一切受歡迎之處，而

② 「接受某種東西爲原理卻不能因此而作出解釋，或者乾脆引入看不出其客觀實在性的概念，是非常困難的」在第一版中爲「接受某種東西爲原理卻不能因此而作出解釋，是非常困難的，更不用說引入看不出其客觀實在性的概念了」。——譯者注

B502

且無論它包含有多少對至上的實踐原理不利的東西，畢竟根本不用擔憂它會在某個時候越過學派的界限而在日常事務中贏得一種還算可觀的威望，在大眾那裡贏得一些寵愛。

人類理性就其本性而言是有建築術的，也就是說，它把一切知識都視爲屬於一個可能的體系，因此也僅僅允許這樣一些原則，即它們至少不使一種有計畫的知識不能在某一個體系中與其他知識並列。但是，反論的命題卻具有使得一座知識大廈的完成完全不可能的性質。按照這些命題，在世界的一種狀態之上總是還有一個更古老的狀態，在任何部分中都總是還有其他部分，這些部分又是可以分割的，在任何事件之前都有另一個事件，該事件又同樣是以其他方式被產生的，在一般的存在中一切都總是有條件的，不承認任何一種無條件的最初存在。因此，既然反論在任何地方都不承認一個最初的東西，不承認絕對可以充當建築之基礎的開端，所以，鑒於這樣的前提條件，一座完備的知識大廈就完全不可能了。因此，理性的建築術旨趣（它不要求經驗性的理性統一性，而是要求先天純粹的理性統一性）就爲正論的各種主張帶來了一種自然的引薦。

但是，如果一個人能夠表示放棄一切旨趣，純然按照理性的種種主張之根據的內容來考察它們，不問其結論如何，那麼，這樣一個人，假設他除了皈依衝突的兩種學說的這一種或者另一種之外，不知道以別的方式走出困境，他就會處在一種不斷搖擺的狀態之中。他會在今天深信不疑地覺得人的意志是自由的；明天，當他考察不可分解的自然鏈條的時候，又會認爲自由無非是自我欺騙，一切都僅僅是自然。但一旦付諸作爲和行動，純然思辨理性的這種遊戲就會如一場夢的幻影一般消失，他就會純然按照實踐的旨趣來選擇自己的原則。但是，由於對一位進行反思和研究的存在者來說，把某些時間專用來檢驗他自己的理性，但在此時完全甩脫一切黨派性，並這樣把他的覺察公開地交給別人評判，畢竟是得體的，所以，沒有人可以責怪，更不可以阻止讓命題和反命題出現，就像他們能夠不爲任何威脅所恐嚇地在他自己那個階層（即有弱點的人的階層）的陪審員們面前爲自己辯護。

B504

第四章　論純粹理性的絕對必須能夠被解決的先驗課題

要解決一切課題和回答一切問題，這會是一種不知羞恥的自吹自擂和一種如此過分的自高自大，以至於人們會必然由此立刻喪失一切信任。儘管如此，還是有一些科學，其本性就造成，每一個在其中出現的問題都絕對必須能夠從人們知道的東西出發得到回答，因爲答案必然產生自問題由以產生的同一源泉，而且在這裡，絕對不允許藉口不可避免的無知，而是能夠要求解決。人們按照規則必須能夠知道，在所有可能的場合裡什麼是對的或者不對的，因爲這涉及我們的責任。而對於我們不能知道的東西來說，我們就也沒有責任。然而，在說明自然的顯象時，必然有許多東西是我們不確知的，一些問題依然是不能解決的，因爲我們關於自然所知道的東西，對於我們應當說明的東西來說遠非在所有的場合都是充足的。如今的問題是：在先驗哲學裡面，是否有涉及呈現給理性的一個客體的某個問題，是透過這同一個純粹理性所無法回答的，以及人們是否能夠透過把這作爲（從我們能夠認識的一切出發）絕對不確知的而歸爲我們雖然有如此之多的概念來提出問題，但我們卻完全缺乏手段或者能力來隨時回答該問題的東西，來合理地放棄對問題作出決定性的回答。

如今我斷言，先驗哲學在一切思辨知識中間具有這樣的特點：根本沒有任何一個涉及被給予純粹理性的對象的問題對於這同一個人類理性來說是無法解決的，沒有一種不可避免的無知和課題艱深莫測的藉口能夠解除縝密而且完備地回答該問題的責任，因爲使我們能夠提問的同一個概念，絕對必然也使我們有能力對該問題作出回答，對象根本不是在概念之外遇到的（像在法與非法那裡一樣）。

但在先驗哲學中，唯有宇宙論的問題人們才能夠有理由要求作出一種令人滿意的、涉及對象性狀的回答，並不容許哲學家藉口無法參透的晦暗而逃避回答；而且這些問題只能涉及宇宙論的理念。因爲對象必須是被經驗性地給予的，而且問題僅僅關涉對象與一個理念相符合。如果對象是先驗的，從而本身是未知的，例如其顯象（在我們裡面）是思維的某物（靈魂）是否是一個就自身而言單純的存在物，一切事物是否共有一個絕對必然的原因，等等，那麼，我們就應當爲我們的理念尋找一個我們可以承認其不爲我們所知，但卻畢竟並不因此就不可能的對象。①唯獨宇宙論的理念才自身具有這種獨特之處，即它們能夠把自己的對象和對象的概念所必需的經驗性綜合預設爲已被給予的；從它們裡面產生的問題僅僅涉及這種綜合應當包含絕對總體性的進展，這種絕對總體性由於不能在任何經驗中被給予，所以就不再是經驗性的東西。在這裡，既然我們所談論的僅僅是作爲一個可能經驗的對象的東

B506 B507

① 對於一個先驗對象具有什麼樣的性狀，即它是什麼的問題，人們雖然不能給出回答，但卻可以說這個問題本身沒有意義，因爲沒有給出問題的對象。因此，先驗靈魂說的一切問題也都是可回答的，並且確實得到了回答；因爲它們都涉及一切內在顯象的先驗主體，這個主體本身卻不是顯象，從而不是作爲對象被給予的，而且範疇（問題提出所眞正指向的範疇）中沒有一個找到運用於該主體之上的條件。因此，這裡就是俗語所謂無回答亦是回答的情況，也就是說，關於因完全被置於能夠被給予我們的對象的領域之外而不能透過任何確定的謂詞來思維的某物的性狀的問題，是完全無意義和空洞的。——康德自注

西，而不是作爲一個事物自身的東西，所以對超驗的宇宙論問題的回答就不可能在理念之外的其他任何地方，因爲它不涉及任何對象自身；而就可能的經驗而言，所問的並不是具體地在某個經驗中能夠被給予的東西，而是蘊涵在經驗性的綜合僅僅應當接近的理念之中的東西。因此，它必然只能從理念出發得到解決；因爲理念純然是理性的造物，因此理性就不能推卸責任，將它推諉給未知的對象。

一門科學就所有屬於其整體的問題（questiones domesticae〔內部的問題〕）而言完全能夠要求並期待某些解答，儘管這些解答目前也許還沒有被找到，這也並不像乍看那樣非同尋常。除了先驗哲學之外，還有兩門純粹的理性科學，一門具有純然思辨的內容，另一門則具有實踐的內容，即**純粹數學**和**純粹道德**。人們不是曾經聽到過，彷彿是由於對種種條件的必然無知，無論是在有理數中還是在無理數中，直徑與圓周具有什麼樣的比例，被說成是不確定的嗎？既然這種比例透過有理數根本不能被準確地給予，而透過無理數還沒有被找到，所以人們就作出判斷：至少這樣的解答的不可能性是能夠確切地認識到的，而且蘭貝特（Lambert）也曾對此作出過證明。在道德的普遍原則中，不可能有任何不確定的東西，因爲種種命題要麼是完全空洞、毫無意義，要麼是必須純然出自我們的理性概念。與此相反，在自然科學中有無限多的猜測，就它們而言永遠不能期待確定性，因爲自然顯象是不依賴於我們的概念被給予我們的對象，因而解開它們的鑰匙不在我們和我們的純粹思維裡面，而是在我們之外，也正是因此之故，在許多場合找不到，從而也不能期待可靠的解釋。我並不把涉及我們純粹知識的演繹的先驗分析論的問題列入其內，因爲我們現在僅僅是就對象而言討論判斷的確定性，而不是就我們的概念的起源而言討論判斷的確定性。 B509

因此，我們不能透過對我們理性的狹隘限制提出抱怨，並以一種謙卑的自知之明的外表承認澄清下述問題超出了我們的理性，來逃避對提出的理性問題作出一種至少是批判的解答的責任。這些問題是：世界是永恆存在的，還是有一個開端；宇宙空間是以至無限都被存在物所充滿，還是被封閉在某些界限之內；在世界上是有某種東西是單純的，還是一切都必定可無限分割；是有一種出自自由的產生和創造，還是一切都取決於自然秩序的鏈環；最後，是有某種完全無條件的、就自身而言必然的存在物，還是一切在自己的存在上都是有條件的，從而在外部是依賴性的、就自身而言是偶然的。因爲所有這些問題都涉及一個除了在我們的思想中之外不能在其他任何地方被給予的對象，亦即顯象之綜合的絕對無條件的總體性。如果我們從我們自己的概念出發不能對此說出和澄清任何確定的東西，那麼，我們就不可以歸咎於對我們將自身隱蔽起來的事物；因爲諸如此類的事物（由於它在我們的理念之外的任何地方都未被遇到）根本不能被給予我們，而是我們必須在我們的理念中尋找本身是一個不允許有任何解答的問題的原因，而且關於它，我們畢竟還固執地假定有一個現實的對象與我們的理念相符合。對在我們的概念本身中蘊涵的辯證法的一種清晰的闡明，會使我們對於我們就這樣一個問題而言應當作出判斷的東西，很快達到完全的確定性。 B510

對於你們提出的在這些問題方面的不確定性的藉口，人們可以提出你們至少必須清晰地

予以回答的這個問題來反駁：你們是從哪裡得到其解答令你們在此陷入這樣一些困難的理
念的？你們需要作出說明的是顯象，而且關於顯象你們只能根據這些理念尋找其闡釋的原
則或者規則嗎？假定自然在你們面前已得到完全的揭示；呈現給你們的直觀的一切都沒有
任何東西對你們的感官和意識隱蔽起來，但是，你們畢竟不能透過任何經驗具體地認識你們
B511 的理念的對象（因爲除了這種完備的直觀之外，還要求有一種完成了的綜合及其絕對總體性
的認識，而這根本不可能透過任何經驗性的認識實現）；因此，你們的問題絕不可能是爲說
明某個呈現的顯象而必然地、因而彷彿是透過對象本身提出的。這種對象絕不能呈現給你
們，因爲它不能透過任何可能的經驗被給予。你們儘管有一切可能的知覺，也依然無論是就
空間而言還是就時間而言，始終囿於條件，達不到任何無條件的東西，來發現這個無條件的
東西是應當設置在綜合的絕對開端中，還是應當設置在沒有任何開端的序列的總體性中。但
是，經驗性意義上的大全在任何時候都僅僅是比較的。量的絕對大全（宇宙），一般存在的
分割、起源、條件的絕對大全，連同它是透過有限的綜合還是透過進展到無限的綜合來完成
的所有問題，都不與任何可能的經驗有某種關係。例如，無論你們假定物體由單純的部分構
成，還是假定它無一例外地總是由複合的部分構成，都絲毫不會更好地或者哪怕只是別樣地
說明物體的顯象；因爲任何時候都不可能有單純的顯象呈現給你們，也同樣不可能有一種無
限的複合呈現給你們。顯象只是就其解釋根據在知覺中被給予而言才要求得到解釋，但就
B512 顯象而言，在某個時候能夠被給予的一切，複合在一個絕對的整體中，自身並不是一個知

覺。但是，這個大全本來就是在先驗的理性課題中所要求說明的東西。

因此，既然這些課題的解決絕不可能在經驗中呈現出來，所以你們就不能說，就此而言應當歸之於對象的東西是不確定的。因爲你們的對象僅僅在你們的大腦中，在你們的大腦之外根本不能被給予；所以，你們只需要關注與你們自己一致，避免使你們的理念成爲一個經驗性地被給予，從而也可以按照經驗規律來認識的客體的所謂表象的那種歧義。因此，獨斷論的解決並不是不確定，而是不可能。而能夠完全確定的批判性解決則根本不是客觀地考察問題，而是根據它們所依據的知識之基礎來考察問題。

第五章　貫穿所有四個先驗理念的對宇宙論問題的懷疑論觀念

B513

如果我們事先已經了解，回答的結果無論如何，都只會增加我們的無知，使我們從一種不理解陷入另一種不理解，從一種晦暗陷入一種更大的晦暗，也許甚至陷入矛盾，那麼，我們就會很樂意放棄發現我們的問題得到獨斷的回答的要求。如果我們的問題所指望的純然是肯定或者否定，那麼，暫時擱置作出回答的猜測性根據，首先考慮如果回答的結果在一方人們將會獲得什麼，如果回答的結果在另一方人們將會獲得什麼，將是明智的行動。如果情況恰好是在兩種場合得到的結果都是無意義的東西（無稽之談），那麼，我們就有理由要求批判地研究我們的問題本身，並看一看它是否本身建立在一個無根據的預設之上，並且在玩弄那個其錯誤在應用中並透過其後果比在分離的表象中更好地暴露出來的理念。這就是探討純粹理性提交給純粹理性的種種問題的懷疑論方式所具有的重大用途，而且透過這種方式，人們就能夠以較少的花費來免除一大堆獨斷論的雜物，以便用一種清醒的批判來取代它，這種批判作爲一種眞正的淨化，將成功地清除妄念連同其隨從，即萬事通。

據此，關於一個宇宙論理念，如果我事先就能夠看出，無論它影響到顯象的回溯性綜合的無條件者的哪一邊，它畢竟對於任何一個知性概念來說不是太大就是太小，我就會了解到，既然它畢竟僅僅與應當同一個可能的知性概念相符合的經驗對象相關，所以它必定是完全空洞的和沒有意義的，因爲無論我怎樣使對象遷就它，對象都不能符合它。而且對於所有的宇宙概念來說都確實如此，它們也正是因此而使理性只要贊同它們就陷入一種無法避免的二論背反。因爲：

第一，假定世界沒有開端，那麼，世界對於你們的概念來說就太大；因爲這個在於一種漸進的回溯的概念，永遠不能達到全部已逝的永恆。假定世界有一個開端，那麼，世界對於你們的知性概念來說在必然的經驗性回溯中又太小。因爲，由於開端總是以一個先行的時間爲前提條件，所以它還不是無條件的，而知性的經驗性應用的規律迫使你們還追問一個更高的時間條件，因此，世界對於這一規律來說顯然太小。

關於世界在空間上的大小的問題，其雙重的回答亦復如是。因爲如果它是無限的和沒有界限的，那麼，它對於任何可能的經驗性概念來說就太大。如果它是有限的和有界限的，那麼，你們就有理由再問：是什麼東西規定著這一界限？空的空間並不是事物的一個自存的相關物，不能是一個讓你們可以停留下來的條件，更不是構成一個可能經驗的一部分的經驗性條件。（因爲誰能對絕對空無有一個經驗呢？）但是，要達到經驗性綜合的絕對總體性，在任何時候都要求無條件者是一個經驗概念。因此，一個有界限的世界對於你們的概念來說就太小。 B515

第二，如果空間中的任何顯象（物質）都由無限多的部分構成，那麼，分割的回溯對於你們的概念來說在任何時候都太大；而如果空間的分割應當在分割的某一環節（單純的東西）終止，那麼，分割的回溯對於無條件者的理念來說就太小。因爲這個環節總還是留下一種向更多它所包含的部分的回溯。 B516

第三，如果你們假定，在世界上所發生的一切事情中，都只有按照自然規律的結果，那麼，原因的因果性就永遠還是某種發生的事情，並使你們向更高原因的回溯，從而使 a parte priori（向前的）條件序列永無休止的延長成爲必要。因此，純然起作用的自然對於你們在世界事件之綜合中的任何概念來說就太大。

如果你們偶爾選擇由自身造成的事件，即出自自由的產生，那麼，「爲什麼」就按照一條不可避免的自然規律追蹤著你們，迫使你們按照經驗的因果規律越過這個點，你們會發現聯結的諸如此類的總體性對於你們必然的經驗性概念來說太小了。

第四，如果你們接受一個絕對必然的存在者（無論它是世界本身，還是世界中的某種東西，還是世界的原因），那麼，你們就把它置入一個無限遠離任何一個被給予的時間點的時間之中了，因爲若不然，它就會依賴於另一個更早的存在。但在這種情況下，這個實存對於你們的經驗性概念來說就是無法接近的和太大的，以至於你們永遠不能透過某種延續的回溯達到它。

但是，如果按照你們的看法，屬於世界的一切（無論是作爲有條件的還是作爲條件）都是偶然的，那麼，任何被給予你們的實存對於你們的概念來說就太小。因爲它迫使你們一再去尋覓它所依賴的另一個實存。

我們在所有這些事例中都說過，世界理念對於經驗性的回溯來說，從而對於任何可能的知性概念來說，要麼是太大，要麼是對它來說也太小。我們爲什麼不作相反的表述，說在第一種場合經驗性概念對於理念來說任何時候都太小，在第二種場合卻太大，從而彷彿是

B517

罪過在於經驗性的回溯，而是指責宇宙論的理念，說它要麼太大，要麼太小，偏離了它的目的，即可能的經驗呢？理由在於：可能的經驗是唯一能夠給予我們的概念以實在性的東西；沒有這種東西，任何概念都只是理念，沒有眞實性，不與一個對象相關。因此，可能的經驗性概念是一個準繩，必須根據它來判斷理念，看它是純然的理念和思想物，還是在世界中發現其對象。因爲唯有對於僅僅爲了某種別的事物而假定、且必須根據該事物來設立的東西，人們才說它相對於該事物來說太大或者太小。古代辯證法學校的遊戲有這樣一個問題：如果一個球未穿過一個洞，人們應當說什麼呢？是說球太大，還是說洞太小？在這一事例中，隨便你們說什麼都是無所謂的；因爲你們並不知道二者中哪一個是爲另一個而存在的。與此相反，你們不會說人對他的衣服來說太長，而是說衣服對人來說太短。

因此，我們至少得出了有根有據的懷疑：諸般宇宙論理念以及與它們相關的一切陷入互相衝突的玄想主張，也許是以關於這些理念的對象如何被給予我們的方式的一種空洞且純然想像出來的概念爲依據的；而這種懷疑已經能夠把我們引向正確的跡象，來揭露長期以來使我們誤入歧途的幻象。

B518

第六章　先驗觀念論是解決宇宙論辯證法的鑰匙

我們在先驗感性論中已經充分地證明：在空間或者時間中被直觀到的一切，從而對我們來說可能的經驗的一切對象，都無非是顯象，也就是說，是純然的表象，它們就被表象而言作爲有廣延的存在者或者變化的序列，在我們的思想之外沒有任何自身有根據的實存。我把這種學說稱爲先驗觀念論。①先驗意義上的實在論者則把我們感性的變狀當做自存的事物，因而把純然的表象當做事物自身。

如果要把早已聲名狼藉的經驗性觀念論強加給我們，那對我們是不公正的。經驗性觀念論在承認空間有自己的現實性的同時，卻否認空間中有廣延的事物的存在，至少認爲這種存在是可疑的，在這方面不承認夢幻與眞理之間有任何可充分證明的區別。至於時間中的內感官的顯象，經驗性觀念論把它們當做現實的事物沒有任何困難；它甚至斷言，這種內部經驗獨自就充分證明了其客體（客體自身及所有這些時間規定）的現實存在。

與此相反，我們的先驗觀念論承認：外部直觀的對象就像它們在空間中被直觀到的那樣，也是現實存在的，而在時間中一切變化就像內感官表象它們的那樣，也是現實的。因爲

B519

B520

① 我在別的地方有時也把它稱爲形式的觀念論，以便把它與質料的觀念論亦即通常的懷疑或者否定外部事物本身實存的觀念論區別開來。在許多場合，寧可使用這些表述而不使用上述表述，以便防止誤解，似乎是可取的。——康德自注（本注爲第二版所加。——譯者注）

既然空間已經是我們稱爲外部直觀的那種直觀的形式，而且沒有空間中的對象就根本不會有任何經驗性的表象，所以我們就能夠並且必須承認在空間中有廣延的事物是現實的；對於時間來說亦復如是。但是，那空間本身連同這種時間以及與二者相關的一切顯象，畢竟自身還不是事物，而無非是表象，根本不能在我們的心靈之外實存；甚至我們的心靈（作爲意識的對象）——其規定乃是透過時間中不同狀態的演替被表象——的內部感性直觀也不是什麼自身實存的自我或者先驗的主體，而僅僅是被給予這個我們所不知道的存在者的感性的一種顯象。這種作爲一個自身實存的事物的內部顯象，其存在是不能承認的，因爲它的條件是時間，而時間不能是某個物自身的規定。但在空間和時間中，顯象的經驗性的眞實性得到了充分的保障，並與同夢幻的親緣性充分區別開來了，只要二者按照經驗性的規律在一個經驗中正確而且普遍地聯結起來。

據此，經驗的對象絕不是就自身而言被給予，而是僅僅在經驗中被給予，而且在經驗之外根本沒有實存。說月球上可能有居民，雖然沒有一個人曾經見過他們，這一點也當然必須給予承認，但這僅僅意味著：我們在經驗的可能進展中有可能遇到他們；因爲凡是按照經驗性進展的規律與一個知覺相聯結的東西就都是現實的。因此，如果他們與我的現實意識有一種經驗性的聯結，他們就是現實的，雖然他們並不因此就是就自身而言，即在經驗的進展之外是現實的。

除了知覺以及從這一知覺到其他可能的知覺的經驗性進展之外，沒有任何東西被現實地給予我們。因爲就自身而言，顯象作爲純然的表象唯有在知覺中才是現實的，而知覺事實上無非是一個經驗性表象亦即顯象的現實性。在知覺之前稱一個顯象是現實的事物，要麼意味著我們在經驗的進展中必然遇到這樣一個知覺，要麼是根本沒有意義。因爲如果所說的是一
B522 個物自身，那當然可以說它就自身而言，不與我們的感官和可能的經驗發生關係而實存。但這裡所說的僅僅是一個空間和時間中的顯象，而空間和時間二者都不是物自身的規定，僅僅是我們的感性的規定；因此，在空間和時間中的東西（顯象）不是就其自身而言的某種東西，而是純然的表象，表象如果不是在我們裡面（在知覺中）被給予，在任何地方都是遇不到的。

感性的直觀能力眞正說來只是一種接受性，即以某種方式伴隨著表象被刺激，而種種表象的相互關係就是空間和時間的純直觀（純粹是我們感性的形式），這些表象如果在這種關係中（在空間和時間中）按照經驗的統一性的規律聯結起來，並且是可規定的，就叫做對象。這些表象的非感性原因對於我們來說是完全未知的，所以我們不能把這原因當做客體來直觀；因爲諸如此類的對象必然既不在空間中也不在時間中（空間和時間是純然的感性表象條件）被表象，沒有這些條件我們就根本不能思維直觀。然而，我們可以把一般顯象的純然理知的原因稱爲先驗的客體，這只是爲了有某種東西與作爲一種接受性的感性對應。我
B523 們可以把我們可能的知覺的全部範圍和聯繫歸於這個先驗的客體，並且說：它是先於一切經驗就其自身而言被給予的。但是，顯象符合這個先驗客體，卻不是就其自身而言，而是僅僅

在這種經驗中被給予的，因爲它們是純然的表象，而表象作爲知覺，唯有在這一知覺按照經驗統一性的規則與所有其他知覺聯繫起來的情況下才意味著一個現實的對象。這樣，人們就能夠說：過去時間的現實的事物是在經驗的先驗對象中被給予的；但是，它們只是在我想像到，可能知覺按照經驗性規律的回溯序列（無論是依照歷史的導線還是依照原因與結果的跡象），一言以蔽之，即世界的過程，導向一個作爲當前時間的條件的已逝時間序列時，才對我來說是對象，並且在過去的時間裡是現實的；而已逝時間序列在這種情況下畢竟只是在一個可能經驗的聯繫中，不是就其自身而言被表象爲現實的。這樣，從亙古以來在我的存在之先已逝的所有事件，無非意味著把經驗的鏈條從當前的知覺開始向上延長到在時間上規定這一知覺的諸般條件的可能性。

據此，如果我把感官在一切時間和一切空間中的所有實存對象表象給我自己的話，我並不是在經驗之先把這樣的對象安置在時間和空間中，相反，這種表象無非是關於一個可能經驗就其絕對完備性而言的思想。唯有在它裡面，那些對象（它們無非是純然的表象）才被給予。但是人們說，它們實存於我的一切經驗之先，這只不過意味著，可以在我從知覺出發必然進展到的那個經驗部分中發現它們。這種進展的經驗性條件的原因，以及我在回溯中會遇到哪些環節或者在什麼程度上遇到諸如此類的環節，是先驗的，因而不爲我所知。但是，我所關心的並不是這種原因，而只是對象亦即顯象在其中被給予我的經驗的進展規則。即便就結果而言，我是說我在空間裡的經驗性進展中能夠遇到比我看到的星球還要遠百倍的星球，還是說即便從來沒有一個人看到過它們或者將看到它們，但在宇宙空間中也許會看到它們，這都是一回事；因爲即便它們是作爲物自身，與一般可能經驗毫無關係地被給予的，它們也畢竟對我來說什麼也不是，從而不是對象，除非它們包含在經驗性回溯的序列中。唯有在另一種關係中，當爲了一個絕對整體的宇宙論理念而使用這些顯象時，因而當涉及一個超越可能經驗的界限的問題時，對人們對待所思維的感官對象的現實性的方式作出區分才具有重要性，爲的是防止一種不可避免地必然從對我們自己的經驗概念的誤解中產生的騙人的妄念。

B525

第七章　理性與自身的宇宙論爭執的批判裁定

純粹理性的整個二論背反都建立在以下的辯證論證上：如果有條件的東西被給予，那麼，它的一切條件的整個序列就也被給予；這樣，感官的對象就作爲有條件的東西被給予我們；依此類推。這種理性推理的大前提看起來是如此自然和明顯，透過它，根據（在顯象的綜合中）諸般條件的不同，就它們構成一個序列而言，就引入了同樣多的宇宙論理念；這些理念要求這些序列的絕對總體性，並正因爲此而把理性不可避免地置入與自身的衝突之中。但是，在我們揭示這種玄想論證的騙人的東西之前，我們還必須透過糾正和規定其中出現的某些概念來使自己有能力這樣做。

首先，以下命題是清晰的和無可置疑地確定的：如果有條件者被給予，則正因爲此，在它的一切條件的序列中進行回溯就是我們應負有的任務；因爲有條件者的概念已經包含著這一點，使得某物與一個條件相關，如果這條件又是有條件的，則與一個更遠的條件相關，並如此透過序列的所有環節。因此，這個命題是分析的，擺脫了對一種先驗批判的一切畏懼。它是理性的一個邏輯公設：透過理性追蹤並盡可能地繼續一個概念的已經附著於該概念的種種聯結及其條件。

此外，如果無論是有條件者還是它的條件都是物自身，那麼，當前者被給予時，就不僅回溯到後者是應負有的任務，而且後者也由此而隨之現實地被給予，而且由於這一點適用於序列的一切環節，所以條件的完備序列，從而包括無條件者，都由於唯有透過那個序列才可能的有條件者被給予而同時被給予，或者毋寧說被作爲前提條件。在這裡，有條件者

B527 連同它的條件的綜合是一種純然知性的綜合，知性表象事物如其所是，並不考慮我們是否以及如何能夠達到事物的知識。與此相反，如果我與顯象打交道，而顯象作爲純然的表象，如果我不達到它們的知識（也就是說，達到它們本身，因爲它們無非是經驗性的知識），它們就根本不被給予，那麼，我就不能在同樣的意義上說：如果有條件者被給予，則它的所有條件（作爲顯象）就也都被給予，從而就絕不能推論到條件序列的絕對總體性。因爲顯象在把握本身中無非是一種（空間和時間中的）經驗性綜合，從而僅僅在這種綜合中被給予。於是就根本不能得出：如果有條件者（在顯象中）被給予，則構成其經驗性條件的綜合就由此而一起被給予並被作爲前提條件，相反，這種綜合唯有在回溯中才發生，沒有回溯就絕不會發生。但是，在這樣一個場合我們所能夠說的是：向條件的一種回溯，也就是說，一種進展的經驗性綜合，在這一方面是被責成之事或者應負有的任務，而且不能缺少透過這種回溯被給予的種種條件。

由此可見，宇宙論理性推理的大前提是在一個純粹範疇的先驗意義上對待有條件者的，而小前提則是在一個運用於純然顯象的知性概念的經驗性意義上對待有條件者的，因此在
B528 其中就發現了那種人們稱之爲 Sophisma figura dictionis〔言說式的詭辯〕的辯證欺騙。但是，這種欺騙並不是人爲的，而是通常的理性的一種完全自然的迷惑。因爲由於這種迷惑，在某種東西作爲有條件的而被給予時，我們（在大前提中）就彷彿是不加考慮地以條件及其序列爲前提，因爲這無非是爲一個被給予的結論命題假定完備的前提的邏輯要求；而在

這裡，在有條件者與其條件的聯結中找不到時間秩序；它們就自身而言被預設爲同時被給予的。此外，（在小前提中）把顯象看做是物自身，同時看做被給予純然知性的對象，這與在大前提中發生的事情，即我把唯有在其下對象才能被給予的一切直觀條件都抽掉，是同樣自然而然的。然而，此時我們忽視了概念之間的一種值得注意的區別。有條件者連同其條件的綜合和這些條件的整個序列（在大前提中）絲毫不帶有時間的限制，不帶有任何演替的概念。與此相反，經驗性綜合與（被包攝在小前提中的）顯象的條件序列必然是繼起的，並且唯有在時間中才前後相繼地被給予；因此，我在這裡不能像在那裡那樣預設綜合與由綜合表現的序列的絕對總體性，因爲序列的所有環節在那裡是就自身而言（沒有時間的條件）被給予的，在這裡卻唯有透過相繼的回溯才有可能，而相繼的回溯唯有透過人們現實地完成它才被給予。

在指出了（各種宇宙論主張）共同作爲基礎的論證的這樣一種錯誤之後，就可以把爭論的雙方都當做未把自己的要求建立在縝密的權利之上的而予以拒斥。但是，它們的爭論卻還並不因此而了結，就好像它們已被證明，它們或者雙方中的一方在自己所主張的事情本身上（在結論中）沒有道理似的，即使它不知道把自己的事情建立在有效的證明根據上。然而，一方主張世界有一個開端，另一方則主張世界沒有開端，而是永恆存在的，雙方必有一方正確，這似乎是再清楚不過的。但即便如此，由於清晰性在雙方是相同的，所以在某個時候查明哪一方正確是不可能的；即便兩派在理性的法庭上同樣被呵斥而安靜下來，但爭執卻持續依舊。因此，除了既然它們畢竟都能夠如此有力地互相批駁，所以它們最終都被證明，它們是在做無謂的爭論，而且有某種先驗的幻相在用一種虛無縹緲的現實愚弄它們之外，再也沒有別的辦法來澈底地、令雙方滿意地了結爭執了。B530 我們現在就想選擇這條調解一場無法判決的爭執的道路。

※　※　※

愛利亞的芝諾（Zeno）是一個精細的辯證法家，他已經被柏拉圖指斥爲故意的詭辯家，說他爲了表現自己的技巧，試圖先用顯明的論證證明一個命題，在此之後馬上又用同樣有力的論證再推翻該命題。他斷言，神（也許在他那裡無非就是世界）既不是有限的也不是無限的，既不處在運動中也不處在靜止中，既不與任何其他事物相似也不與之不相似。在就此評判他的人們看來，他要同時完全否定兩個相互矛盾的命題，而這是荒謬的。但我並不認爲這能夠合理地被歸咎於他。我馬上就將探討這些命題的前一個。至於其他的命題，如果把神這個詞理解爲宇宙，那麼，他當然就必須說：宇宙既不是持久地呆在它的位置上（處在靜止中），也不改變它的位置（在運動），因爲一切位置都在宇宙中，因而宇宙本身就不在任何位置上。如果宇宙把一切實存的東西都包含在自身中，那麼，它就此而言也就不與任何其他事物相似，也不與之不相似，因爲在它之外不存在任何事物能夠與它進行比較。如果兩個 B531

彼此對立的判斷都預設一個不成立的條件，儘管它們有衝突（衝突並不是眞正的矛盾），它們雙方卻都要被否定，因爲這兩個命題都唯有在其下才能有效的那個條件被否定了。

如果有人說，每一個物體都要麼氣味好聞要麼氣味不好聞，那就有一個第三者，即它根本沒有氣味（無味），這樣，兩個對立的命題就可能都是錯誤的。如果我說，它要麼是好聞的，要麼不是好聞的（vel suaveolens vel non suaveolens），那麼，這兩個判斷就是矛盾地對立的，而且只有前一個是錯誤的，而其矛盾的對立面，即一些物體不是好聞的，也包含了根本沒有氣味的物體在內。在前面（per disparata〔透過對比〕）的對立中，物體概念的偶然條件（味）雖有對立的判斷而依然存在，因而並沒有被後者一併除去，所以後者就不是前者的矛盾對立面。

據此，如果我說：世界在空間上要麼是無限的，要麼不是無限的（non est infinitus），那麼，假如前一個命題是錯誤的，它的矛盾對立面，即世界不是無限的，就必然是正確的。由此我只是否定了一個無限的世界，卻沒有設定另一個世界，即有限的世界。但如果說：世界要麼是無限的，要麼是有限的（非無限的），那麼，二者就可能都是錯誤的。因爲在這種情況下，我把世界視爲就自身而言在其大小上被規定的，而在反命題中，我不僅否定了無限性，也許隨之還否定了它的整個單獨的實存，而且還把一種規定附加在作爲一個就自身而言現實的事物的世界上，而這同樣可能是錯誤的，也就是說，如果世界根本不是作為一個物自身，從而就其大小而言既不是作爲無限的也不是作爲有限的而被給予

B532

的話。請允許我把諸如此類的對立稱爲辯證的對立，而把矛盾的對立稱爲分析的對抗。因此，兩個辯證地相互對立的判斷都可能是錯誤的，因爲一個並不是純然與另一個相矛盾，而是表述了比矛盾所需更多的東西。

如果把「世界在大小上是無限的」和「世界在大小上是有限的」這兩個命題視爲兩個彼此矛盾對立的命題，那麼，人們就是在假定世界（顯象的整個序列）是一個物自身。因爲無論我在其顯象的序列中結束的是無限的回溯還是有限的回溯，世界都依然存在。但是，如果我拋棄這種預設或者先驗的幻相，並且否認它是一個物自身，那麼，兩種主張的矛盾衝突就轉化爲一種純然辯證的衝突；而由於世界根本不是就自身而言（不依賴於我的表象的回溯序列）實存的，所以它的實存既不是作爲一個就自身而言的無限整體，也不是作爲一個就自身而言的有限整體。它只能在顯象序列的經驗性回溯中，而根本不能獨自地被發現。因此，如果這種序列在任何時候都是有條件的，那它就永遠不被完全地被給予，因而世界也就不是無條件的整體，也不作爲這樣一個整體實存，無論是以無限的大小，還是以有限的大小。

這裡關於第一個宇宙論理念，即關於顯象中的大小的絕對總體性所說的，也適用於其餘所有的宇宙論理念。條件的序列只有在回溯的綜合本身中才能發現，而不是就自身而言在作爲一個特別的、在一切回溯之先被給予的事物的顯象中發現的。因此，我也必須說：在一個被給予的顯象中，各部分的數量就自身而言既不是有限的，也不是無限的，因爲顯象並不是任何就自身而言實存的東西，而且各部分唯有透過分解性綜合的回溯，並在這一回溯中才被

B533

給予，而這種回溯永遠不是絕對完整地被給予，無論是作爲有限的還是作爲無限的。這也適
用於互相隸屬的原因的序列，或者有條件的實存直到無條件的必然的實存的序列，這種序列 B534
永遠不能就自身而言在其總體性上被給予，無論是作爲有限的還是作爲無限的，因爲它作爲
互相隸屬的表象的序列，只存在於力學的回溯中，根本不能在這種回溯之先，並且作爲物自
身的獨立存在的序列實存。

據此，純粹理性在其宇宙論理念中的二論背反已被取消，因爲已經指出，它純然是辯證
的，是一種幻相的衝突，這種幻相之所以產生，乃是因爲人們把僅僅被視爲物自身的條件的
總體性理念運用於顯象，而顯象僅僅在表象中實存，當它們構成一個序列時在漸進的回溯中
實存，在其他地方根本不實存。但是，人們反過來也從這種二論背反中得到一種眞正的好
處，雖然不是獨斷論的好處，但卻是批判的和學理上的好處；也就是說，如果有人對先驗感
性論中的直接證明並未感到滿足的話，由此就間接地證明了顯象的先驗觀念性。證明就在於
這種二難推理。如果世界是一個就自身而言實存的整體，那麼，它就要麼是有限的，要麼
是無限的。現在，無論是前者還是後者都是錯誤的（根據上述反論和正論各自的證明）。
因此，說世界（所有顯象的總和）是一個就自身而言實存的整體，就也是錯誤的。由此得 B535
出，在我們的表象之外的一般顯象什麼也不是，而這正是我們透過顯象的先驗觀念性想說出
的東西。

這一說明頗爲重要。人們由此看出，上述四重二論背反的各種證明並不是幻象，而是縝

密的，也就是說，是根據顯象或者一個將它們都包含在自身之內的感官世界乃是物自身這一預設的。但是，由此產生的各種命題的衝突，說明在這一預設中蘊涵著一種錯誤，並使我們得以揭示作爲感官對象的事物的眞正性狀。因此，先驗的辯證法絕不對懷疑論有什麼助長，但卻助長懷疑的方法。當人們讓理性的種種論證以其極大的自由彼此對立地出現時，懷疑的方法就能夠藉先驗的辯證法顯示出其重大效用的一個例證。理性的種種論證即使最終並不提供人們所尋求的東西，但卻在任何時候都提供某種有用的東西和有助於糾正我們的判斷的東西。

第八章　純粹理性在宇宙論理念方面的範導性原則

B536

既然透過宇宙論的總體性原理，作爲物自身的感官世界中的條件序列的極大值並沒有被給予出來，而是只能在該序列的回溯中當做應負有的任務，所以上述純粹理性的原理在其如此糾正了的意義上依然保有其良好的有效性，雖然不是作爲公理把客體中的總體性思維爲現實的，而是作爲知性的、因而是主體的一個問題，以便按照理念中的完備性著手並繼續一個被給予的有條件者的條件序列中的回溯。因爲在感性中，也就是說，在空間和時間中，我們在闡明被給予的顯象時所能夠達到的任何條件又都是有條件的，原因在於：這些顯象並不是或許能夠在其中出現絕對無條件者的對象自身，而純然是經驗性的表象，這些表象在任何時候都必然在直觀中發現在空間或者時間上規定它們的條件。因此，理性的這條原理眞正說來只不過是一條規則罷了，它要求在被給予的顯象的條件序列中進行一種回溯，這種回溯絕不允許在一個絕對無條件者那裡停留下來。因此，它不是經驗和感官對象的經驗性知識之可能性的原則，從而也不是知性的原理，因爲任何經驗都（根據被給予的直觀）被封閉在自己的界限之內；它也不是理性把感官世界的概念擴展到一切可能經驗之外的建構性原則，而是經驗之最大可能的繼續和擴展的原理，根據它，必須不把任何經驗性的界限視爲絕對的界限，因此它是理性的一條原則，它作爲規則要求我們在回溯中應當做什麼，而不是預知在客體中於一切回溯之先什麼就自身而言被給予。因此，我把它稱爲理性的一條範導性原則，因爲與此相反，作爲在客體（顯象）中就自身而言被給予的，條件序列的絕對總體性的原理是建構性的宇宙論原則。我想透過這種區分來說明後者的無效，並由此阻止人們像通常（透過先驗的暗中偷換意義）不可避免地發生的那樣，賦予一個只是作爲規則用的理念以客觀的實在性。

爲了恰如其分地規定純粹理性的這一規則的意義，必須首先說明，它不能說客體是什麼，而是說應當如何著手進行經驗性的回溯，以便達到客體的完備概念。因爲如果前者成 B538 立，那麼，它就會是一條建構性的原則，而諸如此類的東西從純粹理性出發是絕不可能的。因此，人們絕不能由此就想說，一個被給予的有條件者的條件序列就自身而言是有限的或者無限的；因爲這樣一來，一個僅僅在理念本身中才被創造出來的絕對總體性的純然理念就會來思維在任何經驗中都不能被給予的對象了，因爲一序列顯象就會獲得一種獨立於經驗性綜合的客觀實在性。因此，理性理念將只是給條件序列中的回溯性綜合規定一個規則，按照這個規則，該綜合從有條件者開始，憑藉所有相互隸屬的條件進展到無條件者，即使該無條件者永遠達不到。因爲在經驗中根本遇不到絕對無條件者。

爲了這一目的，首先就必須精確地規定一個永遠不能完備的序列的綜合。人們在這方面通常使用兩個應當在其中區分某種東西的術語，但是人們畢竟還不善於正確地說明這種區分的根據。數學家僅僅談到一種 progressus in infinitum〔無限進展〕。概念的研究者（哲學 B539 家）則只想用一種 progressus in indefinitum〔不限定進展〕來取而代之。我不想在檢驗這樣一種區分給這些術語帶來的疑慮以及應用這種區分有用還是沒用之處逗留，而是力圖與我的目的相聯繫，以便精確地規定這些概念。

關於一條直線，人們可以正當地說：它可以被延長到無限，而在這裡，無限進展和不限定進展（progressus in indefinitum）的區分就會是一種空洞的吹毛求疵。原因在於，儘管在說引出一條線時，附加上 in indefinitum〔不限定〕當然要比說 in infinitum〔無限〕更爲正確，因爲前者無非意味著隨你們便延長這條線，而後者則意味著你們應當永不停止地延長這條線（這在此處恰恰不是本意），但如果所說僅僅是能力，則畢竟前一個表述是完全正確的；因爲你們能夠無限地使這條線越來越長。在人們僅僅談到進展，也就是從條件到有條件者的進展的一切場合裡，情況也都是如此；這種可能的進展在顯象的序列中前進至無限。從一對父母開始，你們可以沿著生育的下降線無止境地前進，並且也完全可以設想，這條線現實地在世界裡面如此前進。原因在於，理性在這裡絕不需要序列的絕對總體性，因爲它並不把這樣的總體性預設爲條件並且是被給予的（datum），而是僅僅把它預設爲某種有條件的東西，這種東西只不過是可被給予的（dabile）並且可以無止境地附加罷了。

下面的問題就完全不同了：在一個序列中從被給予的有條件者向條件上升的回溯延伸多遠？我能夠說它是一種無限的回溯，還是只能說它是一種不限定（in indefinitum）延伸多遠的回溯呢？因此，我是從現今生存的人在其祖先的序列中能夠無限地上升，還是只能夠說，無論我回溯多遠，都永遠遇不到一個經驗性的根據來在某處把序列視爲有界限的，以至於我有權利並且有義務爲每一個祖先還進一步尋找其先祖，儘管同樣不能夠預設這樣的先祖？

B540

據此我說：如果整體在經驗性直觀中被給予，那麼，其內部條件的序列中的回溯就將無限地進行。但是，如果序列的一個環節被給予，回溯應當從該環節前進到絕對的總體性，那麼，就只有一種不限定的（in indefinitum）的回溯。這樣，關於在其界限內被給予的物質 B541
（一個物體）的分割就必須說：它將無限地進行。因爲這物質是整體的，從而是連同其所有可能的部分一起在經驗性直觀中被給予的。既然這個整體的條件就是它的部分，該部分的條件又是部分的部分，依此類推，而且既然在這一分解的回溯中永遠遇不到這個條件序列的一個無條件的（不可分的）環節，所以不僅任何地方都沒有一個經驗性的根據來在分割中停下來，而且繼續的分割之更遠的環節本身就是先於這種繼續的分割而經驗性地被給予的，也就是說，分割將無限地進行。與此相反，一個被給予的人的祖先序列並未在任何可能的經驗中在絕對的總體性上被給予；回溯卻畢竟從這種生育的每一個環節進行到一個更高的環節，以至於不能遇到任何經驗性的界限來把一個環節表現爲絕對無條件的。但是，既然可能爲此提供條件的各環節並不在回溯之先就已經蘊涵在整體的經驗性直觀中，所以這種回溯就不是無限地進行（對被給予者的分割的回溯），而是不限定地爲被給予的環節尋找更多的環節，而這更多的環節又在任何時候都是有條件地被給予的。

在這兩種場合的任何一個場合裡，無論是 regressus in infinitum〔無限回溯〕還是 B542
regressus in indefinitum〔不限定回溯〕，條件的序列都不被視爲無限地在客體中被給予的。這裡不是就自身而言被給予的物，而是作爲相互的條件僅僅在回溯本身中被給予的顯象。因此問題就不再是：這一條件序列就自身而言有多大，是有限的還是無限的，因為它不是什麼就自身而言的東西；相反，問題是：我們如何進行經驗性的回溯，以及我們應當把它進行到多遠。而在這裡，就這種進展的規則而言，有一種顯著的區別。如果整體被經驗性地給予，那麼，在它的內部條件的序列中無限地回溯就是可能的。但是，如果整體沒有被給予，而是應當透過經驗性的回溯才被給予，那我就只能說：進展到序列的更高條件是無限地可能的。在前一種場合我能夠說：總是有比我透過（分解的）回溯所達到的更多的環節存在並被經驗性地給予；而在第二種場合我能夠說的則是：我在回溯中還總是能夠走得更遠，因為沒有一個環節作為絕對無條件的而被經驗性地給予，所以還總是有一個更高的環節是可能的，從而也就允許探討這個更高的環節是必然的。在前一種場合，發現序列更多的環節是必然的，而在第二種場合，由於沒有任何經驗被絕對地設定界限，所以追問更多的環節就總是必然的。因為你們要麼沒有知覺來給經驗性的回溯絕對設定界限，而且在這種情況下你們就必須不把自己的回溯視為完成了的，要麼有這樣一個為你們的序列設定界限的知覺，於是這一知覺就不能是你們已經過的序列的一個部分（因為設定界限的東西必須有別於由此被設定界限的東西），因而你們就必須把自己的回溯也繼續進行到這種條件，並繼續進行下去。

下一章將透過其應用對這一說明作出恰如其分的闡釋。

第九章　就一切宇宙論理念而言論理性的範導性原則的經驗性應用

既然像我們已經多次指出的那樣，無論是純粹的知性概念還是純粹的理性概念，都沒有先驗的應用；既然感官世界中條件序列的絕對總體性僅僅依據於理性的先驗應用，理性要求它預設爲物自身的東西的這種無條件的完備性；既然感官世界不包含諸如此類的完備性；所 B544 以，就絕不能再說感官世界中序列的絕對的大小，無論它是有界限的還是就自身而言無界限的，而是只能說在經驗性的回溯中，在把經驗導回到其種種條件時，我們應當走多遠，以便依照理性的規則，除了在對理性的問題與對象相符合的回答上停留下來之外，不在任何其他回答上停留下來。

因此，在充分地闡明了**理性原則**作爲顯象自身的一條建構性原理的無效性之後，唯一給我們留下來的東西就是它作爲一個可能經驗的**繼續**和大小之規則的**有效性**。如果我們能夠毫不懷疑地牢記這種有效性，理性與自身的爭執就也將完全終止，因爲不僅透過批判的解析取消了使理性與自身分裂的幻相，而且取而代之的是揭示了一種意義，理性在這種意義上與自身一致，唯有對它的誤解才導致爭執，一條通常是辯證的原理就被轉化爲一條**學理**的原理了。實際上，如果這條原理按照它的主觀涵義，即與經驗的對象相符合地規定知性在經驗中的最大可能的應用，而能夠得到證明，那麼，這就完全等於是說它像一條公理那樣（這從純 B545 粹理性出發是不可能的）先天地規定對象自身了；因爲即便是公理，除了它證明自己在我們知性擴大了的經驗應用中起作用之外，也不能在經驗的客體方面對我們知識的擴大和糾正有更大的影響。

一、關於顯象複合成一個世界整體之總體性的宇宙論理念的解析

無論是在這裡，還是在其餘的宇宙論問題中，理性的範導性原則的根據都是以下命題：在經驗性的回溯中，不可能發現任何關於一個絕對界限的經驗，從而不可能發現任何關於一個條件是經驗性地絕對無條件的條件的經驗。但它的根據卻是：一個諸如此類的經驗必須在自身中包含著透過無或者空為經驗設定界限，繼續的回溯能夠憑藉一個知覺遇到這種界限，而這是不可能的。

於是，這一命題等於是說，我在經驗性的回溯中任何時候都只能達到這樣一個條件，它本身又必須被視為經驗性地有條件的。這一命題 in terminis〔歸根結底〕包含著一條規則：無論我由此在上升的序列中走多遠，我在任何時候都必須追問序列的一個更高的環節，不管這個環節是否能夠透過經驗為我所知。

於是，為了解決第一個宇宙論問題，所需要的只是還澄清：在向世界整體（在時間和空間上）無條件的大小的回溯中，這種絕不被設定界限的上升是叫做無限的回溯，還是僅僅叫做一種不限定的繼續回溯（in indefinitum）。

一切已逝的世界狀態以及在宇宙空間中同時存在的事物，其序列的純然普遍的表象，本身無非是一個我所思維的——儘管還不確定地思維的——可能的經驗性回溯，唯有透過

它，被給予的知覺之條件的這樣一個序列的概念才能夠產生。①於是，我在任何時候都只是在概念中才有世界的整體，而絕不是在直觀中擁有它（作爲整體）。因此，我不能從它的大小推論到回溯的大小，並根據前者來規定後者，相反，我必須透過經驗性回溯的大小才對世界的大小形成一個概念。但是，關於這種經驗性的回溯，我所知道的永遠不過是，我總是還必須從經驗序列的每一個被給予的環節經驗性地向一個更高的（更遠的）環節前進。因此，由此根本沒有絕對地規定種種顯象之整體的大小，所以人們也不能說這種回溯將無限地進行，因爲這將會預知回溯尚未達到的環節，並且把這些環節的數量表現爲如此之大，以至於沒有任何經驗性綜合能夠達到它，從而在回溯之先就會（儘管只是消極地）規定世界的大小，而這是不可能的。因爲世界不是透過任何直觀（在其總體性上）被給予我的，因而它的大小也根本不是在回溯之先被給予我的。據此，我們關於世界的大小自身根本不能說任何東西，就連說在世界裡面有一種 regressus in infinitum〔無限的回溯〕也不行，而是必須僅 B547

① 因此，世界序列既不能比它的概念唯一作爲依據的可能經驗性回溯更大，也不能比之更小。而且既然這種回溯既不能給予任何確定的無限者，也同樣不能給予一個確定的有限者（絕對有界限者），所以很明顯，我們既不能假定世界的大小是有限的，也不能假定它是無限的，因爲回溯（世界的大小得以表象所憑藉的回溯）不允許這二者中的任何一個。——康德自注

僅根據在它裡面規定經驗性回溯的規則來尋找其大小的概念。但是，這個規則所說的不過是，無論我們在經驗性條件的序列中走過了多遠，我們都不能在任何地方假定一個絕對的界限，而是把每一個顯象作爲有條件的來隸屬於另一個作爲其條件的顯象，因而必須進一步前進到後者，而這就是 regressus in indefinitum〔不限定的回溯〕；由於這種回溯不在客體中規定大小，因而可以足夠清晰地把它與 regressus in infinitum〔無限的回溯〕區別開來。

據此，我不能夠說世界在已逝的時間上或者在空間上是無限的。因爲關於作爲一個被給予的無限性的大小，諸如此類的概念是經驗性的，從而對於作爲感官的一個對象的世界來說也是絕對不可能的。我也不會說：從一個被給予的知覺向一切無論在空間中還是在已逝的時間中在一個序列裡面給這個知覺設定界限的東西的回溯將無限地進行；因爲這預設了世界的無限大小；我也不會說：世界是有限的，因爲絕對的界限同樣在經驗性上是不可能的。據此，關於經驗的整個對象（感官世界），我不能說任何東西，我所能夠說的只是與經驗的對象相符合來進行並且繼續經驗所應當遵循的規則。

因此，對於世界大小的宇宙論問題，第一個並且是消極的回答就是：世界在時間上沒有最初的開端，在空間上沒有最外面的界限。

因爲在相反的情況下，世界就會一方面爲空的時間，另一方面爲空的空間所限制。既然世界作爲顯象不能就自身而言是這二者中的任何一種，因爲顯象不是物自身，所以對受絕對空的時間或者空的空間所限制的知覺就必須是可能的，透過它，世界的這些終端在一個可能

B548

B549

的經驗中被給予。但這樣一種經驗，作爲完全空無內容的，是不可能的。因此，一種絕對的世界界限在經驗性上是不可能的，因而也是絕對不可能的。②

由此同時得出肯定的回答：世界顯象序列中的回溯作爲世界大小的一種規定，將 in indefinitum〔不限定地〕進行，這就等於是說：感官世界沒有絕對的大小，而是經驗性的回溯（唯有透過經驗性的回溯，感官世界才能在其條件方面被給予）有它自己的規則，也就是說，在任何時候都從序列的任何一個作爲有條件者的環節向一個更遠的環節（或者是透過自己的經驗，或者是透過歷史的導線，或者是透過結果與其原因的鏈條）前進，並且在任何地方都不放棄擴展自己知性的可能的經驗性應用，這也是理性就其原則而言的眞正的和唯一的任務。

由此並沒有規定一種確定的在某種顯象中無止境地進行的經驗性回溯，例如，人們必須從一個活著的人出發在祖先的序列中一直上溯，並不指望有第一對夫婦，或者在天體的序

B550

② 人們將發現：此處的證明是以與上面第一個二論背反的反論中的證明不同的方式進行的。在那裡，我們按照通常的、獨斷的表象方式把感官世界視爲一個就自身而言先於一切回溯而在其總體性上被給予的物，並且根本否認它——如果它不是占有一切時間和一切空間的話——在二者中占有某個確定的位置。因此，那裡的結論也不同於這裡的結論，也就是說，那裡推論到世界現實的無限性。——康德自注

列中一直上溯，並不允許有一個最遠的太陽；相反，所要求的只是從顯象到顯象的前進，即使它們並不提供現實的知覺（如果它們在程度上對於我們的意識來說太弱，不能形成經驗），因爲它們儘管如此畢竟還屬於可能的經驗。

一切開端都在時間中，有廣延的東西的一切界限都在空間中。但空間和時間都只在感官世界中。因此，唯有顯象在世界中是有條件的，而世界本身卻既不是有條件的，也不是以無條件的方式被設定界限的。

正因爲此，而且既然世界永遠不能被完整地給予出來，甚至一個被給予的有條件者的條件序列也不能作爲世界序列被完整地給予出來，所以世界之大小的概念就只是透過回溯，而不是在回溯之先在一個集合的直觀中被給予的。但是，回溯始終只是在於對大小的規定，因而並不提供任何確定的概念，從而也不提供任何關於就某個尺度而言無限的大小的概念，所以也不無限地（彷彿是被給予的）進行，而是不限定地進行，以便提供一個（經驗的）大小，這個大小唯有透過這種回溯才成爲現實的。

二、關於分割直觀中一個被給予的整體之總體性的宇宙論理念的解析

當我分割一個在直觀中被給予的整體時，我是從一個有條件者前進到它的可能性的條件的。各部分的分割（subdivisio〔細分〕或者 decompositio〔分解〕）是在這些條件的序列中的回溯。這一序列的絕對總體性唯有在回溯能夠一直達到單純的部分的情況下才會被給

予。但是，如果所有的部分在一種連續的分解中都一直又是可分割的，那麼，分割亦即從有條件者到其條件的回溯就將 in infinitum〔無限地〕進行，因爲條件（即部分）就包含在有條件者本身之中，而且既然這有條件者是在一個被包圍在界限之間的直觀中被完整地給予的，所以條件也就全都被一起給予了。因此，這種回溯就不可僅僅被稱爲 in indefinitum〔不限定的〕回溯。唯有前一個宇宙論理念才允許這樣做，因爲我應當從有條件者前進到它的條件，這些條件是在有條件者之外，從而不是由此同時一起給予的，而是在經驗性的回溯中才附加上的。儘管如此，關於一個無限可分割的整體，畢竟絕不允許說它由無限多的部分組成。因爲儘管所有的部分都包含在整體的直觀中，但全部的分割畢竟並不包含在其中，而是存在於繼續的分解或者回溯本身中，回溯才使序列成爲現實的。既然這種回溯是無限的，所以雖然它所達到的一切環節（部分）都包含在被給予的作爲集合體的整體中，但其中並不包含分割的整個序列，這個序列是漸進地無限的，永遠不是完整的，所以不能表現無限的數量及其在一個整體中的結合。

B552

這種一般的提醒首先可以輕而易舉地運用於空間。每一個在其界限內被直觀的空間都是這樣一個整體，其各個部分無論如何分解也都一直又是空間，因而是無限可分的。

由此也完全自然而然地得出第二種應用，即應用於一個被包圍在其界限內的外部顯象（物體）。物體的可分割性建立在空間的可分割性之上，空間構成了作爲一個有廣延的整體的物體的可能性。因此，這個物體是無限可分割的，但並不因此就是由無限多的部分構

B553

成的。

雖然看起來，既然一個作為實體的物體必須在空間中得以表象，所以就空間的可分割性規律而言，它與空間是有別的；因為人們也許可以承認，分解歸根結底永遠不能除去所有的合成，那樣的話甚至一切通常並不是什麼獨立東西的空間就會不是空間了（這是不可能的）；然而，說如果在思想中取消物質的一切合成就根本不會有任何東西存留，這似乎與實體的概念無法統一，實體眞正說來應當是一切合成的主體，必然存留在其元素中，即使這些元素在空間中的結合——它們由此構成一個物體——被取消。不過，對於在顯象中叫做實體的東西來說，就不像人們對於一個物自身來說透過純粹知性概念所思維的那樣了。前者不是一個絕對的主體，而只是感性的持久形象，無非是直觀，在直觀中任何地方都遇不到什麼無條件的東西。

然而，儘管在細分一個作為空間之純然充塡的顯象時，這條無限進展的規則毫無疑問是成立的，但在我們也要把它擴展到在一個被給予的整體中已經以某種方式分離開來的各部分——這些部分由此構成一個 quantum discretum〔分離的量〕——的數量時，它卻畢竟不能生效。假設在每一個有分支的（有組織的）整體中每一個部分又都是有分支的，人們以這樣的方式在無限分解各個部分時還總是發現新的人為的部分，一言以蔽之，假設整體是無限地有分支的，這根本不可思議，儘管可以假設，物質的各部分在分解時能夠被無限地劃分。因為對空間中一個被給予的顯象進行分割的無限性所依據的僅僅是：透過這種分割，只有可分割性亦即各部分的一個就自身而言絕對不確定的數量被給予出來了，而各部分本身則唯有透過細分才被給予和被規定，簡言之，整體不是就自身而言已經被劃分的。因此，能夠在整體中規定一個數量的分割，其程度如同人們在分割的回溯中前進的程度。與此相反，在一個無限地有分支的有機物體那裡，整體正是透過這一概念被表現爲已經劃分了的，並且在一切分割的回溯之先就在它裡面發現了各部分的一個就自身而言確定的、但卻無限的數量；由此人們陷入了自相矛盾，因爲這種無限的糾纏被視爲一種永遠不能完成的序列（無限的），儘管如此卻在一種總括中被視爲完成了的。無限的分割僅僅把顯象描述爲 quantum continuum〔連續的量〕，並且與空間的充塡不可分，因爲無限可分割性的根據正是在於空間的充塡。但是，一旦某種東西被當做 quantum discretum〔分離的量〕，各單位的數量在其中就是確定的，因而也在任何時候都等於一個數字。因此，在一個有分支的物體中組織能夠達到什麼程度，只有經驗才能弄清楚，而儘管經驗肯定沒有達到任何無機的部分，這樣的部分也畢竟至少蘊涵在可能的經驗中。但是，對一個一般的顯象進行的先驗分割達到什麼程度，這根本不是經驗的事情，而是理性的一個原則，即在分解有廣延的東西時依照這一顯象的本性永遠不把經驗性的回溯視爲絕對完成了的。

※　※　※

數學先驗理念之解析的結束語和力學先驗理念之解析的前言

我們曾用一個圖表來表現純粹理性貫穿一切先驗理念的二論背反，在那裡，我們說明了 B556
這種衝突的根據和消除這種衝突的唯一辦法，這種辦法就在於宣布兩種對立的主張都是錯誤的；那時，我們到處都把條件表現爲按照空間和時間的關係屬於有條件者的。這是通常的人類知性慣用的預設，那種衝突也完全是依據於此。考慮到這一點，一個有條件者的條件序列中的總體性之一切辯證的表象，都完全具有同樣的性質。總是有一個序列，其中條件與有條件者作爲序列的各環節聯結起來，從而是同類的，這裡絕不能把回溯設想爲完成了的，或者如果把它視爲完成了的，就必然把一個就自身而言有條件的環節錯誤地當做一個最初的環節，從而當做無條件的。因此，雖然沒有到處純然按照其大小來衡量客體亦即有條件者，但
畢竟是按照其大小來衡量客體的條件序列，而且在這裡，不能用任何調解，只能透過完全斬 B557
開死結來克服的困難就在於：理性使它對於知性來說不是太長就是太短，以至於知性永遠不能與理性的理念相匹配。

但在這裡，我們忽視了客體，亦即理性力圖提升爲理念的知性概念中的一種本質性的區別，因爲按照我們上面的範疇表，有兩個範疇意味著顯象的數學綜合，其餘兩個範疇意味著顯象的力學綜合。迄今爲止，上述情況還根本不可能發生，因爲就像我們在一切先驗理念的

一般表象中一直僅僅處在顯象中的條件之下一樣，我們在兩個數學的先驗理念中除了顯象中的對象之外，也沒有任何別的對象。但現在，既然我們前進到知性的應當適合理性理念的力學概念，那種區分就成爲重要的，並且就理性所捲入的爭訟而言爲我們開啓了一個全新的視界；既然這種爭訟此前作爲建立在雙方的錯誤預設之上的而被駁回，而現在，由於也許在力 B558 學的二論背反中這樣一種與理性的要求能夠共存的預設是成立的，從這種觀點出發，並且由於法官彌補了人們在雙方都誤認爲的合法根據的不足，就能夠作出調解來使雙方都滿意，而就數學的二論背反中的爭執而言，這是無法做到的。

就人們僅僅考慮條件序列的延伸，看它是適合理念，還是理念對它來說太大或者太小而言，條件的序列當然都是同類的。然而，以這些理念爲基礎的知性概念卻或者僅僅包含著同類的東西的綜合（這對於每一個大小來說無論是在其合成中還是在其分割中都被預設的），或者也包含著異類的東西的綜合，這在力學的綜合中，無論是就因果的結合而言還是就必然的東西與偶然的東西的結合而言，都是可以允許的。

因此就出現了這樣的情況，即在顯象序列的數學聯結中，除了感性的條件亦即自身是序列的一個部分的條件之外，不能被放入任何別的條件。與此相反，感性條件的力學序列卻還允許一個異類的條件，它不是序列的一個部分，而是作爲純然理知的而處於序列之外，這就 B559 滿足了理性，並且預設了顯象的無條件者，卻沒有攪亂任何時候都有條件的顯象序列，打斷它而違背知性的原理。

由於力學的理念允許在顯象的序列之外有顯象的一個條件，亦即一個本身不是顯象的條件，所以就發生了某種完全有別於數學的二論背反的結果的事情。也就是說，數學的二論背反導致必須宣布兩種辯證的主張都是錯誤的。與此相反，力學序列無一例外有條件的東西作爲顯象與序列不可分，卻與雖然在經驗性上是無條件的、但卻也是非感性的條件相聯結，一方面滿足了知性，另一方面也滿足了理性③，而且由於以這種或者那種方式在純然的顯象中尋找無條件的總體性的辯證論證都被取消，與此相反，理性命題在以這樣的方式糾正了的意義上就能夠使得雙方均為真；這在僅僅涉及數學上無條件的統一性的宇宙論理念那裡是不能成立的，因爲在它們那裡，除了本身還是顯象、並且作爲顯象一起構成序列的一個環節的條件之外，不能發現顯象序列的任何其他條件。

三、關於世界事件自其原因派生的總體性之宇宙論理念的解析

就發生的事情而言，人們只能設想兩種因果性，要麼是按照自然，要麼是出自自由。

③ 因爲知性在顯象中間不允許任何本身在經驗性上無條件的條件。但是，如果能夠爲（顯象中的）一個有條件者設想一個不作爲一個環節屬於顯象序列的理知的條件，由此而絲毫不打斷經驗性條件的序列，那麼，就可以允許這樣一個條件是在經驗性上無條件的，由此而不在任何地方打斷經驗性的連續回溯。——康德自注

B560

前者是感官世界中一個狀態與一個在先狀態的聯結，該狀態按照一條規則繼在先的狀態而起。如今，既然顯象的因果性依據的是時間條件，而且在先的狀態如果是在任何時候都存在的，就不能造成一種在時間中才產生的結果，因此，發生的或者產生的東西，其原因的因果性也是產生的，並且按照知性的原理本身又需要一個原因。

與此相反，我把自由在宇宙論意義上理解爲一種自行開始一個狀態的能力，因此，自由 B561 的因果性並不按照自然規律又服從另一個在時間上規定它的原因。在這種意義上，自由就是一個純粹的先驗理念，首先它不包含任何借自經驗的東西，其次它的對象也不能以在經驗中被規定的方式被給予，因爲凡發生的東西都必然有一個原因，從而本身發生或者產生的原因的因果性也必須又有一個原因，這是一條甚至一切經驗之可能性的普遍規律；這樣一來，經驗的整個領域無論延伸到多遠，都將轉化爲一個純然自然的總和。但是，既然以這樣的方式得不出因果關係中的條件的絕對總體性，所以理性就給自己創造出一種能夠自行開始行動的自發性的理念，而不用預置另一個原因，來又按照因果聯結的規律規定它去行動。

極爲値得注意的是，自由的實踐概念把自己建立在這種自由的先驗理念之上，自由的先驗理念在自由中構成了自古以來就環繞著自由之可能性問題的那些困難的眞正要素。實踐意 B562 義上的自由是任性對感性衝動的強迫的獨立性。因爲任性就它以生理變異的方式（由於感性的動因）受到刺激而言，是感性的；如果它能夠以生理變異的方式被必然化，它就叫做動物性的（arbitrium brutum〔動物性的任性〕）。人的任性雖然是一種 arbitrium sensitivum

〔感性的任性〕，但卻不是 brutum〔動物性的〕，而是 liberum〔自由的〕，因爲感性並不使其行爲成爲必然的，相反，人固有一種獨立於感性衝動的強迫而自行決定自己的能力。

人們很容易就可以看出，如果感官世界裡的所有因果性都純然是自然，那麼，任何事件就都會是由另一事件在時間中按照必然的規律規定的。從而，既然顯象就它們規定任性而言，必定使任何行動都作爲它們的自然結果成爲必然的，對先驗自由的取消就會同時根除一切實踐的自由。因爲實踐的自由預設，某物儘管尚未發生，但卻畢竟是應當發生的，因此它在顯象中的原因就不是如此去規定，以至於在我們的任性中，並不蘊涵著一種獨立於那些自然原因、甚至違背它們的勢力和影響來產生某種在時間秩序中按照經驗性規律被規定的東西、從而完全自行開始一個時間序列的因果性。

因此，這裡就發生了在一種冒昧超越可能經驗的界限的理性之衝突中所發現的事情，即任務眞正說來不是自然學的，而是先驗的。因此，自由的可能性問題雖然由心理學來考察，但既然它依據的僅僅是純粹理性的辯證論證，它就必須連同其解決一起都僅僅由先驗哲學來處理。爲使不能拒絕對此作出令人滿意的回答的先驗哲學能夠做到這一點，我就必須首先力圖透過一種說明來更爲精確地規定它在這一任務上的工作程序。

如果顯象是物自身，從而空間和時間是物自身的存在形式，那麼，一切條件就會與有條件者一起，在任何時候都作爲環節而屬於同一個序列，由此也在目前的場合裡產生所有先驗理念所共有的二論背反，即這個序列的結果必然不可避免地對於知性來說太大或者太小。但

是，我們在這一節和下一節所探討的力學的理性概念卻具有這樣的特點，即既然它們不涉
及一個作爲大小來考察的對象，而是僅僅涉及該對象的存在，所以人們也可以抽掉條件序
列的大小，而且在它們這裡僅僅涉及條件與有條件者的力學關係，以至於我們在關於自然 B564
和自由的問題中已經遇到了困難，即自由是否在某個地方是可能的，而如果它是可能的，那
它是否能夠與因果性的自然規律的普遍性共存；從而，說世界上的任何一個結果都必然要麼
是產生自自然，要麼是產生自自由，這是否是一個正確的選言命題，或者是否毋寧說二者在
不同的關係中就同一事件而言可以同時成立。關於感官世界的所有事件按照不可變更的自然
規律無一例外地相互連續的原理，其正確性已經作爲一個先驗分析論的原理得以確定，不容
許有任何損害。因此，問題僅僅是：儘管如此，就同一個按照自然被規定的結果而言，是自
由也能夠成立，還是自由被那個不容侵犯的規則所完全排斥。而在這裡，對顯象的絕對實在
性的雖然通常但卻騙人的預設，立刻就表現出它攪亂理性的有害影響。因爲如果顯象是物自
身，那麼，自由就不可挽救。在這種情況下，自然就是那個事件的完備的、就自身而言充足
的規定原因，事件的條件就在任何時候都僅僅包含在連同其結果都必然服從自然規律的顯象
序列之中。與此相反，如果顯象被視爲無非是它們實際上所是的東西，也就是說，不被視爲 B565
物自身，而是被視爲按照經驗性規律相互聯繫的純然表象，那麼，它們本身就必然還有不是
顯象的根據。但是，這樣一種理知的原因雖然其結果顯現出來，並且能夠被另外的顯象所規
定，但就其因果性而言卻不是由顯象規定的。因此，它連同自己的因果性處在序列之外，與

此相反，它的結果卻可以在經驗性條件的序列中發現。因此，結果可以就其理知的原因而言被視爲自由的，而同時就顯現而言被視爲按照自然的必然性出自這些顯象的結果；這樣一種區分，如果一般地並且完全抽象地陳述出來，就必然顯得極爲難以捉摸和晦澀，但在應用中卻會變得清晰。在此我只想說明：既然一切顯象在自然的一個關聯中無一例外的聯繫是一個絕不變更的規律，如果人們要頑固地堅持顯象的實在性，那麼，這條規律就必然不可避免地毀滅一切自由。因此，即便是那些在這方面追隨通常意見的人，也絕不能達到使自然和自由相互一致的程度。

與自然必然性的普遍規律相一致的由於自由的因果性之可能性

我把一個感官對象中本身不是顯象的東西稱爲理知的。據此，如果感官世界中必須被視爲顯象的東西就自身而言也有一種能力，這種能力不是感性直觀的對象，但透過它，該東西畢竟能夠是種種顯象的原因，那麼，人們就可以從兩個方面來考察這個存在物的因果性：就其作爲一個物自身的行動而言是理知的，而就其作爲一個感官世界中的顯象的結果而言是可感的。據此，關於這樣一個主體的能力，我們要形成其因果性的一個經驗性的概念，此外也要形成一個理智的概念，這兩個概念就同一個結果而言都是成立的。設想一個感官對象的能力的這樣一種雙重的方式，並不與我們關於顯象、關於一個可能的經驗所能夠形成的概念中的任何一個相矛盾。因爲既然由於它們不是物自身，它們就必須以一個把它們作爲純然的

表象來規定的先驗對象爲基礎，所以就沒有任何東西阻礙我們在先驗對象藉以顯現的屬性 B567
之外，也把一種儘管在顯象中發現其結果、但卻不是顯象的因果性歸之於這個先驗對象。但
是，任何一個起作用的原因都有一種性質，亦即其因果性的一條規律，沒有這條規律它就
根本不會是原因。而在這裡，就一個感官世界的主體而言，首先，我們要有一種經驗性的性
質，透過這種性質，它的種種行動就作爲顯象全都與其他顯象按照恆常的自然規律處於聯繫
之中，並且能夠作爲它們的條件而從它們推導出來，從而與它們相結合，構成唯一的一個自
然秩序序列的環節。其次，人們必須還允許它有一種理知的性質，透過這種性質，它雖然是
那些作爲顯象的行動的原因，但這種性質本身卻不從屬於感性的任何條件，本身並不是顯
象。人們也可以把前者稱爲這樣一個物在顯象中的性質，把後者稱爲物自身的性質。

這個行動主體按照其理知的性質不會從屬於任何時間條件，因爲時間只不過是顯象的條
件罷了，但卻不是物自身的條件。在這個主體裡面，不會有任何行動產生或者消逝，從而 B568
它也不會從屬於一切時間規定、一切可變事物的規律，即凡是發生的東西，都在（在先狀
態的）顯象中有其原因。一言以蔽之，它的因果性如果是理智的，就根本不處在使得感官
世界中的事件成爲必然的經驗性條件的序列之中。這種理知的性質雖然永遠不能直接地認識
到，因爲我們不能知覺任何東西，除非它顯現出來；但是，這種性質畢竟必須根據經驗性的
性質來思維，就像我們雖然關於一個先驗對象就其自身而言是什麼而一無所知，但卻必須在
思想中把它當做顯象的基礎一樣。

因此，根據它的經驗性性質，這個主體作爲顯象會服從按照因果聯結進行規定的一切規律；就此而言，它無非是感官世界的一個部分，它的結果與任何別的顯象一樣，都不可避免地從自然中流溢出來。就像外部顯象影響它，它的經驗性性質亦即它的因果性的規律透過經驗被認識一樣，它的所有行動也都必須按照自然規律來解釋，爲完全且必然地規定這些行動所需要的一切輔料，也都必須在一個可能的經驗中來發現。

但是，按照它的理知的性質（儘管我們對此所能夠擁有的無非是它的一般概念），這同一個主體卻必須被免去感性的一切影響和經由顯象的規定；既然在它裡面，就它是本體而言，沒有任何東西發生，沒有任何需要力學的時間規定的變化被發現，從而沒有任何與作爲原因的顯象的聯結被發現，所以這個行動著的存在物在其行動中就會獨立於並且沒有任何自然必然性，自然必然性唯有在感官世界裡才可遇到。關於它，人們可以完全正確地說，它自行開始它在感官世界裡的結果，但並沒有行動在它自身裡面開始；而這一點可以是有效的，沒有感官世界中的結果因此而可以自行開始，因爲它們在感官世界裡任何時候都透過在先時間中的經驗性條件被預先規定，但卻畢竟只是憑藉經驗性性質（經驗性性質純然是理知的性質的顯象）才被預先規定，唯有作爲自然原因序列的一個延續才是可能的。在這種情況下，自由和自然就可以每一個都在其充分的意義上，就同一些行動而言，根據人們把它們與其理知的原因相比較還是與其可感的原因相比較，同時被發現而毫無衝突。

B569

與普遍的自然必然性相結合對自由的宇宙論理念的說明

B570 我曾經贊同，首先勾畫出我們的先驗問題之解析的梗概，以便人們能夠更好地概覽在解析它的時候理性的進程。現在，我們想分析理性的裁定眞正說來關鍵所在的種種因素，並對每一個都特別予以考慮。

凡是發生的東西都有一個原因，這個原因的因果性，亦即行動，既然在時間中先行，並且就在此產生的一個結果而言本身不能是一直存在的，而必須是發生的，也在顯象中間有自己的原因。透過這一原因它被規定，因而自然秩序中的一切事件都是經驗性地被規定的，這是一條自然規律；唯有透過這條規律，種種顯象才能夠構成一個自然，並提供經驗的對象；這條規律是一條知性規律，不允許以任何藉口背離這條規律，或者把某個顯象作爲例外；因爲若不然，人們就會把這顯象置於一切可能的經驗之外，但這樣一來就會把它與可能經驗的一切對象區別開來，並且使它成爲純然的思想物，成爲一個幻影。

B571 但是，儘管在這裡看起來好像有一個原因的鏈條，它在回溯到其條件時根本不允許有任何絕對的總體性，但是，這種疑慮畢竟根本不會使我們止步不前；因爲在對理性在顯象的序列中企圖達到無條件者的時候所產生的二論背反的一般評斷中，這種疑慮已經被除去了。如果我們想對先驗實在論的欺騙作出讓步，那就既不剩下自然，也不剩下自由了。這裡的問題只是：如果人們在種種事件的整個序列中僅僅承認自然必然性，那麼，是還有可能把一方面是純然的自然結果的同一事件在另一方面視爲出自自由的結果，還是在這兩種因果性之間將遇到直接的矛盾。

在顯象中的種種原因中間，肯定不可能有任何東西能夠絕對地並且自行地開始一個序列。每一個行動作爲顯象，就它造成一個事件而言，本身就是事件或者發生的事情，預設著另一個在其中發現原因的狀態。於是，凡是發生的東西，都是序列的一種延續，而不可能是序列中自行發生的開端。因此，自然原因在時間次序中的一切行動，本身又都是同樣在時間序列中預設其原因的結果。使此前並不存在的某種東西得以發生的一種原始的行動，是不能 B572 期待顯象的因果聯結來提供的。

但在這種情況下，如果結果是顯象，其本身（即原因）亦是顯象的原因的因果性就必須僅僅是經驗性的，這也是必然的嗎？毋寧說，儘管對於顯象中的每一個結果來說，按照經驗性因果性的規律當然都要求與其原因的一種聯結，但這種經驗性的因果性本身在絲毫不破壞它與自然原因的聯繫的情況下，畢竟能夠是一個非經驗性的、理知的因果性的一個結果，這難道是不可能的嗎？也就是說，這種因果性是一個原因的就顯象而言原始的行動，因此，這個原因就此而言不是顯象，相反，就這種能力而言它是理知的，雖然除此之外全然作爲自然鏈條的一個環節，它必須被一起歸屬於感官世界。

我們需要顯象彼此之間的因果性的命題，以便能夠尋找和說明自然事件的自然條件亦即顯象中的原因。如果這得到承認，並且不被任何例外所削弱，那麼，就其經驗性應用而言在 B573 所有的事件中所看到的無非是自然，並且有權利這樣看的知性，就有了它所能夠要求的一切，而且自然的說明也就暢行無阻地繼續走自己的路了。如今，如果人們假定，在自然原因中間也有一些原因具有一種只是理知的能力，因爲這種能力爲了行動而有的規定性絕不是依據經驗性的條件，而是依據純然知性的根據，但又假定，這一原因在顯現中的行動符合經驗性的因果性的所有規律，即使這純然是虛構出來的，也對它沒有絲毫的損害。因爲以這種方式，行動的主體作爲 causa phaenomenon〔本身是現象的原因〕在其所有行動的不可分離的依賴性上與自然聯結在一起，只不過這個主體的 phaenomenon〔現象〕（連同它在顯象中的所有因果性）④包含著某些條件，當人們想從經驗性的對象上升到先驗的對象時，這些條件就必須被視爲純然理知的。因爲如果我們僅僅在顯象中間能夠是原因的東西中服從自然規則，那麼，我們就可以不去顧慮在對我們來說經驗性上未知的先驗主體中被設想的這些顯象及其聯繫的一種什麼樣的根據。這個理知的根據根本不關注經驗性的問題，而是僅僅涉及純粹知性中的思維；而儘管純粹知性的這種思維和行動的結果在顯象中被發現，這些顯象也畢竟必須能夠從其在顯象中的原因出發按照自然規律完全得到解釋。因爲人們把它們的純

④ 括號中的附注「連同他在顯象中的所有因果性」以及隨後的限制「當人們想從經驗性的對象上升到先驗的對象時」就已經表明，必須被詮釋爲「這個主體的 phaenomenon〔現象〕」。因此，哈滕斯坦使用 noumenon〔本體〕取代 phaenomenon 是不合理的。——科學院版編者注

然經驗性性質作爲至上的解釋根據來遵循，卻把是經驗性性質的先驗原因的理知性質完全當做未知的而忽略，除非它僅僅透過作爲它的感性標誌的經驗性性質得到說明。讓我們把這一點運用於經驗。人是感官世界中的顯象之一，就此而言也是其因果性必須服從經驗性規律的自然原因之一。據此，作爲這樣一個自然原因，他必然與其他一切自然事物一樣也有一種經驗性的性質。我們透過他在自己的結果中表現出來的力量和能力來注意到這種性質。在無生命的或者純然動物生命的自然中，我們沒有發現任何根據來設想某種能力不是純然在感性上有條件的。然而，通常僅僅透過感官來認識整個自然的人，也透過純然的統覺來認識自己本身，而且是在他根本不能算做感官印象的行動和內在規定中認識的。人對自己本身來說當然一方面是現象，但另一方面，亦即就某些能力而言，則是一個純然理知的對象，因爲這個對象的行動根本不能算做感性的接受性。我們把這些能力稱爲知性和理性；尤其是理性，被十分本眞地以傑出的方式與所有經驗性地有條件的力量區別開來，因爲它僅僅按照理念來考慮自己的對象，並據此來規定知性，知性在這種情況下對自己的（雖然也是純粹的）概念作一種經驗性的應用。

這種理性具有因果性，至少我們想像這種理性有一種諸如此類的因果性，這一點從我們在所有實踐事務中作爲規則加給實施的力量的那些命令就可以清楚知道。應當表示一種必然性和與種種根據的聯結，它在整個自然中其他地方都不曾出現。知性關於自然所能夠知道的，只是存在的東西，或者過去曾經存在的東西，或者將來要存在的東西。自然中的某種東西應當是不同於它在所有這些時間關係中實際上所是的東西，這是不可能的。確實，當人們僅僅關注自然的進程時，應當就根本沒有任何意義。人們根本就不能問，在自然中應當發生什麼；這和不能問一個圓應當有什麼樣的屬性是一樣的；而是要問，在自然中發生了什麼，或者圓有什麼樣的屬性。

這種應當表示一種可能的行動，這種行動的根據除了一個純然的概念之外，別無他物，而與此相反，一個純然的自然行動的根據在任何時候都必須是一個顯象。在應當指向行動時，行動當然必須在種種自然條件下才是可能的；但是，這些自然條件並不涉及任性本身的規定，而是僅僅涉及它在顯象中的結果和後果。無論有多少自然的根據，有多少感性的誘惑推動我達到意欲，它們都不能造成應當，而是僅僅造成一種意欲，這種意欲遠遠不是必然的，而是任何時候都有條件的；與此相反，理性所宣布的應當則以尺度和目的，甚至禁止和尊重來與意欲相對立。無論這是純然感性的對象（適意的東西）還是純粹理性的對象（善的東西），理性都不服從那種經驗性地被給予的根據，不遵從事物在顯象中展現出來的那種秩序；而是以完全的自發性按照理念給自己造就一種獨特的秩序，讓經驗性的條件適應這種秩序。它甚至按照理念宣布種種行動是必然的，這些行動不曾發生，而且也許將來也不發生，但儘管如此還是預設，理性在與它們的關係中能夠有因果性；因爲若不然，它就不能指望自己的理念有經驗中的結果。

現在讓我們在這裡停下來，至少假定這是可能的：就顯象而言，理性確實有因果性；雖

B576

然它是理性，它也必然自身展示出一種經驗性的性質，因爲任何原因都預設一條規則，某些 B577
顯象按照這條規則作爲結果繼起；而每一條規則都要求結果的齊一性，這種齊一性論證了原
因（作爲一種能力）的概念；如果這個概念必須從純然的顯象得到說明，我們就可以把它稱
爲經驗性的性質。這種性質是持久不變的，但它的結果卻根據伴隨的、部分地起限制作用的
條件的不同而以可變的形象顯現。

在這種情況下，每一個人的任性都有一種經驗性的性質，這種性質無非就是他的理性的
某種因果性；這種因果性就自己在顯象中的結果而言展示出一條規則，按照這條規則，人們
就能夠根據其方式和程度來得知該因果性的理性根據和行動，並對該人的任性的主觀原則作
出判斷。由於這種經驗性的性質本身必須從作爲結果的顯象中、從經驗顯示的顯象之規則得
出，所以人在顯象中的一切行動就都是從他的經驗性性質和一同起作用的其他原因出發按照
自然的秩序規定的；而且如果我們能夠窮根究底地研究他的任性的一切顯象，那麼，就不會 B578
有任何一種人的行動我們不能可靠地預言並且從其先行的條件出發認識爲必然的。因此，就
這種經驗性的性質而言，不存在有自由，而且如果我們只是想觀察，並且像在人類學中發生
的那樣以自然學的方式研究人的行動的動因的話，那麼，唯有按照這種經驗性的性質我們才
能考察人。

但是，如果我們把同樣一些行動與理性相關來考慮，而且不是爲根據其起源來解釋這些
行動的思辨理性，而僅僅是就理性是產生這些行動本身的原因而言；一言以蔽之，如果我

們出自實踐的意圖把這些行動與理性進行比較，那麼，我們就發現一個與自然秩序完全不同的規則和秩序。因爲也許一切按照自然進程發生了的、並且按照其經驗性的根據必然不可避免地發生的東西，在這裡都不是**應當發生的**。但是，我們有時候發現，或者相信至少可以發現，理性的理念確實證明了在人的作爲顯象的行動方面的因果性，而且這些行動之所以發生，並不是因爲它們是由經驗性的原因規定的，不是的，而是因爲它們是由理性的根據規定的。

假定人們可以說，理性在顯象方面具有因果性；既然理性的行動在理性的經驗性性質（感官的方式）中是極爲精確地被規定和必然的，理性的行動還能夠叫做自由的嗎？經驗性的性質又是在理知的性質（思維的方式）中被規定的。但我們並不認識思維的方式，而是透過眞正說來唯有感官的方式（經驗性的性質）直接給予供認識的顯象來描述它。⑤行動可以被歸之於作爲其原因的思維方式，儘管如此卻根本不是按照經驗性規律從思維方式得出

---

⑤ 因此，行動的眞正道德性（功與過）依然對我們來說是完全隱祕的，即便是我們自己的行爲的眞正道德性亦復如是。我們的歸責只能與經驗性的性質發生關係。但有多少這方面的純粹結果可以歸之於自由，有多少可以歸之於純然的自然和氣質的無辜錯誤或者其幸運的性狀（merito fortuna〔幸運的功勞〕），沒有人能夠探究，因而也沒有人能夠完全公正地裁斷。——康德自注

的，也就是說，不是使純粹理性的條件先行，而是僅僅使它們在內感官的顯象中的結果先行。純粹理性作爲一種純然理知能力，不從屬於時間形式，因而也不從屬於時間繼起的條件。理性在理知性質中的因果性並不爲了造成一個結果而產生，或者在某個時間開始。因爲 B580 若不然，它本身就會從屬於顯象的自然規律，因爲自然規律按照時間規定著因果序列；而因果性在這種情況下就會是自然而不是自由。因此，我們將可以說：如果理性在顯象方面能夠有因果性，那麼，它是一個經驗性的結果序列的感性條件由以開始的一種能力。因爲理性中所蘊涵的條件不是感性的，因而本身就不開始。據此，我們在所有經驗性的序列中所惦念的東西，即一個漸進的事件序列的條件本身能夠在經驗性上是無條件的，在這種情況下就是成立的。因爲在這裡，條件在顯象的序列之外（在理知的東西中），因而不從屬於任何感性條件，不由於在先的原因而從屬於時間規定。

儘管如此，同一個原因在另一種關係中卻也屬於顯象的序列。人本身是顯象。他的任性有一種經驗性的性質，這種性質就是他的所有行動的（經驗性的）原因。沒有一個根據這種性質來規定人的條件不包含在自然結果的序列之中，並且服從自然結果的規律，按照這一規律，在時間中發生的東西根本沒有任何經驗性上無條件的因果性。因此，沒有任何被給予的行動（由於它只能被感知爲顯象）能夠絕對自行開始。但關於理性，人們不能說：在它規 B581 定自己任性的狀態之前先行著另一個該狀態本身被規定的狀態。因爲既然理性本身不是顯象，不服從感性的條件，在它本身裡面就其因果性而言也就不存在時間繼起，因而按照規則規定時間繼起的自然力學規律就不能被運用於它。

因此，理性是人在其中顯現的所有任性行動的持久條件。這些行動在還沒有作爲行動發生之前，就每一個都在人的經驗性的性質中被預先規定了。經驗性的性質只不過是理知性質的感性圖型罷了，就理知的性質而言，沒有在前和在後；任何行動，無論它與其他顯象處於什麼樣的時間關係之中，都是純粹理性的理知性質的直接結果；因此，理性是自由地行動的，並不以力學的方式透過外在的或者內部的、但卻先行的根據而在自然原因的鏈條中被規定；人們不可以把它的這種自由僅僅消極地視爲對經驗性條件的獨立性（因爲這樣一來，理性的能力就不再是顯象的原因了），而是要也積極地透過一種自行開始事件序列的能力來描述它，以至於在它裡面沒有任何東西開始，而是它作爲任何任性行動的無條件的條件，在自身之上不允許任何在時間上先行的條件，然而，它的結果畢竟是在顯象的序列中開始的，但絕不能在其中構成一個絕對最初的開端。

爲了從理性的經驗性應用中舉一個例子來說明理性的範導性原則，而不是爲了證實這一原則（因爲諸如此類的證明不適用於先驗的主張），人們可以選取一個任性的行動，例如一個人由以在社會上造成某種混亂的惡意謊言；人們首先根據它由以產生的動因來研究它，然後判斷它連同其後果如何能夠被歸咎於該人。出自前一個意圖，人們審視他的經驗性的性質直到其起源，人們在糟糕的教育、不良的社交、部分地也在一種不知羞恥的氣質的惡劣中尋找這種起源，部分地把它推諉於輕率和欠考慮；在這方面，人們也沒有忽視誘發的偶

B582

因。在這一切裡面，人們的行事方式是和研究一個被給予的自然結果的規定性原因序列時一樣的。儘管相信行動就是由此規定的，人們卻依然責備肇事者，而且不是因爲他的不幸的氣質，不是因爲影響他的那些情況，甚至也不是因爲他過去奉行的生活方式；因爲人們預設可以把這種生活方式過去怎樣置之一旁，可以把已經逝去的條件序列視爲沒有發生的，但把這一事實視爲就在先狀態而言完全無條件的，就好像肇事者由此完全自行地開始一個後果序列似的。這種責備根據的是理性的一條規律，此時人們把理性視爲一個原因，這個原因能夠並且應當不顧上述一切經驗性的條件而以別的方式規定人的行爲。而且人們並不把理性的因果性僅僅視爲競爭，而是視爲就其自身而言完備的，即使感性動力根本不贊同它，而是完全反對它；行動被歸之於他的理知性質，現在，在他說謊的那一刻，它是完全有過的；因此，不管行爲有什麼樣的經驗性條件，理性都是自由的，行爲可以完全歸咎於理性的失責。

B583

從這種歸責的判斷很容易就可以看出，人們在這裡想到，理性根本不爲所有那些感性所刺激；它也不變化（儘管它的顯象，亦即它在自己的結果中表現自己的方式，是變化的）；在它裡面，沒有任何規定繼起狀態的狀態先行；因此，它根本不屬於按照自然規律使得顯象成爲必然的感性條件的序列。它，即理性，對人在一切時間狀態中的一切行動都是在場的，都是一回事，但它自己並不在時間中，並不陷入一個它之前並不在其中的新狀態；就這種新狀態而言，它是規定者，但卻不是可被規定者。因此，人們不可以問：理性爲什麼不以別的方式規定自己？而是要問：它爲什麼不以別的方式透過自己的因果性規定顯象？但

B584

是，對此不可能有一種回答。因爲另外一種理知的性質會給予另外一種經驗性的性質；而當我們說，不管他迄今爲止所奉行的全部生活方式，肇事者畢竟還是能夠不說謊的，那麼這僅僅意味著，這謊言是直接處在理性的支配之下的，而理性就其因果性而言不從屬於顯象和時間進程的任何條件，時間的區別雖然能夠造成顯象彼此之間的一種基本區別，但既然顯象不是事物自身，因而也不是原因自身，所以並不造成行動就與理性的關係而言的區別。

因此，我們對自由行動就其因果性而言所作的判斷只能達到理知的原因，但卻不能超出這一原因；我們能夠認識到它是自由的，也就是說，不依賴於感性而被規定，並且以這樣的方式能夠是顯象的感性上無條件的條件。但是，爲什麼理知的性質在呈現出來的情勢下恰恰給予的是這些顯象和這種經驗性的性格，對此作出回答遠遠超過了我們理性的一切能力，甚至超過了理性哪怕僅僅提出問題的一切權限，就好像人們問：我們外部感性直觀的先驗對象何以恰恰給予的只是空間中的直觀，而不是某種別的直觀似的。然而，我們所要解決的課題根本不要求我們這樣做，因爲這一課題僅僅是：在同一行動中自由與自然必然性是否衝突，我們對此已經給予了充分的回答，因爲我們指出了，既然在自由那裡，可能與之發生關係的條件同在自然必然性那裡完全不同種類，所以後者的規律也就不刺激前者，從而二者能夠相互獨立、絲毫不相互干擾地並存。

B585

※　※　※

人們必須清楚地看到，我們並沒有想由此闡述作爲包含著我們感官世界的種種條件之原因的種種能力之一種的自由的現實性。因爲除了這根本不會是僅僅與概念打交道的先驗考察之外，它也不可能成功，因爲我們從經驗出發永遠不能推論到某種根本不必按照經驗規律來思維的東西。此外，就連證明自由的可能性，我們也根本沒有去想；因爲這也不會成功，原因在於，我們根本不能從純然的先天概念出發認識任何實在根據和因果性的可能性。在這裡，自由僅僅被當做一個先驗理念來對待，透過它，理性設想透過感性的有條件者開始顯象中的條件序列，但在這裡就捲入了與它自己的規律的一種二論背反，這些規律是它爲知性的經驗性應用所規定的。我們唯一能夠提供的、而且我們也唯一關切的東西是：這種二論背反所依據的是一種純然的假象，自然與出自自由的因果性至少並不衝突。B586

四、顯象一般就其存在而言的依賴性之總體性的宇宙論理念的解析

在上一節中，我們就其力學序列而言考察了感官世界的變化，在那裡，每一種變化都隸屬於另一作爲其原因的變化。現在，種種狀態的這一序列對我們來說僅僅充當達到一種能夠是一切可變者的最高條件的存在，亦即必然的存在者的嚮導。這裡所涉及的不是無條件的因果性，而是實體本身的無條件的實存。因此，我們所面臨的序列眞正說來只不過是種種概念 B587

的序列，而不是種種直觀的序列，這是就一直觀是另一直觀的條件而言的。

但人們很容易看出：既然種種顯象之總和中的一切都是可變的，從而就存在而言是有條件的，所以在依賴性存在的序列中，任何地方都不可能有無條件的環節，其實存竟然會是必然的；因此，如果顯象是物自身，但正因爲此其條件與有條件者在任何時候都屬於同一個直觀序列，那麼，作爲感官世界種種顯象的存在之條件的一個必然的存在者就永遠不能成立了。 B588

但是，力學的追溯自身具有這種獨特的、與數學的追溯有別的東西：既然數學的追溯眞正說來只能與各部分組合成一個整體或者整體分解成其各個部分相關，所以這個序列的條件就總是必須被視爲這個序列的各個部分，因而被視爲同類的、進而被視爲顯象；相反，在力學的追溯中，所涉及的並不是由被給予的各個部分組成的一個無條件整體的可能性或者一個被給予的整體的一個無條件部分的可能性，而是從其原因推導出一個狀態，或者從必然的實體推導出實體本身的偶然存在，條件就不可以必然地與有條件者構成一個經驗性的序列。

因此，就呈現在我們面前的表面上的二論背反而言，還給我們留下了一條出路，即所有兩個相互衝突的命題在不同的關係中可以同時是眞的，以至於感官世界的所有事物都完全是偶然的，從而也永遠只有經驗性上有條件的實存，儘管整個序列還有一個非經驗性的條件，也就是說，有一個無條件地必然的存在者。因爲這個存在者作爲理知的條件，根本不作爲序列的一個環節（就連作爲至上的環節也不是）而屬於序列，也不使序列的任何環節 B589

成爲經驗性地無條件的，而是使整個感官世界保持其貫穿所有環節的經驗性上有條件的存在。因此在這裡，使一個無條件的存在成爲種種顯象的基礎的這種方式，會有別於上一節中（自由的）經驗性上無條件的因果性，即就自由而言，作爲原因的事物本身（substantia phaenomenon〔作爲現象的實體〕）儘管如此仍屬於條件的序列，而只有它的因果性被思維成理知的，但在這裡，必然的存在者必須被思維成完全在感官世界的序列之外的（作爲ens extramundanum〔世界之外的存在者〕），因而是純然理知的，惟其如此，才能防止使它自己從屬於所有顯象的偶然性和依賴性的規律。

因此，就我們的這一課題來說，理性的範導性原則就是：感官世界中的一切都有經驗性上有條件的實存，在它裡面就任何屬性而言都沒有一種無條件的必然性；條件的序列沒有一個環節不使人們必須一直期待，並力所能及地尋找在一個可能的經驗中的經驗性條件，沒有任何東西使我們有理由從經驗性序列之外的一個條件推導出某一個事物，或者也在序列本身中把該事物視爲絕對獨立自主的；但儘管如此卻根本不由此否認，整個序列能夠依據某個理知的存在者（這個理知的存在者因此而沒有任何經驗性的條件，毋寧說包含著所有這些顯象的可能性的根據）。

但在這裡，所指的根本不是證明一個存在者的無條件地必然的存在，或者也不僅僅哪怕是在這上面建立感官世界種種顯象之實存的一種純然理知的條件的可能性；而是僅僅像我們限制理性那樣，使理性不離開經驗性條件的導線，陷入超驗的、不能作出具體闡述的解

B590

釋根據，因而另一方面也限制知性的純然經驗性應用的規律，以免它對一般事物的可能性作出裁定，而且即使理知的東西在解釋顯象方面對我們來說毫無用處，也並不因此就把它宣布爲不可能的。因此，由此僅僅指出，所有的自然事物及其所有的（經驗性的）條件無一例外的偶然性都能夠與一個必然的、儘管純然理知的條件的任性預設共存，因而在這些主張之間找不到眞正的矛盾，從而它們雙方都能夠是真的。即便這樣一個絕對必然的知性存在者自身是不可能的，這一點也畢竟絕不能從一切屬於感官世界的東西的普遍偶然性和依賴性推論出來，同樣也絕不能從不停留在感官世界的任何一個偶然環節並訴諸世界之外的一個原因的原則推論出來。理性就經驗性應用而言按正常情況進行，就先驗應用而言則按特殊情況進行。

感官世界所包含的無非是顯象，而顯象則是純然的表象，表象又總是在感性上有條件的；而既然我們在這裡絕不以物自身爲我們的對象，所以毫不奇怪，我們絕對沒有權利從經驗性序列的一個環節——不管它是哪個環節——跳出感性的聯繫，就像它們是在它們的先驗根據之外實存的物自身，而且人們可以爲了在它們外面尋找它們存在的原因而離開它們似的；這一點，對於偶然的事物來說當然是最終必然發生的，但對於事物純然的表象來說就不行，表象的偶然性本身只是現象，而且除了規定現象的回溯之外，也就是說，除了經驗性的回溯之外，不可能導致任何別的回溯。但是，設想種種顯象亦即感官世界的一個理知的根據，並設想它擺脫了種種顯象亦即感官世界的偶然性，這既不與顯象序列中不受限制的經驗

B591

性回溯相悖，也不與顯象無一例外的偶然性相悖。但是，這也是我們爲消除表面上的二論 B592
背反唯一能夠提供的東西，而且只能以這種方式做這件事。因爲如果每一個（就其存在而言）有條件者每次的條件都是感性的，正因爲此是屬於序列的，那麼，它本身就又是有條件的（就像第四個二論背反的反論所表明的那樣）。因此，要麼是與要求無條件者的理性的衝突必然依舊存在，要麼這種東西必須被置於序列之外，被置於理知的東西中，理知的東西的必然性既不需要也不容許經驗性的條件，因而相對於顯象來說是無條件地必然的。

理性（就感官世界中的存在的條件而言）的經驗性應用並不因爲承認一個純然理知的存在者而受到影響，而是按照無一例外的偶然性的原則從經驗性的條件前進到一直還是經驗性的更高條件。但同樣，如果所涉及的是理性（就目的而言）的純粹應用，這種範導性的原理也並不排除假定一個不在序列中的理知原因。因爲在這時，那個原因就只不過是意味著一般感性序列的可能性的對我們來說純然先驗的和未知的根據罷了，這個根據的不依賴於感性序
列的一切條件、並且就這些條件而言無條件地必然的存在，根本不與感性序列未被設置界限 B593
的偶然性相悖，從而也根本不與經驗性條件的序列中永無止境的回溯相悖。

純粹理性整個二論背反的最後說明

只要我們以我們的理性概念僅僅把感官世界中的條件的總體性以及就它們而言能夠發生什麼有利於理性的東西作爲對象，我們的理念就雖然是先驗的，但卻畢竟是宇宙論的。

但是，一旦我們把無條件者（這裡畢竟本來談的就是無條件者）置於完全處在感官世界之外、因而處在一切可能的經驗之外的東西裡面，理念就成爲超驗的：它們就不只是被用於完成理性的經驗性應用（這種完成始終是一個永遠不能實行的、但儘管如此卻可以遵循的理念），相反，它們還把自己與這種經驗性應用分開，使自己成爲對象；這種對象的材料並非取自經驗，其客觀實在性也不依據經驗性序列的完成，而是依據純粹的先天概念。諸如此類的超驗理念有一種純然理知的對象，承認這種對象是人們除此之外一無所知的先驗客體固然是允許的，但是，我們在自己這方面既沒有可能性的根據把它（作爲獨立於一切經驗概念的）設想爲一個可以透過其獨特的和內在的謂詞來規定的事物，也沒有絲毫正當的理由來假定這樣一個對象，因此它是一個純然的思想物。儘管如此，在所有的宇宙論理念中，引起第四個二論背反的理念卻使我們斗膽採取這一步驟。因爲顯象的在自身中完全沒有根據的、而是始終有條件的存在要求我們：探究某種與一切顯象有別的東西，從而探究一種偶然性在其中終止的理知對象。但是，由於在我們曾經允許自己在全部感性的領域之外假定一種獨立自存的現實性的時候，顯象只能被視爲這樣一些本身是理智的存在者對理知對象的偶然表象方式，所以給我們存留下來的就無非是類比，我們按照類比利用經驗概念，以便對我們就自身而言沒有絲毫知識的理知事物形成某些概念。由於我們無非是透過經驗來認識偶然的事物的，而在這裡所談的是根本不應當是經驗對象的事物，所以我們將必須從就自身而言必然的東西、從事物的純粹概念引申出它們的知識。因此，我們在感官世界之外所採取的第一個步驟迫使我們從研究絕對必然的存在者開始我們的新知識，從絕對必然的存在者的概念引申出一切純然理知的事物的概念；我們要在下一篇著手這一嘗試。

B595

第三篇　純粹理性的理想

第一章　論一般的理想

我們在上面已經看到，沒有感性的條件，透過純粹的知性概念，根本不能表象任何對象，因爲缺乏這些概念的客觀實在性的條件，而且在它們裡面所發現的無非是純然的思維形式。儘管如此，如果人們把它們運用於顯象，就能夠得到具體的表現；因爲在顯象那裡，它們眞正地擁有經驗概念的材料，而經驗概念無非是具體的知性概念。但是，理念比範疇更遠離客觀的實在性；因爲找不到任何顯象使理念能夠具體地表現自己。理念包含著任何可能的經驗性知識都達不到的某種完備性，而理性在這裡只想要一種系統的統一性，它試圖使經驗性上可能的統一接近系統的統一性，但卻永遠不能完全達到它。

B596 但是，我稱之爲理想的東西似乎比理念還遠離客觀的實在性。所謂理想，我所理解的不僅僅是具體的理念，而且是個體性的理念，也就是說，是一個個別的、唯有透過理念才能被規定或者已經被規定的事物。

人性就其全部完善性而言，不僅包含著一切屬於這種本性的、構成我們關於這種本性的概念的本質屬性的擴展，直到與它們那就是我們的完善人性的理念的目的完全符合，而且還包含著在這一概念之外屬於理念無一例外的規定的東西；因爲在所有相互對立的謂詞之中，畢竟只有唯一的一個適合完善的人的理念。對我們來說是一個理想的東西，對柏拉圖來說就是一個屬神知性的理念，是這種知性的純粹直觀中的一個個別的對象，是任何一種可能的存在者的最完善者，是顯象中一切摹本的原型。

B597 但是，我們並不如此肆無忌憚，我們必須承認，人的理性不僅包含理念，而且也包含理想，這些理想雖然不像柏拉圖的理想那樣具有創造性的力量，但畢竟（作為範導性的原則）具有實踐的力量，並且為某些行動的完善性的可能性奠定了基礎。道德概念並不完全是純粹的理性概念，因為它們以某種經驗性的東西（快樂或者不快）為基礎。儘管如此，就理性為就自身來講沒有規律的自由設置限制所憑藉的原則來講（因而當人們只注意它們的形式時），它們卻盡可以用做純粹理性概念的實例。德性以及伴隨它的人類智慧，在其完全的純粹性上，就是理念。但是，（斯多亞主義者的）智者卻是一個理想，也就是說，是一個僅僅在思想中實存、但與智慧的理念完全符合的人。就像理念提供規則一樣，理想在這樣的場合也可以用做摹本無一例外的規定的原型；而且對於我們的行動來說，我們所擁有的準繩無非是這個屬神的人的行為，我們把自己與它進行比較，對自己作出判斷，並由此來改善自己，儘管永遠也達不到它。這些理想，雖然人們不能承認它們有客觀的實在性（實存），但卻畢竟不能被因此而視為大腦的虛構，相反，它們提供了理性的一種不可或缺的準繩，理性需要在自己的類中完備無缺的東西的概念，以便由此估量和衡量不完備的東西的程度和缺陷。但是，要在一個實例中，也就是說在顯象中實現理想，例如一部小說中的智者，卻是行不通的，而且除此之外自身還有悖理之處，少有教化的東西，因為不斷地損害理念中的完備性的那些自然限制，使得這樣的嘗試中的一切幻覺都成為不可能的，從而使得理念中蘊涵的善本身成為可疑的，類似於一種虛構。

理性的理想就是這種情況，它在任何時候都依據一定的概念，並且必然充當無論是遵循

B598

還是判斷的規則和原型。想像力的種種造物則完全是另一情形，沒有人能夠說明白它們，並且給出一個可理解的概念；它們彷彿是一些交織字母，僅僅是一些個別的特徵，儘管不能按照任何可告知的規則來規定這些特徵；與其說它們構成一個確定的圖像，倒不如說它們構成一幅彷彿在不同的經驗的介質中飄移的素描，畫家和相士僞稱在自己的頭腦中有諸如此類的東西，據說這是他們的產品或者他們的判斷的一種不可言傳的影像。它們可以——雖然只是非本意地——被稱做感性的理想，因爲據說它們是可能的經驗性直觀的不能達到的模型，儘管如此卻不提供任何能夠說明和檢驗的規則。

與此相反，理性及其理想的意圖是按照先天的規則進行普遍的規定；因此，它思維一個應當按照種種原則普遍地可規定的對象，儘管在經驗中缺乏這方面的充足的條件，因而概念本身是超驗的。

第二章　論先驗的理想（Prototypon transscendentale〔先驗的原型〕）

任何一個概念，就它本身裡面不包含的東西而言，是未被規定的，並且從屬於可規定性的原理：在任何兩個彼此矛盾對立的謂詞中間，只有一個能夠屬於該概念。這條原理依據的是矛盾律，因而是一條純然邏輯的原則，它抽掉了知識的一切內容，僅僅關注知識的邏輯形式。

但是，任何一個事物按照其可能性都還從屬於普遍的規定的原理，按照這條原理，在事物所有可能的謂詞中間，如果把這些謂詞與它們的對立面進行比較，就必然有一個謂詞屬於該事物。這依據的不僅僅是矛盾律；因爲它除了在兩個相互衝突的謂詞的關係之外，還在與全部的可能性亦即一般事物的所有謂詞之總和的關係中考察每一個事物；而由於它預設這樣的可能性是先天的條件，所以它表現每一個事物，都如同該事物從自己在那個全部的可能性中所占的份額引申出其自己的可能性一樣。①因此，普遍的規定的原則涉及內容，而不僅僅涉及邏輯形式。它是應當形成一個事物的完備概念的一切謂詞之綜合的原理，不僅僅是憑藉

① 因此，透過這一原理，任何事物都與一個共同的相關物亦即全部的可能性相關，而全部的可能性（也就是說，一切可能的謂詞的材料）如果是在唯一的一個事物的理念中發現的，就會透過一切可能的東西的普遍的規定之根據的同一性來證明一切可能的東西的親和性。任何一個概念的可規定性都隸屬於排中律的普遍性（universalitas），而一個事物的規定則隸屬於全稱性（universitas）或者一切可能的謂詞的總和。

B601 兩個對立的謂詞中的一個的分析表象的原理，而且包含著一種先驗的預設，也就是說，一切可能性的質料的預設，這種質料應當先天地包含著任何事物的特殊可能性的材料。

凡是實存的東西都是普遍地被規定的，這一命題不僅僅意味著，在每一對相互對立的被給予的謂詞中總有一個屬於該實存的東西，而且也意味著，在所有可能的謂詞中總有一個屬於它；透過這一命題，不僅僅是把種種謂詞相互之間以邏輯的方式加以比較，而且是把事物本身與所有可能的謂詞的總和以先驗的方式加以比較。這等於是想說：爲了完備地認識一個事物，人們就必須認識一切可能的東西，並由此或肯定地或否定地規定它。因此，普遍的規定是一個我們絕不能按照其總體性來具體地表現的概念，因此，這個概念的根據是一個理念，該理念唯有在給知性規定其完備應用的規則的理性中才有其位置。

雖然一切可能性的總和的這一理念，就該總和作爲條件是任何一個事物普遍的規定的基礎而言，在可能構成該總和的種種謂詞方面本身還是未被規定的，而且我們由此所思維的，在根本上無非就是一切可能的謂詞的總和，然而，我們在更仔細的研究中畢竟發現，B602 這個理念作爲元始概念排除了一大堆作爲透過別的謂詞引申出來的而已經被給予的或者與其他謂詞不能共存的謂詞；它把自己提煉爲一個普遍先天地被規定的概念，並由此成爲一個單一的對象的概念，這個對象透過純然的理念完全地被規定，從而必須被稱爲純粹理性的理想。

當我們不僅僅以邏輯的方式，而且以先驗的方式來考慮一切可能的謂詞的時候，也就是說，當我們按照在它們那裡能夠先天地思維的內容來考慮它們的時候，我們發現，透過它們中的一些被表現的是一種存在，透過它們中的另一些被表現的是一種純然的不存在。僅僅透過「不」這個字來表示的邏輯否定真正說來絕不依附於一個概念，而是僅僅依附於該概念與判斷中另一個概念的關係，因而遠遠不足以就其內容而言描述一個概念。「不死的」這一表述根本不能使人認識到，由此對象那裡的一種純然的不存在得到了表現，而是使一切內容都未受觸及。與此相反，一種先驗的否定意味著先驗的肯定與之對立的不存在自身，先驗的肯定是一個某物，該某物的概念自身就已經表達著一種存在，從而被稱爲實在性（物性），因爲唯有透過它，而且就它所及，對象才是某物（物），與此相反，對立的否定意味著一種純然的闕如，而且在僅僅思維它的地方，被表現的是一切事物的取消。

於是，除非以相反的肯定作爲基礎，沒有人能夠確定地設想一種否定。天生的盲人不能對黑暗形成絲毫的表象，因爲他沒有光明的表象；野蠻人不能對貧窮形成絲毫的表象，因爲他不知道富足②；無知者對他自己的無知沒有概念，因爲他對知識沒有概念，等等。因此，

② 天文學家的觀察和計算已經教導了我們許多值得驚贊的東西，但最重要的是他們爲我們揭示了無知的深淵，沒有這種知識，人類理性絕不能想像這一深淵有如此之深，對此的反思必然在對我們的理性應用的終極目的作出規定時造成一種巨大的變化。——康德自注

B603

種種否定的一切概念都是派生的，而實在性則包含著一切事物的可能性和普遍的規定的材料，可以說是包含著其質料或者先驗內容。

因此，如果把一種先驗的基底作爲我們理性中的普遍規定的基礎，這種基底彷彿能夠被當做材料的全部儲備，從而被當做事物的一切可能的謂詞，那麼，這個基底就不是別的什麼東西，它就是一個實在性的大全（omnitudo realitatis）的理念。在這種情況下，一切眞正 B604
的否定都無非是限制，如果不以無限制者（大全）作爲基礎，它們就不能被稱爲限制。

但是，透過對實在性的這種全部占有，一個物自身的概念也被表象爲普遍被規定的，而一個 entis realissimi（最實在的存在者的）概念就是一個單一的存在者的概念，因爲在它的規定中，發現了所有可能的對立謂詞中的一種謂詞，即絕對屬於存在的謂詞。因此，這個存在者是一個先驗的理想，它是在一切實存的東西那裡必然被發現的普遍規定的基礎，構成其可能性的至上的和完備的質料條件，一般對象的一切思維在其內容上都必須回溯到這個條件。但是，它也是人類理性所能有的唯一眞正的理想，因爲只有在這個唯一的場合裡，一個事物就自身而言的普遍概念才透過自身而被普遍規定，並被認做一個個體的表象。

透過理性對一個概念的邏輯規定所依據的是選言的理性推理；在這一推理中，大前提包含著一個邏輯劃分（對一個普遍概念的範圍的劃分），小前提把這個範圍限制到一個部 B605
分，而結論則用這個部分來規定概念。一個一般實在性的普遍概念不能被先天地劃分，因爲沒有經驗，人們就不知道實在性的任何包含在那個類之下的確定的種。因此，一切事物的普遍規定的先驗大前提，無非就是一切實在性的總和的表象，不僅僅是一個把一切謂詞都按照其先驗的內容包攝在自身之下的概念，而且是把它們都包攝在自身之中的概念；而任何一個事物的普遍規定所依據的都是對實在性的這種大全的限制，因爲實在性的一些因素被歸之於事物，其餘的則被排除了，這與選言大前提的非此即彼和透過小前提中這種劃分的種種環節之一對對象的規定是一致的。據此，理性把先驗理想奠定爲它規定一切可能事物的基礎所憑藉的應用，就類似於它在選言的理性推理中行事所遵循的那種應用；這就是我在上面奠定爲對一切先驗理念的系統劃分之基礎的命題，按照這個命題，它們被產生出來，與三種理性推理平行且相適應。

不言而喻，理性爲了它的這一目的，即僅僅表現事物必然的普遍規定，並不預設這樣一個符合理想的存在者的實存，而是僅僅預設它的理念，以便從普遍規定的無條件的總體性中引申出有條件的總體性，亦即受限制者的總體性。因此，理想對它來說是一切事物的原型（prototypon），而一切事物全都作爲有缺陷的摹本（ectypa）從它獲取其可能性的材料，而且即使或多或少地接近它，但卻在任何時候都遠遠不能達到它。

在這種情況下，事物（就其內容而言的雜多之綜合）的一切可能性都被視爲派生的，唯有在自身中包含著一切實在性的事物的可能性被視爲原始的。因爲一切否定（它們畢竟是一切東西與最實在的存在者能夠被區別開來所憑藉的唯一謂詞）都是對一個更大的實在性、最終對最高的實在性的純然限制，所以它們都以這種實在性爲前提條件，而且在內容上純然從這種實在性引申出自己。事物的一切雜多性都只不過是限制作爲它們共同基底的最高實在性的概念的一種同樣雜多的方式罷了，就像一切圖形都唯有作爲限制無限的空間的不同方式才有可能一樣。因此，它們的理想僅僅在理性中存在的對象也被稱爲元始存在者（ens orginarium），就在它之上沒有任何東西而言，被稱爲最高存在者（ens summum），就一切都作爲有條件的而隸屬於它而言，被稱爲一切存在者的存在者（ens entium）。但是，所有這些都並不意味著一個現實的對象與其他事物的客觀關係，而是意味著理念與概念的關係，並且使我們對一個具有如此出類拔萃的優勢的存在者之實存依然完全無知。

由於我們也不能說，一個元始存在者是由諸多派生的存在者組成的，因爲後者中的每一個都以前者爲前提條件，從而就不能構成前者，所以，元始存在者的理想也必須被設想爲單純的。

因此，一切其他的可能性都從這一元始存在者派生出來，這準確地說也不能被視爲對它的最高實在性的一種限制，就好像是對這種實在性的一種分割似的；因爲在這種情況下，元始存在者就會被視爲種種派生的存在者的一個純然的集合體，而這按照我們以上所說是不可能的，儘管一開始的時候，我們在最初粗略的梗概中曾這樣表現過它。毋寧說，一切事物的可能性都以作爲一個根據的最高實在性爲基礎，而不是以作爲總和的最高實在性爲基礎，而且前者的雜多性所依據的也不是對元始存在者本身的限制，而是它的完備的後果；在這種情況下，就連我們的全部感性以及顯象中的一切實在性也都屬於這一後果，它們不能作爲一種

B607

成分屬於最高存在者的理念。

B608 如果我們透過把我們的這個理念實體化來進一步深究它，我們就可以透過最高實在性的純然概念來把元始存在者規定爲一個唯一的、單純的、極爲充足的、永恆的等等的存在者，一言以蔽之，就它無條件的完備性而言透過一切謂詞來規定它。這樣一個存在者的概念在先驗的意義上來說就是上帝的概念；於是，如同我在上面也說過的那樣，純粹理性的理想就是一種先驗神學的對象。

然而，先驗理念的這種應用畢竟已經超越了它的規定與許可的界限。因爲理性只是把它作爲一切實在性的概念奠定爲事物的普遍規定的基礎的，並沒有要求所有這些實在性都是客觀地被給予的，而且甚至構成一個事物。這樣的事物是一個純然的虛構，透過它我們把我們的理念的雜多在作爲一個特殊存在者的理想中結合起來，我們並沒有這樣做的權限，甚至就連直截了當地接受這樣一種假設的可能性的權限也沒有；就像從這樣一個理想得出的所有結果與一般事物的普遍規定——除了理念爲此目的所必需之外——都毫無關涉，也沒有絲毫影響一樣。

B609 僅僅描述我們理性的程序和它的辯證法是不夠的，人們還必須力求揭示這種辯證法的源泉，以便能夠說明這種幻相是知性的一種現象；因爲我們所說的理想，其根據在於一種自然的、而非純然任性的理念。因此我問：理性何以能夠把事物的一切可能性都視爲派生自一個唯一的作爲基礎的可能性，也就是說派生自最高實在性的可能性，並在這種情況下預設後者是包含在一個特殊的元始存在者裡面的？

答案自行從先驗分析論的探討中呈現出來。感官對象的可能性是這些對象與我們的思維的一種關係，其中某物（也就是說經驗性的形式）能夠被先天地思維，而構成質料的東西，即顯象中的實在性（與感覺相應的東西），則必須是被給予的；沒有這種東西，某物就根本不能被思維，從而它的可能性就不能被表象。於是，一個感官對象唯有在它與顯象的所有謂詞進行比較，並透過這些謂詞被肯定地或者否定地表象的時候，才能夠被普遍地規定。但是，由於其中構成（顯象中的）事物本身的東西，亦即實在的東西，必須是被給予的，沒有這種東西事物就根本不能被思維；而一切顯象的實在的東西在其中被給予的東西，是唯一的包囊一切的經驗，所以，感官一切對象的可能性的質料就必須被預設為在一個總和中被給予的，經驗性對象的一切可能性、它們彼此之間的區別以及它們普遍的規定所依據的都只能是這個總和的限制。如今，事實上除了感官的對象之外，沒有別的任何對象能夠被給予我們，而且除了在一個可能經驗的關聯中之外，也不能在任何地方被給予我們，因此，如果不預設一切經驗性的實在性的總和為自己的可能性的條件，就沒有任何東西對我們來說是一個對象。按照一種自然的幻覺，我們如今把這視為一條必然對一切事物完全有效的原理，但它真正說來卻只對作為我們感官的對象被給予的事物有效。因此，我們將透過除去這種限制，把我們對於作為顯象的事物之可能性的概念的經驗性原則視為一般事物的可能性的先驗原則。

B610

但是，我們據此把一切實在性的總和的這個理念實體化，則是因爲我們辯證地把知性的經驗應用的分配的統一轉變爲一個經驗整體的集合的統一，並根據這個顯象的整體思維一個單一的、自身包含著一切經驗性的實在性的事物，該事物此後被憑藉上面已經論述的先驗偷換，與一個居於一切事實的可能性之巔、爲一切事物的普遍規定提供實在條件的事物的概念相混淆。③

B611

③ 因此，最實在的存在者的這個理想雖然是一個純然的表象，卻首先被實在化，也就是說被當做客體，然後被實體化，最後透過理性向著統一性之完成的自然進步，如我們馬上要引證的那樣，甚至被人格化；因爲經驗的範導性統一並不基於顯象自身（唯獨感性），而是基於其雜多透過知性（在一個統覺中）的聯結，因而最高實在性的統一和一切事物無一例外的可規定性（可能性）似乎就在一個最高的知性中，從而在一個理智中。——康德自注

第三章　論思辨理性推論到一個最高存在者的存在的論據

儘管理性有迫切的需要，即預設某種能夠完備地爲知性普遍地規定自己的概念而奠定基礎的東西，它察覺這樣一種預設的理想因素和純然虛構因素也畢竟太容易了，以至於如果不是由此以另外的方式被逼迫，要在被給予的有條件者向無條件者回溯時在某個地方尋找歇息地的話，它就不應當單憑這點而被說服，把它的思維的一個純然自造物假定爲一個現實的存在者；無條件者雖然就自身而言並且根據其純然概念並不是作爲現實的而被給予出來，但唯有它才能完成被引向其根據的諸般條件的序列。這是任何人類理性、甚至最通常的人類理性都在採取的自然進程，儘管並不是每一種都在這上面堅持到底。理性不是從概念開始，而是從通常的經驗開始，因而奠定了某種實存的東西作爲基礎。但是，如果這個地基不是建立在絕對必然者的不可動搖的磐石之上，它就會沉陷。但這磐石如果在自身之外和之下還有空的空間，而且如果它不是自己充塡一切並由此不再給「為何」留下餘地，也就是說就實在性而言是無限的，那麼，它自己就會沒有支撐而漂浮不定。

B612

如果有東西——不管它是什麼——實存，那就必須也承認某種東西以必然的方式實存。因爲偶然的東西唯有在另一偶然的東西作爲其原因的條件下才實存，而推論又繼續適用於這一原因，直至一個並非偶然地、正因爲此無須條件而以必然的方式存在的原因。這就是理性論證其向元始存在者的前進所依據的論證。

於是，理性到處尋找一個作爲無條件的必然性而與這樣一種實存優勢相適合的存在者的概念，不是爲了在這種情況下從它的概念先天地推論到它的存在（因爲如果理性膽敢這

B613

樣做，它就完全可以僅僅在純然的概念之間進行研究，不必奠定一個被給予的存在作爲基礎），而是僅僅爲了在可能事物的一切概念中間找到那個自身不包含任何與絕對的必然性相衝突的東西的概念。因爲畢竟必須有某種東西絕對必然地實存著，這一點它按照前一個推論就已經視爲確定無疑的。如果它現在能夠把一切與這種必然性不相容的東西都除去，只剩下一個東西，那麼，這個東西就是絕對必然的存在者，而不論人們是否能夠把握它的必然性，亦即是否能夠僅僅從它的概念推導出這種必然性。

於是，其概念對一切「爲何」都包含著「爲此」的東西，在任何部分和任何方面都沒有缺陷，在任何地方作爲條件都是充足的，正因爲此看起來就是適合於絕對的必然性的存在者，因爲它由於自身具有一切可能的東西的一切條件而本身不需要任何條件，甚至不能有諸如此類的條件，所以至少在一點上滿足了無條件的必然性的概念，在這點上沒有任何別的概念能夠與它媲美；別的概念由於本身是有缺陷的和需要補充的，所以自身沒有表現出任何這樣不依賴於一切其他條件的特徵。確實，從這裡還不能肯定地推出：自身不包含最高的和在一切方面都完備的條件的東西，因此就本身在其實存上必然是有條件的；但是，它畢竟自身不具有無條件的存在的唯一標誌，理性掌握這種標誌，乃是爲了透過一個先天的概念把某一個存在者認定爲無條件的。

因此，一個具有最高實在性的存在者的概念在可能事物的所有概念中間最適合成爲一個無條件地必然的存在者的概念，而且即便它不完全滿足這一概念，我們也畢竟別無選擇，而是發現自己被迫依據它；因爲我們不可以把一個必然存在者的實存當做耳旁風，但如果承認這種實存，我們畢竟在可能性的整個領域裡找不到任何東西能夠對存在中的這樣一種優勢提出更有根據的要求。

因此，人類理性的自然進程就是這種性質。首先，它相信某一個必然的存在者的存在。在這個存在者中，它認識到一種無條件的實存。於是，它就去尋找不依賴於任何條件者的概念，並且在本身就是其他一切事物的充足條件的東西中，也就是說，在包含著一切實在性的東西中找到了這一概念。但是，沒有限制的大全就是絕對的統一性，並且帶有一個唯一的存在者亦即最高的存在者的概念；這樣，它就推論出，最高的存在者作爲一切事物的始基，是以絕對必然的方式存在的。

如果談到決斷，也就是說，如果應當承認某一個必然的存在者的存在，而且人們一致同意必須對把這個存在者置於何處表明黨派立場的話，那麼，這一概念具有某種縝密性是無可爭議的；因爲在這種情況下，人們不可能作出更適當的選擇，或者毋寧說人們別無選擇，而是被迫贊同作爲可能性之根源的完備實在性的絕對統一性。但是，如果沒有任何東西推動我們作出決斷，而且我們寧可把整個事情擱置一旁，直到我們被充足分量的證明根據所迫使而表示贊同，也就是說，如果這只是涉及判斷我們對這一課題知道多少，哪怕是我們自詡知道什麼，那麼，上述推論就顯得遠遠不是如此有利，而需要偏愛來彌補其合法要求的不足了。

這是因爲，即便我們讓一切都保持像此處在我們面前呈現的樣子：也就是說，首先，從任何一個被給予的實存（必要時也僅僅是我自己的實存）都可以有一個正確的推論，推出一 B616 個無條件地必然的存在者的實存；其次，我必須把一個包含著一切實在性、因而也包含著一切條件的存在者視爲絕對無條件的，因此，適合於絕對必然性的事物的概念就由此找到了；然而，從中畢竟根本不能推論說，一個不具有最高實在性的受限制的存在者的概念因此就與絕對的必然性相矛盾。因爲儘管我在它的概念中沒有發現已經帶有種種條件之大全的無條件者，但從中畢竟根本不能得出結論說，它的存在正因爲此而必然是有條件的；就像我在一個假言的理性推理中不能說：凡是不存在某種條件（此處也就是根據概念而來的完備性的條件）的地方，就也不存在有條件者。毋寧說，即使我們不能從我們關於其餘一切受限制的存在者所擁有的普遍概念推論出它們的必然性，但也讓它們同樣被視爲無條件地必然的，這是隨我們的便的。但以這樣的方式，這個論證就不會給我們造就絲毫關於一個必然存在者的屬性的概念，而且在任何地方都不會提供任何東西。

儘管如此，這個論證仍然具有某種重要性和一種威望，還不能因爲這種客觀上的不充分 B617 就馬上剝奪它的這種威望。因爲假定有一些義務，它們在理性的理念中是完全正確的，但是，如果不預設一個能夠給予實踐法則以效果和強調的最高存在者，它們就會沒有運用於我們本身的任何實在性，也就是說，沒有動機，所以，我們也會有一種義務來遵循這些概念，它們即使不可能是客觀上充分的，但畢竟按照我們理性的尺度是占壓倒優勢的，而且與它們相比，我們畢竟不知道有更好、更有確證能力的東西。選擇的義務在這裡就會由於一種實踐的附加物而使思辨的躊躇失去平衡，甚至理性即便自己本身是最寬恕的法官，如果它在迫切的動因下，哪怕只是洞察力有缺陷，而不去遵循其判斷的這些根據——我們畢竟至少不知道有比它們更好的根據——也會找不到辯護理由的。

這個論證即使由於事實上依據的是偶然事物的內在不充分性而是先驗的，也畢竟是如此簡單和自然，以至於最平常的人之感覺一旦被引導到這上面來，這一論證就適合於它。人們看到事物變化、產生和消亡；因此，它們或者至少是它們的狀態，就必須有一個原因。但是，關於每次在經驗中能夠被給予的任何原因，又都可以追問這一點。所以，無論我們把至上的因果性置於何處，都不應當比置於也有最高的因果性的地方更爲合理，也就是說，置於在自身中原始地包含著任何可能結果的充分性的存在者之中，它的概念也很容易透過無所不包的完善性這個唯一的特徵建立起來。在這種情況下，我們把這個最高的原因視爲絕對必然的，因爲我們發現絕對有必要一直上升到它，沒有理由還要進一步超越它。因此，我們在一切民族那裡都畢竟看到一神論的若干微光透過它們最盲目的多神教映現出來，導致這種情況的，不是反思和深刻的思辨，而只是通常知性逐漸變得明瞭的自然進程。

從思辨理性出發只有三種上帝存在的證明方式是可能的

人們在這方面所能夠選擇的所有道路，要麼是從確定的經驗和由這種經驗所認識的我們

B618

感官世界的特殊性狀開始，並根據因果律由它一直上升到世界之外的最高原因；要麼經驗性地以不確定的經驗爲基礎，也就是說以某一種存在爲基礎；最後，要麼抽掉一切經驗，完全先天地從純然的概念推論到一個最高原因的存在。第一種證明是自然神學的證明，第二種證明是宇宙論的證明，第三種證明是本體論的證明，沒有更多的證明方式，也不可能有更多的證明方式。

我將闡明：理性沿著一條道路（經驗性的道路）和沿著另一條道路（先驗的道路）同樣少有建樹，而且理性徒然地張開自己的雙翼，要單憑思辨的力量超越於感官世界之上。至於這些證明方式必須在其中得到檢驗的秩序，則恰好與逐漸擴展的理性所採取的秩序以及我們最初也將它們置入的那個秩序相反。因爲將要表明的是：儘管經驗提供了這方面的最初誘因，但純然是先驗的概念引導著理性作出它的這種努力，並在所有這樣的嘗試中揭示出理性給自己規定的目標。因此，我將從檢驗先驗的證明開始，然後再看一看，經驗性東西的附加能夠對擴大它的證明力量做些什麼。

B619

第四章　論上帝存在的本體論證明的不可能性

B620

從以上所述人們很容易看出：一個絕對必然的存在者的概念是一個純粹的理性概念，也就是說，是一個純然的理念，它的客觀實在性憑藉理性需要它還遠遠沒有得到證明，它也只是對某一種儘管無法達到的完備性提供了指示，而且眞正說來，與其說是被用來把知性擴展到新的對象上，倒不如說是被用來給理性設置界限。如今，這裡所存在的令人驚異和荒謬的東西是，從一個被給予的一般存在到某個絕對必然的存在的推論似乎是迫切的和正確的，而儘管如此，我們對於這樣一種必然性形成一個概念所具有的一切知性條件卻完全與我們相悖。

在一切時代裡，人們都談到過絕對必然的存在者，而且沒有像證明它的存在那樣去花費同樣多的力氣，來理解人們是否以及如何能夠哪怕是僅僅思維一個此類的事物。如今，雖然這個概念的名稱解釋是十分容易的，也就是說，它是其不存在不可能的某種事物；但是，就使得把一個事物的存在視爲絕對不可思議成爲不可能的條件而言，人們由此卻絲毫沒有變得更聰明，而這些條件本來是人們想要知道的東西，也就是說，我們是否透過這個概念在任何地方都思維了某種東西。因爲憑藉「無條件的」這個詞把知性爲了將某種東西視爲必然的而在任何時候都需要的一切條件拋棄掉，這還遠遠沒有使我理解，我在這種情況下透過一個無條件必然的東西的概念是還在思維著某種東西，還是也許根本不思維任何東西。

更有甚者，這個純然碰運氣貿然得來的、最後變得極爲流行的概念，人們還相信已透過大量的實例作出了說明，以至於所有進一步的追問都顯得由於它的明白易懂性而完全不必

B621

要。幾何學的任何一個命題，例如一個三角形有三個角，是絕對必然的；於是，人們就談論起一個完全處在我們知性的領域之外的對象，就好像人們完全清楚地懂得自己以這個概念關於這個對象所想說的東西似的。

一切預先給予的實例都無一例外地僅僅取自判斷，而不是取自事物及其存在。但判斷無條件的必然性卻不是事物的絕對必然性。因爲判斷的絕對必然性只不過是事物或者判斷中的謂詞的有條件的必然性罷了。上面那個命題並不是說三個角是絕對必然的，而是說在三角形存在（被給予）的條件下，也有（它裡面的）三個角以必然的方式存在。儘管如此，這種邏輯的必然性卻證明了其幻覺的一種如此巨大的力量，使得人們由於關於一個事物形成了一個先天概念，這個概念被如此提出，以至於人們根據自己的意見把存在一起包括進它的範圍，就由此相信能夠有把握地推論出：由於存在必然地屬於這個概念的客體，也就是說，在我把這個事物設定爲被給予的（實存的）這種條件下，它的存在也必然（按照同一律）被設定，因而這個存在者本身就是絕對必然的，因爲它的存在在一個任意假設的概念中、在我設定這個概念的對象的條件下也一起被思維了。

如果我在一個同一的判斷中取消謂詞而保留主詞，就產生出一種矛盾，所以我說：那個謂詞以必然的方式屬於這個主詞。但如果我把主詞與謂詞一起取消，就不產生任何矛盾；因爲不再有能夠與之發生矛盾的任何東西了。設定一個三角形但卻取消它的三個角，這是矛盾的；但把三角形與它的三個角一起取消，這卻不是矛盾。一個絕對必然的存在者的概念恰恰

B622

就是這種情況。如果你們取消這一存在者的存在，你們就是把事物本身連同其所有謂詞一起（B623）取消；在這種情況下，矛盾又從何而來呢？在外部沒有任何會與之矛盾的東西，因爲事物不應當是外在地必然的；在內部也沒有任何會與之矛盾的東西，因爲你們已經透過取消事物本身而把一切內在的東西都同時取消了。上帝是全能的，這是一個必然的判斷。如果你們設定一種神性，亦即一個無限的存在者，上帝與這個無限的存在者的概念是同一的，那麼，全能就不能被取消。但是如果你們說：上帝不存在，那就既沒有全能也沒有上帝的任一別的謂詞被給予；因爲它們全都連同主詞一起被取消了，而在這一思想中沒有表現出絲毫的矛盾。

因此你們已經看到，如果我把一個判斷的謂詞連同主詞一起取消，就絕不會產生一種內在的矛盾，而不論謂詞是哪個謂詞。如今，你們已經無處可遁了，除非你們必須說：有一些主詞根本不能被取消，因而必須保留下來。但這就會等於是說：有一些絕對必然的主詞；這是一個其正確性我正在懷疑的預設，而你們卻想給我指出它的可能性。因爲對於一個事物來說，如果它連同自己所有的謂詞都被取消，卻還留下一種矛盾，我不能形成起碼的概念；而（B624）沒有矛盾，我單憑純粹的先天概念就沒有不可能性的任何標誌。

針對所有這些一般的推論（沒有任何人能夠拒絕這些推論），你們透過一個實例來詰難我，你們把它當做一個經由事實的證明來提出：畢竟有一個、而且只有這一個概念，其對象的不存在或者取消是自相矛盾的；而這就是最實在的存在者的概念。你們說它具有一切實在性，你們有權利假定這樣一個存在者是可能的（我姑且同意這一點，儘管不自相矛盾的概念還遠遠沒有證明該對象的可能性）。①如今，在所有的實在性中間也一併包含了存在。因此，存在就蘊涵在一個可能的東西的概念中。如果這個事物被取消，則該事物的內在可能性也就被取消，而這是矛盾的。

我的答覆是：無論以什麼暗藏的名目，如果你們已經把你們只想按照其可能性來思維的事物之實存的概念帶入該事物的概念，你們就已經陷入了矛盾。如果允許你們這樣做，你們就在表面上獲勝了，但實際上卻什麼也沒有說；因爲你們所做的是一種純然的同義反覆。我問你們：這個或者那個事物（無論它是什麼事物，我都姑且承認它是可能的）實存著；我要說，這個命題是一個分析命題還是一個綜合命題呢？如果它是前者，則你們透過事物的存在對你們關於該事物的思想沒有任何增添；但在這種情況下，要麼你們心中的思想必須是該事物本身，要麼你們把一種存在預設爲屬於可能性的，在此之後按照這個藉口從內在的可能性推論出存在，而這無非是一種貧乏的同義反覆。「實在性」這個詞在事物的概念中聽起來有

B625

① 只要概念不自相矛盾，它就總是可能的。這是可能性的邏輯標誌，而且它的對象也由此與 nihil negativum〔否定的無〕區別開來。但儘管如此，如果概念由以產生的綜合的客觀實在性並沒有得到特別的闡明，這概念就仍然可能是一個空洞的概念；然而，如上面已經指出的，這種闡明在任何時候依據的都是可能經驗的原則，而不是分析的原理（矛盾律）。這是一個警告，不要從概念的可能性（邏輯的可能性）馬上推論出事物的可能性（實在的可能性）。——康德自注

不同於謂詞概念中的實存的韻味，它是於事無補的。因爲如果你們也把所有的設定（不論你們設定什麼）都稱爲實在性，你們就已經把該事物連同它所有的謂詞都設定在主詞的概念
B626 中了，並且假定它是現實的，而在謂詞中你們只不過是重複它罷了。與此相反，如果就像每一個有理性的人都必須合理地承認的那樣，你們也承認每一個實存性命題都是綜合的，那麼，你們怎麼還想斷言：實存的謂詞不能無矛盾地取消呢？因爲這種優勢只是分析命題所特有的，分析命題的特性所依據的正是這一點。

我雖然希望，如果我沒有發現邏輯的謂詞與實在的謂詞（即一個事物的規定）的混淆中的幻覺幾乎拒斥了一切教誨的話，就直截了當地透過對實存概念的一種精確的規定來使這種苦思冥想的空談破滅。隨便什麼東西都可以充當邏輯的謂詞，甚至主詞也可以由自身來謂述；因爲邏輯抽掉了一切內容。但是，規定是一個添加在主詞的概念之上並擴大了這個概念的謂詞。因此，它必須不是已經包含在主詞的概念之中的。

「是」顯然不是實在的謂詞，也就是說，不是關於可以加給一個事物的概念的某種東西的一個概念。它純然是對一個事物或者某些規定自身的肯定。在邏輯應用中，它僅僅是一個判斷的繫詞。上帝是全能的，這個命題包含著兩個概念，它們都有自己的客體：上帝和
B627 全能；「是」這個詞並不是此外的一個謂詞，而僅僅是以與主詞相關的方式設定謂詞的東西。現在，如果我把主詞（上帝）與它的所有謂詞（全能也包括在內）結合起來並且說：上帝存在，或者存在著一個上帝，我並沒有爲上帝的概念設定一個新謂詞，而是僅僅把主詞自

身連同他的所有謂詞，也就是說，把對象設定在與我的概念的關係中。二者必須包含的是同一種東西，所以不能因爲我把概念的對象思維成絕對被給予的（透過「它存在」這一表述），就有什麼東西進一步添加在僅僅表達可能性的概念上去。這樣，現實的東西所包含的並不多於純然可能的東西。一百個現實的塔勒所包含的絲毫不多於一百個可能的塔勒。因爲既然後者意味著概念，而前者卻意味著對象及其肯定自身，所以假如對象所包含的多於概念，我的概念就會不表達整個對象，從而也不是該對象的合適概念。但是，在我的財產狀況中，一百個現實的塔勒就比它們的純然概念（也就是說，它們的可能性的概念）有更多的內容。因爲對象在現實性上並不僅僅分析地包含在我的概念中，而是綜合地加在我的概念（它是我的狀況的一個規定）上，而透過我的概念之外的這種存在，這所設想的一百塔勒本身並沒有得到絲毫的增益。

因此，當我思維一個事物時，無論我透過什麼謂詞以及多少謂詞來思維它（甚至在普遍的規定中），透過我附加上「該物存在」，也對該物沒有絲毫的增益。因爲若不然，就會不正好是該物，而是比我在概念中所思維的更多的對象在實存著，而且我不能說，恰恰是我的概念的對象實存著。即使我甚至在一個事物中設想一種實在性之外的所有實在性，也並不由於我說這樣一個有缺陷的事物實存著，闕如的實在性就補加上去了。相反，它恰恰是帶著我思維它時的那種缺陷實存著，否則就是與我所思維的不同的某物在實存了。現在，如果我設想一個存在者是最高的實在性（沒有缺陷），就總是還有它是否實存這個問題。因爲儘管我

B628

關於一個事物的可能實在內容的概念不缺少任何東西，但與我的整個思維狀態的關係卻畢竟仍然缺少某種東西，即那個客體的知識也是後天地可能的。而在這裡也表現出此處存在的困難的原因。如果所說的是感官的一個對象，那麼，我就不能把事物的實存與該事物的純然概念混爲一談。因爲透過概念，對象只是被思維成與一般可能的經驗性知識的普遍條件相一致，而透過實存，它則被思維成包含在全部經驗的關聯之中；因爲在這種情況下，透過與全部經驗的內容的聯結，對象的概念並沒有絲毫的增多，而我們的思維卻透過這種內容而多獲得了一種可能的知覺。與此相反，如果我們想僅僅透過純粹的範疇來思維實存，那麼，我們無法提供任何標誌來把它與純然的可能性區別開來，就毫不奇怪了。

因此，無論我們關於一個對象的概念包含著什麼東西以及多少東西，我們都畢竟必須從它走出來，以便把實存賦予它。在感官的對象那裡，這是透過按照經驗性規律與我的某一個知覺的聯繫發生的；但對於純粹思維的客體來說，就完全沒有辦法來認識它們的存在了，因爲這種存在必須完全先天地來認識；但是，我們對一切實存的意識（無論是透過知覺直接地意識，還是透過把某物與知覺結合起來的推論來意識）卻是完全屬於經驗的統一性的；而在這個領域之外的一種實存雖然不能絕對地被宣布爲不可能，但它卻是一個我們不能透過任何東西爲之辯護的預設。

一個最高存在者的概念是一個在許多方面都十分有用的理念；但是，正因爲它僅僅是理念，所以完全沒有能力僅僅憑藉自己來擴展我們在實存的東西方面的知識。甚至就連在一個

B629

更多者的可能性方面教導我們，它也不能做到。可能性的分析標誌在於純然的肯定（實在性）不產生矛盾，雖然不能否認更多者具有這種標誌，但既然一切實在的屬性在一個事物中的聯結是一種綜合，關於這些屬性的可能性我們就不能先天地作出判斷，因爲實在性並沒有被特別地給予我們，而且即使被特別地給予我們，也在任何地方都根本沒有判斷在其中成立，因爲綜合知識的可能性的標誌永遠必須僅僅在經驗中去尋找，而一個理念的對象卻不可能屬於經驗；所以，著名的萊布尼茲就遠遠沒有提供他所自誇的東西，即要先天地洞察一個如此崇高的理想存在者的可能性。

因此，就從概念出發對一個最高存在者的如此著名的本體論證明（笛卡爾學派的證明）而言，一切氣力和勞作都白費了，而一個人不能從純然的理念出發使洞識變得更加豐富，恰如一個商人不能爲了改善自己的狀況就想給自己的庫存現金帳添上幾個零來使財產增多一樣。

B630

第五章　論上帝存在的宇宙論證明的不可能性

想從一個完全任意地設計的理念中揀選出與它相應的對象本身的存在，這是某種完全非自然的東西，純然是學院笑話的重演。事實上，如果不是我們的理性爲一般的實存假定某種必然的東西（人們在上溯時能夠在它那裡停下來）的需求走在前面的話，如果不是理性因這種必然性必須是無條件的和先天確定的而被迫尋找一個倘若可能就滿足這種要求並完全先天地提供一種存在供認識的概念的話，人們永遠也不會在這條道路上作出嘗試。現在，人們相信在一個最現實的存在者的理念中找到了這個概念，於是這個理念就僅僅被用做這個存在者亦即必然的存在者的更確定的知識，關於這個存在者，人們已經以其他方式被說服或者勸服，相信它必然實存著。然而，人們隱瞞理性的這種自然進程，不是在這個概念終結，而是試圖從它開始，以便從它推導出存在的必然性，而它畢竟只是註定要補充這一必然性。由此產生失敗的本體論證明，無論對於自然的和健康的知性來說，還是對於學理的檢驗來說，它都不帶有某種令人滿意的東西。

我們現在要研究的宇宙論證明，保持著絕對必然性與最高的實在性的聯結；但不是像前一證明那樣從最高的實在性推論到存在中的必然性，而毋寧說是從事前被給予的某一存在者無條件的必然性推論到它不受限制的實在性，並這樣進一步把一切都至少納入一種推論方式的軌道，我不知道這種推論方式是理性的還是玄想的，但至少是自然的，不僅對於通常的知性來說、而且對於思辨的知性來說也具有極大的說服力；顯然，它也爲自然的神學的一切證明畫出了人們在任何時候都遵循並將繼續遵循的最初的基本路線，而不論人們如今用多少枝

B632

葉和花紋來裝飾和遮掩它。萊布尼茲也把這種證明稱爲 a contingentia mundi〔出自世界的偶性〕的證明，我們現在就要關注和檢驗這種證明。

因而它的內容如下：如果某種東西實存著，那就必定也有一個絕對必然的存在者實存著。現在，至少我自己實存著，所以一個絕對必然的存在者實存著。小前提包含著一個經驗，大前提則包含著從一個一般經驗到必然者的存在的推論。①因此，證明眞正說來是從經驗開始的，從而它就不完全是先天地進行的或者不是本體論的；而由於一切可能經驗的對象就叫做世界，所以它就被稱爲宇宙論的證明。既然它也抽掉了這個世界由以能夠與任何可能世界區別開來的經驗對象的一切特別屬性，所以它在自己的命名上就已經也與用我們的這個感官世界的特別性質作爲證明根據的自然神學證明區別開來了。

現在，這種證明繼續推論道：必然的存在者只能以唯一的一種方式來規定，也就是說，就一切可能的對立謂詞而言只能透過其中的一種來規定，所以它必須透過它自己的概念來被普遍地規定。現在，關於一個事物，只有唯一的一個先天地普遍規定它的概念是可能的，這

B633

① 這種推理如此爲人熟知，以至於沒有必要在這裡詳細講述它了；它依據的是所謂先驗的因果性自然規律：一切偶然的東西都有其原因。這個原因如果又是偶然的，就同樣必須有一個原因，直到相互隸屬的原因的序列必定在一個絕對必然的原因那裡終止，沒有這個原因，序列就不會有完備性。——康德自注

就是 entis realissimi〔最實在的存在者的〕概念。因此，最實在的存在者的概念就是能夠
思維一個必然的存在者所憑藉的唯一的概念，也就是說，一個最高的存在者以必然的方式實 B634
存著。

在這種宇宙論的論證中，有如此之多的玄想原理匯聚在一起，以至於思辨理性在這裡似
乎使用了它的所有辯證招數，來完成最爲可能的先驗幻相。然而，我們想把對它們的檢驗暫
時擱置一旁，以便僅僅揭露思辨理性的一個狡計，思辨理性用這個狡計把一個舊論證裝扮一
新，當做一個新論證提出，並且訴諸兩個證人的贊同，也就是說一個純粹的理性證人，另一
個持有經驗性的信任狀的證人，在這裡其實只有前者，它只是改變自己的服裝和聲音，以便
被視爲第二個證人。爲了相當可靠地奠定自己的基礎，這種證明立足於經驗之上，並且由此
裝出一副樣子，就好像它完全有別於把自己的全部信心完全置於純粹的先天概念之上的本體
論證明似的。但是，宇宙論證明利用這種經驗，僅僅是爲了走出唯一的一步，亦即達到一個
一般的必然存在者的存在。至於這個必然的存在者具有什麼屬性，經驗性的證明根據是不能
教導人的，相反，理性在這裡完全離開了這種證明根據，純粹在概念背後研究：一個絕對必
然的存在者一般而言必須具有哪些屬性，也就是說，在一切可能的事物中哪一個在自身包 B635
含著一種絕對的必然性所要求的條件（requisita）。現在，它相信唯有在一個最現實的存在
者的概念中才能發現這種所要求的條件，然後推論說：這就是絕對必然的存在者。但是很清
楚，人們在這裡預設一個具有最高實在性的存在者的概念完全滿足存在中的絕對必然性的概

念，也就是說，從最高的實在性能夠推論到絕對的必然性；這是本體論的論證所主張的一個命題，人們在宇宙論的證明中假定它並把它作爲基礎，但人們在這裡其實是要避免它的。因爲絕對的必然性乃是一種出自純然的概念的存在。如果我現在說：entis realissimi〔最實在的存在者的〕概念是這樣一個概念，而且是唯一適合並且相當於必然存在的概念，那麼，我們就必須也承認，從它能夠推論出必然的存在。因此，在所謂的宇宙論證明中包含著所有證明力的，眞正說來只是純粹從概念出發的本體論證明；所謂的經驗是完全多餘的，也許只是爲了把我們引導到絕對必然性的概念，但卻不是爲了在某一確定的事物那裡闡明這種絕對必然性。因爲一旦我們以此爲目的，我們就必須立即離開所有的經驗，並在所有的概念中間尋找，看它們中間的哪一個包含著一個絕對必然的存在者的可能性的條件。但是，只要以這樣的方式看出了這樣一個存在者的可能性，則它的存在也就被闡明了；因爲這就等於是說：在所有可能的事物中只有一個事物具有絕對的必然性，也就是說，這個存在者是絕對必然地存在的。

推論中的一切幻象，如果人們以學理的方式觀察它們，就極容易暴露出來。這裡就是這樣一種闡述。

如果「任何一個絕對必然的存在者同時是最實在的存在者」這個命題是正確的（這是宇宙論證明的 nervus probandi〔應予檢驗的關鍵〕），那麼，它就必須像一切肯定判斷那樣，至少可以 per accidens〔透過偶性〕換位。因此，一些最實在的存在者同時是絕對必然

B636

的存在者。但現在，一個 ens realissimum〔最實在的存在者〕不在任何方面有別於另一個最實在的存在者，因而適用於有些包含在這一概念下的存在者的，也適用於所有包含在這一概念下的存在者。所以，我也將能夠把它（在這一場合）絕對地換位，也就是說，每一個最實在的存在者都是一個必然的存在者。現在，由於這一命題純然是從它的先天概念出發規定的，所以最實在的存在者的純然概念也必須帶有它的絕對的必然性；這正是本體論證明所主張、而宇宙論證明不想承認、儘管如此卻把它的推論——雖然以隱蔽的方式——置於其下的東西。

於是，思辨理性爲證明最高的存在者所採取的第二條道路就不僅與第一條同樣騙人，而且還自身具有這樣的可指責之處，即它犯了一種 ignoratio elenchi〔盲目論證〕，因爲它向我們許諾引導一條新路，但在繞了一個小彎之後卻把我們帶回我們因它的緣故已經離開了的舊路。

此前不久我曾說過，在這個宇宙論的論證中藏有一整套辯證的僭妄，它們是先驗的批判很容易就能夠揭露和摧毀的。現在，我只是想列舉出它們，至於進一步深究和取締這些騙人的原理，我把它交給訓練有素的讀者。

這裡存在的東西例如有：第一，從偶然的東西推論到一個原因的先驗原理，這個原理唯有在感官世界才有重要性，在它之外卻就連一種意義也沒有。因爲偶然事物的純然理智概念根本不能產生綜合的命題，例如因果性的命題，而因果性的原理除了僅僅在感官世界中

B637

之外，也根本沒有重要性和其使用的標誌；但在這裡，它卻恰恰被用來超越到感官世界之 B638
外。第二，從一個無限序列的不可能性透過感官世界中相互給予的原因推論到一個最初原因的原理，理性在經驗中的應用本身的原則並不給我們權利這樣做，更不能把一原理擴展到經驗之外（這一序列根本不能延長到的地方）。第三，理性在完成這一序列方面錯誤的自滿，憑藉的是人們最終除去一種必然性的概念無之則不能成立的一切條件，而且既然人們在這種情況下不能再把握任何其他東西，就把這假定爲自己的概念的完成。第四，一個具有一切結合起來的實在性（沒有內在的矛盾）的概念的邏輯可能性與先驗可能性的混淆，先驗可能性需要這樣一種綜合的可行性的原則，但這種原則又只能行進到可能經驗的領域，等等。

宇宙論證明的技巧僅僅旨在避免先天地透過純然概念證明一個必然的存在者的存在，這
後一種證明必須以本體論的方式來進行，而我們卻覺得自己完全沒有能力這樣做。懷著這樣 B639
的意圖，我們從一個作爲基礎的現實存在（一個一般的經驗）盡可能地推論到它的某種絕對必然的條件。在這種情況下，我們沒有必要說明這種條件的可能性。因爲如果已經證明它存在，它的可能性的問題就是完全多餘的。現在，如果我們想就其性狀來更仔細地規定這個必然的存在者，我們就不去尋找那種充分的東西，即從它的概念出發來把握存在的必然性；因爲如果我們能夠做到這一點，我們就不需要任何經驗性的預設；不，我們僅僅尋找消極的條件（conditio sine qua non〔必要的條件〕），一個存在者沒有這種條件就不會是絕對必然

的。這在其他一切從一個被給予的後果到其根據的推論方式中都是可行的，但在這裡不幸的卻是，人們爲絕對的必然性所要求的條件只能在唯一的一個存在者裡面發現，因此這個存在者在自己的概念中就必須包含絕對的必然性所要求的一切，從而使得先天地推論到這種必然性成爲可能；也就是說，我必須也能夠反過來推論：這個（最高實在性的）概念屬於哪個事物，那個事物就是絕對必然的；而如果我不能這樣推論（就像我要想避免本體論的證明就必須承認這一點那樣），我就也在我的新道路上遭遇了失敗，並且又處在我由以出發的地方了。最高存在者的概念可以先天地滿足關於一個事物的內在規定提出的一切問題，故而也就是一個獨一無二的理想，因爲普遍的概念把它同時標明爲一切可能的事物中的一個個體。但是，它根本不能滿足關於它自己的存在的問題，而這卻恰恰是眞正的關鍵之所在；對於假定一個必然的存在者的存在並且只想知道一切事物中間究竟哪一個必須被視爲這樣的存在者的人的質詢，人們就不能回答說：這一個就是絕對的存在者。

假定一個具有最高充足性的存在者的存在爲一切可能的結果的原因，以便使理性容易找到它所尋求的解釋根據的統一性，這是可以允許的。然而如此放肆，以至於人們甚至說這樣一個存在者必然實存，就不再是一個可以允許的假說的謙遜表現，而是一種不容置疑的確信肆無忌憚的僭妄了；因爲人們自稱認識到其爲絕對必然的東西，對此的知識也必須自身帶有絕對的必然性。

先驗理想的整個課題取決於，要麼爲絕對的必然性找到一個概念，要麼爲關於某一個事物的概念找到該事物的絕對必然性。如果人們能夠做到一點，則人們也必然能夠做到另一點；因爲理性僅僅把從其概念出發必然的東西認識爲絕對必然的。但是，二者都完全超出了在這一點上滿足我們知性的一切極大的努力，但也超出了由於我們知性的這種無能而安慰它 B641 的一切嘗試。

我們當做一切事物的終極承載者而如此不可或缺地需要的無條件的必然性，對於人類理性來說卻是眞正的深淵。甚至永恆，儘管有一位哈勒（Haller）把它描述得極爲崇高，但對心靈卻遠遠沒有造成令人暈眩的印象；因爲它僅僅度量事物的持存，卻並不承載事物。一個存在者，我們也把它表象爲一切可能的存在者中間的最高存在者，彷彿在自言自語地說：我是從永恆到永恆的，在我之外，除了僅僅由於我的意志而是某物的東西以外，沒有任何東西存在；但我是從何處來的呢？人們不能抑制這種思想，但也不能容忍這種思想。在這裡，一切都沉淪到我們下面，最大的完善也好，最小的完善也好，都在思辨的理性面前萍飄無定，對它一錢不值；這一個也好，那一個也好，它都讓它們毫無障礙地消失。

自然的許多力量透過某些結果來表現自己的存在，它們對我們來說依然是無法探究的；因爲我們透過觀察遠遠不能充分地追究它們。作爲顯象基礎的先驗客體，以及隨之而來的我們的感性何以具有這些至上條件而不是具有另一些至上條件的根據，對我們來說是並且依然 B642 是無法探究的，儘管除此之外事情本身已被給予，但卻沒有被洞察。但是，純粹理性的一個理想卻不能叫做無法探究的，因爲除了理性憑藉它完成一切綜合的統一性的需求之外，它並不能進一步出示自己的實在性的任何信任狀。因此，既然它甚至也不是作爲可思維的對象被給予的，它就也不是作爲這樣一個對象無法探究的；毋寧說，它作爲純然的理念，必須在理性的本性中找到自己的位置和解答，從而能夠被探究；因爲理性正是在於我們能夠說明我們的一切概念、意見和主張，不論是出自客觀的根據，還是當它們是一個純然的幻相時出自主觀的根據。

關於一個必然的存在者的一切先驗證明中的辯證幻相之揭示和說明

迄今爲止進行的兩種證明都是先驗地嘗試的，也就是說不依賴於經驗性原則來嘗試的。因爲儘管宇宙論證明以一種一般的經驗爲基礎，但它畢竟不是從這種經驗的某一個特殊性狀出發，而是從純粹的理性原則出發與一種透過一般的經驗性意識被給予的實存相聯繫進行的，而且甚至離開了這種指導，以便完全依據純粹的概念。如今，在這些先驗的證明中，把必然性和最高的實在性聯結起來並使畢竟只能是理念的東西實在化和實體化的這種辯證但又自然的幻相，其原因是什麼呢？在實存的事物中間假設某種東西是就自身而言必然的，但同時卻面對這樣一個存在者的存在如同面對一道深淵而嚇得退避三舍，其不可避免的原因是什麼呢？人們如何開始使理性在這一點上理解自己，並從一種猶豫不決、決而復悔的搖擺狀態中走出達到從容不迫的洞識呢？

某種絕對值得注意的東西是：如果預設某種東西實存著，人們就不能回避得出結論，說也有某種東西以必然的方式實存。宇宙論的論證所依據的就是這種完全自然的（儘管因此還不是可靠的）推論。與此相反，我可以任意假定關於一個事物的概念，這樣我就發現，它的存在永遠不能被我表象爲絕對必然的，而且無論是什麼實存著，都沒有任何東西阻礙我設想它的不存在；所以，我雖然必須爲實存的東西在根本上假定某種必然的東西，但卻不能把任何一個事物本身設想爲就自身而言必然的。這就是說：不假定一個必然的存在者，我就永遠不能完成向實存的條件的回溯；但是，我卻永遠不能從這個存在者開始。

如果我們爲了一般實存的事物而必須設想某種必然的東西，但沒有權限設想任何物自身是必然的，那麼，由此不可避免地產生的就是：必然性和偶然性必定不關涉事物本身，因爲若不然，就會發生矛盾；因此，兩種原理中沒有一個是客觀的，相反，它們充其量只能是理性的主觀原則，也就是說，一方面爲一切作爲實存的被給予的東西尋找某種必然的東西，也就是說，除了在一種先天地完成的說明那裡之外，不在其他任何地方停留下來，另一方面卻也永遠不期望這種完成，也就是說，不假定任何經驗性的東西是無條件的，並由此免除進一 B644
步的推導。在這樣的意義上，兩個原理作爲純然啓迪性的和範導性的，不關心理性的形式旨趣之外的任何東西，完全可以並行不悖。因爲一個說：你們應當如此對自然進行哲學思維，就好像對於一切屬於實存的東西來說都有一個必然的最初根據似的，其目的僅僅是爲了透過你們追求這樣一個理念，亦即追求一個想像出來的至上根據，來給你們的知識帶來系統的統一性；但另外一個則警告你們，不要把涉及事物實存的任何一個規定假定爲這樣一種至 B645

上的根據，也就是說，假定爲絕對必然的，而是始終爲進一步的推導留有餘地，並由此在任何時候都把它還當做有條件的來對待。但是，如果在事物那裡知覺到的一切都必須被我們看做有條件地必然的，那麼，也就沒有一個事物（可能經驗性地被給予的事物）能夠被視爲絕對必然的了。

但由此就得出，你們必須在世界之外假定絕對必然的東西，因爲它只是應當作爲種種顯象的至上根據被用做顯象之最大可能的統一性的原則，而且你們在世界中永遠不能達到這種統一性，因爲第二條規則要求你們，任何時候都把統一性的所有經驗性原則視爲派生的。

古代的哲學家們把自然的一切形式都視爲偶然的，但卻按照通常理性的判斷把質料視爲原始的和必然的。但是，如果他們不是相對地把質料作爲顯象的基底來考察它，而是就自身而言按照其存在來考察它，絕對必然性的理念就會立刻消失。因爲沒有任何東西絕對地把理性綁在這種存在之上，相反，它在任何時候都可以在思想中取消這種存在並且不發生衝突；但是，絕對的必然性僅僅蘊涵在思想中。因此，就這種說服而言，必然是以一種範導性的原則爲基礎的。實際上，就連廣延和不可入性（它們共同構成了質料的概念）也是顯象之統一性的至上的經驗性原則，並且就這種原則是經驗性上無條件的而言，自身具有範導性原則的屬性。儘管如此，既然構成顯象之實在東西的質料的任何規定，從而還有不可入性都是一種結果（行動），而結果必須有自己的原因，因而永遠還是派生的，所以質料還不適合於一個作爲一切派生的統一性之原則的必然存在者的理念，因爲它的實在屬性的每一個都作爲

B646

派生的而只是有條件地必然的，因而就自身而言是能夠被取消的，但這樣一來，質料的整個存在就會被取消；但如果不發生這種情況，我們就會經驗性地達到統一性的最高根據，而這是被第二條範導性的原則所禁止的。可見，質料以及一般來說屬於世界的東西都不適合於一個作爲最大經驗性統一的純然原則的必然元始存在者的理念，相反，這一元始存在者必須被設定在世界之外；在這種情況下，我們就能夠始終信心十足地把世界的顯象及其存在從其他顯象推導出來，就好像不存在必然的存在者似的，並且儘管如此仍然能夠堅持不懈地追求推導的完備性，就好像這樣一個作爲至上根據的存在者已經被預設了似的。

根據這些考察，最高存在者的理想無非是理性的一個範導性原則，即如此看待世界中的一切結合，就好像它們產生自一個極爲充足的必然原因似的，以便在此之上建立說明世界中的結合時的一種系統的、按照普遍的規律而必然的統一性的規則；這一理想不是對就自身而言必然的實存的一種斷言。但同時，憑藉一種先驗的置換把這種形式的原則表現爲建構性的，並把這種統一性設想爲實體性的，這是無法避免的。因爲就像空間由於原初地使所有僅僅是它的不同限制的形象成爲可能，所以儘管它僅僅是感性的一個原則，卻正因爲此而被視爲一個絕對必然地獨立存在的某物和一個先天地就自身而言被給予的對象一樣，既然自然的系統統一性不能以任何方式被確立爲我們理性的經驗性應用的原則，除非我們以一個作爲至上原因的最實在的存在者的理念爲基礎，所以這個理念由此被表現爲一個現實的對象，而這個對象又由於是至上的條件而被表現爲必然的，因而一種範導性的原則轉變爲一種建構性

B647

B648

的原則，就也是極爲自然的了；由於在我把相對於世界來說絕對地（無條件地）必然的至上存在者視爲自爲的事物時，這種必然性就不能有任何概念，從而必定只能作爲思維的形式條件，而不能作爲存在的質料條件和實體性條件在我的理性中被發現，上述偷換就昭然若揭了。

第六章　論自然神學的證明的不可能性

如果無論是一般事物的概念，還是任何一個一般存在的經驗，都不能提供所需要的東西，那就只剩下一種辦法了，即試一試一個確定的經驗、因而現存世界的事物的經驗，它們的性狀和秩序能否提供一種證明根據，有助於我們可靠地達到對一個最高存在者的存在的確信。我們要把這樣一種證明稱爲自然神學的證明。如果這種證明也是不可能的，那麼，關於一個與我們的先驗理念相適應的存在者的存在，就在任何地方也沒有任何一種出自純然思辨理性的令人滿意的證明是可能的了。

按照以上所作的所有說明人們很快就可以看出，可以期待對這一質詢有一個言簡意賅的答覆。因爲如何可能在某個時候被給予一個應當與一個理念相適合的經驗呢？理念的獨特之處恰恰在於，永遠也不可能有一個經驗與它符合。關於一個必然的、極爲充足的元始存在者的先驗理念是如此超越地偉大，如此高出一切在任何時候都是有條件的經驗性的東西，以至於人們一方面永遠不可能在經驗中找到足夠的材料來塡充這樣一個概念，另一方面永遠在有條件者中間四處摸索，始終徒勞地追尋無條件者，沒有任何一個經驗性綜合的規律爲我們提供它的一個實例或者爲此提供絲毫的指導。

如果最高的存在者處在種種條件的此鏈條中，那麼，它本身就會是條件序列的一個環節，並且就像它被置於其前的低級環節一樣，由於它的更高的根據而要求進一步的探究。與此相反，如果人們想把它與這個鏈條分開，作爲一個純然理知的存在者不包括進自然原因的序列，那麼，理性在這種情況下能夠架設一座什麼樣的橋梁來到達它那裡呢？因爲從結果到

B649

原因之過渡的一切規律，甚至我們知識的一切綜合和擴展，一般而言所依靠的無非是可能的經驗，從而僅僅是感官世界的對象，並且僅僅就這些對象而言才能夠具有一種意義。

B650

現存世界爲我們展現出雜多性、秩序、合目的性和美的一個如此巨大的舞臺，人們可以在空間的無限性中或者在空間沒有界限的分割中追蹤它們，甚至根據我們貧弱的知性對此能夠獲得的知識，一切語言關於如此眾多並且難以估量地巨大的奇跡都找不到自己的力度，一切數字都找不到自己度量的力量，甚至我們的思想也找不到任何界限，以至於我們關於整體的判斷必然變成爲一種失語的、但卻更加意味深長的驚愕。我們到處都看到一個結果與原因、目的與手段的鏈條，看到產生或者消亡中的合規則性；而且由於沒有任何東西是自行進入它所處身於其中的狀態的，所以它總是進一步指示著另一個作爲它的原因的事物，而這原因恰恰使得同樣的進一步追問成爲必要，以至於按照這樣的方式，如果人們不假定某種東西在這個無限的偶然者之外獨自原初地和獨立地自存著，保持著它，並且作爲它的起源的原因同時保證著它的存續，整個萬有就必然會沉淪入無的深淵。這個最高的原因（就世界的所有事物而言），人們應當把它設想爲多麼大呢？我們並不是按照其全部內容來認識世界的，我們也更不善於透過與一切可能的東西相比較來估量它的大小。B651 但是，既然我們在因果性方面需要一個終極的和至上的存在者，是什麼東西阻礙我們不按照完善性的程度把它置於其他一切可能的東西之上呢？如果我們把它想像成爲一個唯一的實體，在它裡面結合著一切可能的完善性，那麼，我們就很容易做到這一點，雖然只是透過一個抽象概念的粗略草圖；這個概念是有利於我們理性在節省原則方面的要求的，在自身之中並沒有矛盾，甚至透過這樣一個理念在秩序與合目的性方面給予的指導而有益於理性在經驗中的應用的擴展，但在任何地方都不以明顯的方式與一種經驗相牴觸。

這種證明在任何時候都值得尊重地提及。它是最古老、最明晰、最適合通常的人類理性的證明。它激勵著自然的研究，一如它本身從這種研究獲得存在，並由此一直獲得新的力量。它把目的和意圖引向我們的觀察未能自行揭示它們的地方，並且透過一種其原則在自然之外的特殊統一性來擴展我們的自然知識。但是，這種知識又反作用於其原因，也就是說，反作用於誘發的理念，並且增強對一個最高的創造者的信仰，使之一直成爲一種不可抗拒的確信。

因此，想對這種證明的威望有所削弱，則不僅前景黯淡，而且也是完全徒勞的。理性不斷地被如此強有力的、一直在它的手下增長著的、儘管僅僅是經驗性的證明根據所鼓勵，不可能因精細的、抽象的思辨的懷疑而如此沮喪，以至於它不應當只要向自然和宇宙之壯觀的奇跡投去一瞥，就被從任何一種苦思冥想的猶豫不決中拔脫出來，猶如從一場夢中覺醒，以便昇華自己從偉大到偉大直至最高的偉大，從有條件者到條件直至最高的和無條件的創造者。

但是，即使我們不想對這種行事方式的符合理性與有用性提出任何異議，而毋寧說想推薦它和鼓勵它，我們也畢竟不能因此就贊同這種證明方式對不容置疑的確定性、對一種根本不需要偏愛或者外來支持的贊許可能提出的種種要求；使一個尖酸刻薄的玄想家的獨斷語言降低到一個足以作出安撫的、雖然並不要求無條件屈從的信仰的節制和謙遜的語調，絕不可 B653 能損害這件好事。據此，我斷言，自然神學的證明永遠不能單獨地闡明一個最高存在者的存在，而是在任何時候都必須託付本體論的證明（它只是充當本體論證明的導論）來彌補這種缺陷，因而本體論證明一直還包含著任何人類理性都不能忽視的唯一可能證明根據（只要在任何地方有一種思辨的證明成立）。

上述自然神學的證明的要點如下：1.在世界上到處都有一種按照一定的意圖的秩序的明顯跡象，這種意圖是以偉大的智慧在一個不僅內容紛繁複雜無法描述、而且範圍廣大無邊無際的整體中貫徹的。2.這種合目的的秩序對於世界的種種事物來說是完全陌生的，只是偶然地附著於它們的，也就是說，如果不是由一個進行安排的理性原則按照作爲基礎的理念爲此眞正說來加以選擇和安置，不同事物的本性就不能自行透過如此衆多結合起來的手段協調一致地實現一定的終極意圖。3.因此，有一個（或者多個）崇高和智慧的原因實存著，它必然不僅僅作爲盲目地起作用的無所不能的自然透過**能產性**、而是作爲理智透過**自由**而是世界的原因。4.這個原因的統一性可以從像一個人工建築之各環節的世界之各部分的相互關係 B654 中，根據我們的觀察所及，確定地、但進一步卻按照類比的種種原理或然地推論出來。

自然理性是從一些自然產品與人類藝術在對自然施加暴力、強迫自然不按照自己的目的行事、而是適應我們的目的時所創造的東西的類比出發（從自然產品與房屋、舟船、鐘錶的相似性出發）進行推理的；在自然理性那裡，當它還從另一種、雖然是超人類的藝術推導出自由起作用的自然的內在可能性（亦即使得一切藝術，也許甚至還首先使理性成爲可能的內在可能性）的時候，作爲基礎的恰恰是這樣一種因果性，也就是說知性和意志；這樣一種推論方式也許經不起極爲苛刻的先驗批判。這裡且不就它的推理對它進行指責，但人們畢竟必須承認，當我們列舉一種原因的時候，我們在此並不能比按照與我們完全已知原因和結果的那些合目的的產生的類比更有把握地行事。如果理性要從它認識的因果性過渡到它不認識的隱晦的和無法證明的解釋根據，它就會不能在自己那裡爲自己辯解。

按照這種推論，如此之多的自然部署的合目的性與和諧性必然只證明形式的偶然性，但並不證明質料亦即世界中的實體的偶然性；因爲要證明後者，就要求能夠證明，世界的種種事物就自身而言，如果不是——甚至就其實體而言——一個最高智慧的產品，就不適合於諸如此類按照普遍規律的秩序與和諧；但爲此就會要求有別的證明根據，完全不同於與人類藝術類比的證明根據。因此，這種證明所能夠闡明的，至多是一個總是受他所加工的材料的適用性限制的世界建築師，而不是一切都要服從其理念的一個世界創造者；這遠遠不足以實現人們所關注的那個偉大的意圖，即證明一個極爲充足的元始存在者。如果我們想證明質料本身的偶然性，我們就必須求助於一種先驗的論證，而這正是在這裡應予避免的。

因此，這種推論是把在世界中如此普遍可觀察到的秩序與合目的性當做一種完全偶然的安排，從它出發前進到一個與它相應的原因的存在。但這個原因的概念卻必須給予我們關於它的某種完全確定的東西以供認識，因此它不是別的概念，而是關於一個具有一切權能、智慧等等的存在者的概念，一言以蔽之，一個作爲極爲充足的存在者而具有一切完善性的存在者的概念。因爲極其偉大、令人驚異的權能、不可測度的權能這些謂詞，根本不給出任何確定的概念，眞正說來並沒有說出這個事物就自身而言是什麼，而僅僅是（世界的）觀察者與自身及其理解能力進行比較的對象的大小的關係表象而已，而且不論人們是放大對象，還是在與對象的關係中縮小觀察主體，這些謂詞的結果都是同樣讚美性的。在重要的是一個事物的（完善性的）大小的地方，除了包括全部可能的完善性的概念之外，不存在其他確定的概念，而只有實在性的大全（omnitudo）才在概念中是完全被規定的。 B656

現在，我並不想希望有人應當敢於洞察他所觀察的世界的大小（既是就範圍而言也是就內容而言）與全能、世界秩序與最高的智慧、世界的統一性與創造者的絕對統一性等等的關係。因此，自然神學關於至上的世界原因不能給出任何確定的概念，所以就不足以成爲又應當構成宗教之基礎的神學的一個原則。

通過經驗性的道路邁進到絕對的總體性是根本不可能的。現在，人們卻在自然神學的證明中這樣做。因此，人們使用什麼手段來越過這個如此寬闊的鴻溝呢？ B657

在人們達到對世界創造者的智慧、權能等等的偉大的驚贊並且不能再繼續前進之後，人們就突然離開透過經驗性證明根據進行的論證，前進到一開始就從世界的秩序與合目的性推論出來的世界的偶然性。唯有從這種偶然性出發，人們才僅僅透過先驗的概念前進到一個絕對必然的東西的存在，並從第一因的絕對必然性的概念前進到那個存在者的完全被規定或者進行規定的概念，亦即一個無所不包的實在性的概念。因此，自然神學的證明在其行動中卡住了，在這種困境中突然躍進到宇宙論的證明，而既然宇宙論的證明是一種隱蔽的本體論證明，所以自然神學的證明雖然一開始否認與純粹理性有任何親緣性，並且把一切都歸諸從經驗出發的顯而易見的證明，但實際上卻是透過純粹理性來實現它自己的意圖的。

因此，自然神學家根本沒有理由對先驗的證明方式如此矜持，並且以獨具慧眼的自然研究者的自負來蔑視先驗的證明方式，就像是蔑視隱晦的苦思冥想者織出的蛛網。因爲只要他們願意檢驗一下自己本人，他們就會發現，當他們在自然和經驗的地基上前進了一大段路程、並發覺自己儘管如此還離他們的理性所面對的對象同樣遙遠之後，他們就突然離開這個地基，轉移到純然可能性的王國，在那裡他們希望鼓起理念的雙翼來接近那曾經回避他們的一切經驗性探究的東西。在他們最終自以爲透過如此有力的一躍而站穩了腳跟之後，他們就把從現在起確定了的概念（他們擁有這個概念，卻不知道是如何擁有的）擴展到創造的整個領域，並透過經驗來說明——儘管這種說明是足夠蹩腳的、遠遠在其對象的尊嚴之下的——這個僅僅是純粹理性的一個產物的理想，卻不想承認，他們是通過另一條路徑、不同於經驗的路徑來達到這種知識或者預設的。

據此，關於一個作爲最高存在者的唯一元始存在者的存在，自然神學的證明以宇宙論的證明爲基礎，而宇宙論的證明則以本體論的證明爲基礎；而既然除了這三種道路之外再也沒有給思辨理性留下道路，所以，只要在任何地方有一種關於一個如此高出於一切經驗性的知性應用的命題之證明是可能的，那麼，完全從純粹理性概念出發的本體論證明就是唯一可能的證明。

第七章　從理性的思辨原則出發對一切神學的批判

B659

如果我把神學理解爲對元始存在者的知識，那麼，它就要麼是出自純然理性的神學（theologia rationalis），要麼是出自啓示的神學（theologia revelata）。理性神學思維自己的對象，要麼是僅僅透過純粹的理性，完全憑藉先驗的概念（ens originarium〔元始的存在者〕、ens realissimum〔最實在的存在者〕、ens entium〔一切存在者的存在者〕），並叫做**先驗神學**，要麼透過它從自然（我們的靈魂）借來的一個作爲最高理智的概念，並必然叫做**自然的神學**。僅僅承認一種先驗神學的人被稱爲**理神論者**，也接受一種自然的神學的人則被稱爲**有神論者**。理神論者承認我們充其量能夠透過純然的理性認識一個元始存在者的存在，但我們關於它的概念卻純然是先驗的，也就是說，只是作爲關於一個具有所有的實在性的存在者的概念，但人們卻不能更精確地規定這些現實性。有神論者則主張，理性有能力按照與自然的類比更精確地規定對象，即規定爲一個透過知性和自由而在自身中包含著所有其他事物的始基的存在者。因此，理神論者把這個存在者僅僅表現爲一個世界原因（至於是透過其本性的必然性，還是透過自由，這一點尚未確定），而有神論者則把它表現爲一個世界創造者。

先驗神學要麼是想從一個一般經驗（不對它所屬的世界作出更精確一些的規定）推導出元始存在者的神學，並且叫做**宇宙神學**，要麼相信透過純然的概念無須絲毫經驗的說明就認識它的存在，並且被稱爲**本體神學**。

自然的神學從在這個世界中被發現的性狀、秩序和統一性出發推論到一個世界創造者的屬性和存在，而在這個世界中必須假定兩種因果性及其規則，也就是說自然和自由。因此，它從這個世界上升到最高的理智，要麼是把它當做一切自然秩序和完善性的原則，要麼是把它當做一切道德秩序和完善性的原則。在前一種場合它叫做**自然神學**，在後一種場合它叫做**道德神學**。①

既然人們已經習慣於把上帝的概念理解爲不純然是作爲萬物根源的一個盲目起作用的永恆自然，而是應當透過知性和自由是萬物的創造者的一個最高存在者，而且也唯有這個概念才使我們感興趣，所以嚴格說來，人們可以否認理神論者對上帝有任何信仰，而僅僅給他留下一個元始存在者或者至上原因的主張。然而，既然沒有人因爲不敢作出主張就該被指責爲他想作出否定，所以說**理神論者**相信一個上帝，而**有神論者**則相信一個活的上帝（summam intelligentiam〔最高的理智〕），就更爲溫和、更爲公道。現在，我們想研究理性的所有這些嘗試的可能源泉。

我在這裡滿足於透過我用來認識**存在的東西**的知識來解釋理論知識，而透過我用來表象**應當存在的東西**的知識來解釋實踐的知識。據此，理性的理論應用是我先天地（必然地）認

B661

① 不是神學道德；因爲神學道德包含著預設一個最高的世界統治者的存在的道德法則，與此相反，道德神學是對一個最高的存在者的存在的信念，這種信念建立在道德法則之上。——康德自注

識到某物存在所憑藉的應用；而理性的實踐應用則是某物應當發生被先天地認識到所憑藉的應用。如果某物或者存在或者應當發生是無可置疑地確定的，但只不過是有條件的而已，那麼，這方面的某種一定的條件就或者可以是絕對必然的，或者它可以是隨意和偶然地預設的。在前一種場合條件是被公設的（per thesin〔由於主張〕），而在後一種場合條件則是被假設的（per hypothesin〔由於假設〕）。既然有絕對必然的實踐法則（道德法則），所以如果這些法則必然地把某一種存在預設爲其約束力的可能性的條件，則這種存在必須被公設，之所以如此，乃是因爲推論到這個確定的條件由以出發的有條件者，本身被先天地認識爲絕對必然的。我們以後將就道德法則指出，它們不僅預設一個最高存在者的存在，而且由於它們在其他方面是絕對必然的，所以還有理由公設這種存在，當然只是在實踐上；現在，我們把這種推論方式暫且擱置一旁。

既然在僅僅談論存在的東西（不是應當存在的東西）時，在經驗中被給予我們的有條件者在任何時候都也被思維成偶然的，所以屬於它的條件也不能由此被認識爲絕對必然的，而是僅僅被用做相對必然的、或者毋寧說必要的、但就自身而言並且先天地爲有條件者的理性認識而做的任意預設。因此，如果應當在理論知識中認識一個事物的絕對必然性，這就只能從先天概念出發來發生，但永遠不是作爲與透過經驗被給予的一種存在相關的原因的絕對必然性。

一種理論的知識如果關涉人們不能在任何經驗中達到的一個對象或者關於一個對象的這

樣一些知識，它就是思辨的。它被與自然知識對立起來，除了能夠在一種可能的經驗中被給予的之外，自然知識不關涉任何其他對象或者它們的謂詞。 B663

把發生的東西（經驗性上偶然的東西）作爲一個結果，從它推論到一個原因，這一原理是自然知識的一個原則，但並不是思辨知識的一個原則。因爲如果人們把它視爲一個包含著一般可能經驗的條件的原理抽掉，而且想透過除去一切經驗性的東西、就一般偶然的東西來陳述它，那麼，這樣一個綜合命題就沒有絲毫的理由，來從中認識我如何能夠從某種存在的東西過渡到某種與此完全有別的東西（被稱爲原因）了；甚至一個原因的概念也與偶然的東西的概念一樣，在這樣的純然思辨的應用中失去了其客觀實在性應當具體地來說明的所有意義。

現在，如果人們從世界中事物的存在推論到其原因，那麼，這就不屬於自然的理性應用，而是屬於思辨的理性應用，因爲前者當做經驗性上偶然的而與某一個原因聯繫起來的，不是事物本身（實體），而僅僅是發生的東西，因而是事物的狀態；至於實體本身 B664（質料）在存在上是偶然的，這必須是一種純然思辨的理性知識。但即使所說的只是世界的形式、它的結合方式和它的變遷，但我卻想從中推論到一個與世界全然有別的原因，這也會又是純然思辨理性的一個判斷，因爲對象在這裡根本不是一種可能經驗的客體。但在這種情況下，僅僅在經驗的領域內部才有效並且在這個領域之外沒有應用、甚至沒有意義的因果性原理，就會完全背離它的規定。

我現在斷言：理性在神學方面的一種純然思辨的應用的一切嘗試都是完全沒有結果的，就其內部性狀而言是毫無價值的，而它的自然應用的原則卻根本不導致任何神學；因此，如果人們不把道德原則作爲基礎或者用做導線，那麼，在任何地方都不可能有理性的神學。因爲知性的一切綜合原理都只有內在的應用；但是，一個最高存在者的知識卻要求這些原理的一種超驗的應用，而我們的知性卻根本沒有爲此裝備起來。如果經驗性地有效的因果性規律導致元始存在者，那麼，這一存在者就必須也屬於經驗對象的鏈條；但在這種情況下，它就會和一切顯象那樣本身又是有條件的。但是，即使人們允許憑藉結果與其原因的力學規律跳躍到經驗的界限之外，這種行事方式又能給我們帶來什麼概念呢？遠遠不是關於一個最高存在者的概念，因爲經驗絕不給我們提供一切可能結果的最大結果（對其原因的見證應當提供這樣的結果）。如果僅僅爲了在我們的理性中不留下任何空當，我們就應當被允許透過最高的完善性和原始的必然性的純然理念來填補完全規定的這種缺陷，那麼，這雖然可以出自偏愛來接受，卻不能出自一種令人折服的證明的權利來要求。因此，自然神學的證明也許能夠透過把思辨與直觀結合起來而給予其他證明（如果可以有其他證明的話）以強調，但就其自身而言卻與其說讓知性獨自能夠完成神學知識的工作，倒不如說使知性對此做好準備，並給予它一個筆直的和自然的方向。

因此，人們由此可以清楚地看出，先驗的問題只允許有先驗的答覆，也就是說，完全從先天概念出發，無須絲毫的經驗性摻雜。但在這裡，問題顯然是綜合的，並且要求我們的知

B665

識擴展到經驗的所有界限之外，也就是說，擴展到一個與我們的純然理念相應的存在者的存在，而這個理念卻絕沒有任何一種經驗能夠與之媲美。現在，按照我們上面的證明，一切先天綜合知識都只是由於表達一種可能經驗的形式條件才是可能的，因此，一切原理都只具有內在的有效性，也就是說，它們僅僅與經驗性知識的對象或者顯象相關。所以，就一種純然思辨的理性的神學而言，即使透過先驗的行事方式，也將一事無成。

但是，即使有人寧可懷疑上面分析論的所有證明，也不願喪失對如此長久地使用的證明根據之重要性的信念，如果我要求，人們至少應當對自己究竟如何以及憑藉什麼醒悟而敢於靠純然理念的力量飛越一切可能的經驗作出辯解，人們也不能拒絕滿足這種要求。無論是新的證明還是舊的證明的改良工作，我都會一概乞免。因爲儘管由於一切純然思辨的證明最終的結果畢竟都是唯一的一種證明，亦即本體論的證明，人們在這裡沒有多少選擇餘地，因此我並不擔心受到那種脫離感官的理性的獨斷捍衛者們之能產性的特別糾纏；儘管我除此之外雖不自以爲在這方面十分好鬥，卻也不想拒絕在每一個此類的嘗試中揭露錯誤並由此挫敗其僭妄的要求，但是，在習慣了獨斷勸服的人們那裡，僥倖成功的希望卻畢竟絕不因此就被完全消除；所以，我堅持唯一公道的要求，即人們普遍地並且從人類知性連同其餘一切知識源泉的本性出發，對自己想如何開始完全先天地擴展自己的知識並且一直延伸到任何可能的經驗、從而任何保證由我們自己想出來的某一個概念的客觀實在性的手段都達不到的地方來作出辯解。無論知性如何達到這一概念，該概念的對象的存在畢竟不可能分析地在該概念中找

B666　B667

到，因爲客體實存的知識正是在於它就自身而言被設定在思想之外。但是，自行走出一個概念，並且不遵循經驗性的聯結（但透過經驗性的理解在任何時候所給予的都僅僅是顯象）就達到對新對象和超越的存在者的揭示，這是完全不可能的。

但是，即使理性在其純然思辨的應用中遠遠不足以實現這個如此偉大的意圖，亦即達到一個至上的存在者的存在，它也畢竟在這一點上具有十分大的效用，即糾正可能從別處得來 B668 的對該存在者的知識，使其與自身以及任何理知的意圖一致，並且使其免除一切可能與一個元始存在者相悖的東西和經驗性限制的一切摻雜。

據此，先驗神學即使有其一切不足，也依然有重要的消極應用，並且在我們的理性僅僅與純粹的、正因爲此只容許有先驗的尺度的理念打交道時，是它的一個經常的審查者。因爲如果在其他的、也許是實踐的關係中，一個最高的並且極爲充足的存在者是至上的理智這種預設毫無爭議地主張自己的有效性，那麼，在其先驗的方面把這一概念精確地規定爲一個必然的和最實在的存在者的概念，並除去與最高的實在性相悖、屬於純然的顯象的東西（屬於廣義上的神人同形同性論的東西），同時清除道路上的一切對立的主張，不論它們是無神論的、理神論的還是神人同形同性論的，就是極其重要的了；這在這樣一種批判的主張中是十分容易的，因爲使得人類理性在主張一個諸如此類的存在者方面的無能昭然若揭的那些根據，必然也足以證明任何一種相反主張的無效用性。因爲，某人透過理性的純粹思辨從哪裡 B669 獲得這樣的見解，即認爲不存在一個作爲萬物始基的最高存在者，或者我們根據其後果表現爲與一個能思維的存在者的力學實在性相類似的種種屬性沒有一個屬於它，或者這些屬性在後一場合也必須臣服於感性不可避免地加給我們透過經驗認識的理智之上的一切限制呢？

因此，最高的存在者對於理性純然思辨的應用來說依然是一個純然的、但畢竟完美無缺的理想，是一個完成全部人類知識並使其達到頂峰的概念，它的客觀的實在性沿著這條道路雖然不能得到證明，但也不能被反駁；而且如果應當有一種能夠彌補這種缺陷的道德神學的話，那麼在這種情況下，此前尚成問題的先驗神學就透過對它的概念的規定和對一種足夠經常地被感性蒙騙、並且並不總是與其自己的理念一致的理性的不斷的監察，而證明了自己的不可或缺性。必然性、無限性、統一性、世界之外的存在（不是作爲世界靈魂）、沒有時間條件的永恆性、沒有空間條件的全在性、全能等等，都完全是先驗的謂詞，而且因此之故，這些謂詞純化了的概念爲任何一種神學都十分需要，都只能從先驗神學得來。

先驗辯證論的附錄

論純粹理性各理念的範導性應用

純粹理性一切辯證嘗試的結局，不僅證實我們在先驗分析論中已經證明了的東西，即我們所有那些要帶領我們超越到可能經驗的領域之外的推論都是騙人的、沒有根據的；而且它還同時教給了我們這種特殊的東西，即人類理性在這方面有一種超越這一界限的自然傾向，先驗理念對於理性來說和範疇對於知性來說一樣是自然的，儘管區別之處在於，範疇導致眞理亦即導致我們的概念與客體的一致，而先驗理念則造成一種純然的、但卻不可抗拒的幻相，人們幾乎不能透過苛刻的批判來阻止這種幻相的欺騙。

凡是在我們的力量的本性中有其根據的東西，都必定是合目的的，並且與我們的力量的正確應用一致，只要我們能夠防止某種濫用，並找到它們的眞正方向。因此，先驗理念無論怎樣猜測都有其良好的、因而是內在的應用，儘管如果它們的意義被錯認，它們被當做現實事物的概念的話，它們就會在應用上是先驗的，並正因爲此是騙人的。因爲不是理念自身，而僅僅是它們的應用，才能就全部可能經驗而言或者是飛越的（超越的），或者是本土的（內在的），根據的是人們使它或者直接指向一個自以爲與它相應的對象，或者就知性應用所關涉的對象而言僅僅指向一般知性應用；而一切偷換的錯誤在任何時候都只能歸之於判

B671

斷力的闕如，而不能歸之於知性或者理性。

理性從不直接與一個對象相關，而是僅僅與知性相關，並且憑藉知性與它自己的經驗性應用相關，因而不創造任何（關於客體的）概念，而是僅僅整理概念，並把概念在其最大可能地擴展時、也就是說與序列的總體性相關時所能夠具有的那種統一性給予它們；知性根本不關注序列的總體性，而是只關注條件的序列到處按照概念得以實現所憑藉的那種聯結。因此，理性真正說來僅僅以知性及其合目的的運用爲對象；而且就像知性透過概念把客體中的雜多統一起來一樣，理性在自己這方面也透過理念把概念的雜多統一起來，因爲它把某種集合的統一性設定爲知性行動的目標，若不然，知性行動就只處理分離的統一性。

據此我斷言：先驗理念絕不具有建構性的應用，以至於某些對象的概念會由此被給予，而且如果人們這樣來理解它們，它們就純然是玄想的（辯證的）概念。與此相反，它們具有一種傑出的、對於我們來說不可或缺地必然的範導性應用，也就是說，使知性指向某一個目標，知性的一切規則的方向線都參照這一目標而匯聚於一點，儘管這個點只是一個理念（focus imaginarius〔想像的焦點〕），知性的概念實際上並不是從它出發的，因爲它完全處在可能經驗的界限外面，但儘管如此，它仍然被用來給知性概念帶來一種與最大的擴展相伴的最大統一。現在，雖然由此對我們來說產生出一種欺騙，就好像這些方向線是從處於經驗性上可能的知識領域之外的對象本身發出的似的（就像在鏡面背後看到客體一樣）；然而，如果我們除了呈現於我們眼前的對象之外同時還想看到遠在我們背後的對象，也就是

B672

說，如果我們在我們的實例中想使知性超出被給予的任何經驗（全部可能經驗的部分），從而也達到最大可能的和極度的擴展，那麼，這種幻覺（人們畢竟可以阻止這種幻覺，使它不騙人）仍然是不可或缺地必然的。

B673

如果我們就其全部範圍而言縱覽我們的知性知識，我們就會發現，理性對此獨有並且試圖實現的東西，就是知識的系統化的東西，也就是說，知性知識從一個原則出發的聯繫。這種理性的統一在任何時候都預設一個理念，即一個知識整體的形式的理念，這個整體先行於各部分的一定知識，包含著先天地爲每個部分規定其位置和與其他部分的關係的條件。據此，這個理念以知性知識的完備統一性爲公設，透過這種統一性，知性知識並不純然成爲一個偶然的集合體，而是成爲一個按照必然的規律相互聯繫的體系。眞正說來，人們不能說這個理念是一個關於客體的概念，毋寧說就它給知性充當規則而言，它是關於這些概念的普遍統一的概念。諸如此類的理性概念不是從自然得來，毋寧說我們按照這些理念審問自然，而且只要我們的知識與這些理念不相稱，我們就把它們視爲有缺陷的。

B674

人們承認，簡直不可能有純土、純水、純氣等等。儘管如此，人們畢竟還是需要它們的概念（因此，就完全的純淨而言，它們唯有在理性中才有自己的起源），以便恰如其分地規定這些自然原因中的每一個在顯象中所占的份額；這樣一來，人們就把一切物質歸結爲土（彷彿是純然的重量）、鹽和燃燒體（作爲力），最終歸結爲作爲工具的水和氣（彷彿是前兩種起作用所憑藉的機器），以便按照一種機械性的理念說明物質相互之間的化學作用。因爲即便人們實際上並不如此表達，但理性對自然科學家的分類的這樣一種影響畢竟是極易發現的。

如果理性是一種從共相推導出殊相的能力，那麼，要麼共相已經是就自身而言確實的和被給予的，而在這種情況下它就只要求進行歸攝的判斷力，殊相由此被必然地規定。我把這稱爲理性不容置疑的應用。要麼共相只是被或然地假定，是一個純然的理念；殊相是確實的，但達到這個後果的規則的普遍性卻是一個問題；這樣，許多特殊的實例全都是確實的，它們都被根據規則來試驗，看它們是否由此得出；而在這種場合，如果看起來一切有關的特殊實例都由此產生，則就可以推論出規則的普遍性，而由規則的普遍性又進一步推論到一切就其自身而言也沒有被給予的實例。我要把這種應用稱爲理性的假設性的應用。

以作爲或然概念的理念爲基礎，理性從它們出發的假設性應用眞正說來不是**建構性的**，也就是說，如果嚴格地作出判斷，它們並不具有由此得出作爲假設被假定的普遍規則的眞理性的性質；因爲人們要怎樣知道所有因從這條假定的原理得來而證明其普遍性的可能後果呢？相反，它只是範導性的，以便盡可能地由此將統一性引入特殊的知識，由此使規則接近普遍性。

因此，假設性的理性應用關涉到知性知識的系統統一性，而這種統一性則是規則的**真理性的試金石**。反過來說，系統的統一性（作爲純然的理念）僅僅是規劃出來的統一性，就自身而言，人們必須不把它看做是被給予的，而是看做問題；但是，它有助於爲雜多和特殊的知性應用找到一個原則，並由此把這種應用也引導到並未被給予的實例，並使之相互之間有聯繫。

但是，人們由此所看出的只是：雜多的知性知識的系統的或者理性的統一性是一個邏輯的原則，爲的是在知性獨自不足以成爲規則的地方透過理念來繼續幫助它，同時盡可能地給其規則的差異性帶來在一個原則下的一致性（系統的一致性），並由此造就聯繫。但是，對象的性狀或者把對象認識爲對象的知性的本性是否就其自身而言就被規定有這種系統的統一性，以及人們是否能夠先天地無須顧及理性的這樣一種旨趣就在某種程度上公設這種統一性，從而說一切可能的知性知識（其中包括經驗性的知識）都具有理性的統一性，都從屬於種種共同的原則，它們儘管各不相同卻都能夠從這些原則推導出來，凡此種種，就會是理性的一條先驗的原理，它不僅使系統的統一性作爲方法在主觀上和邏輯上成爲必然的，而且還在客觀上成爲必然的。

我們想透過理性應用的一個實例來說明這一點。在依據知性概念的不同種類的統一性中間，還包括有被稱爲力量的實體之因果性的統一性。同一實體的不同顯象乍看表現出如此眾多的異類性，以至於人們因此而一開始就幾乎必須假定有多少結果就有多少種力量，例如在人的心靈中有感覺、意識、想像、回憶、機智、辨別力、快樂、欲望等等。起初，有一條邏輯的準則，要求盡可能地透過比較來揭示隱蔽的同一性，並查看是否想像與意識相結合就是回憶、機智、辨別力，也許甚至是知性和理性，由此來減少這種表面上的差異。關於一種基本力，邏輯根本弄不清諸如此類的東西是否存在，但它的理念至少是力量雜多性的一種系統

B676 B677

表象的一個問題。邏輯的理性原則要求盡可能地實現這種統一性，而且這種力和那種力的顯象越是被發現是彼此同一的，它們就越有可能無非是同一種力的不同表現，這種力（相對而言）就可以叫做它們的基本力。對於其他的力量來說依此類推。

相對而言的基本力必須又相互比較，以便透過揭示它們的一致性來使它們接近唯一的一種根本的、也就是說絕對的基本力。但這種理性的統一性純然是假設的。人們並不主張必須實際上發現這樣一種基本力，而是主張爲了理性，也就是說爲了確立某些原則，必須爲經驗可能提供的各式各樣的規則去尋找這種基本力，而且必須盡可能地以這樣的方式把系統的統一性引入知識。

但是，當人們關注知性的先驗應用時，卻可以看出基本力的這一理念一般來說並不僅僅被規定爲假設性應用的問題，而是僞稱有客觀的實在性，由此而公設一個實體的種種力量的系統統一性，並確立一種不容置疑的理性原則。因爲我們並不曾嘗試過種種力量的一致性，甚至在我們經過一切嘗試之後不能揭示這種一致性的情況下，我們卻預設：能夠發現這樣一種一致性；而這不僅像在已列舉的實例中那樣因爲有實體的統一性，而且在發現了許多雖然在某種程度上同類的力的地方，例如在一般的物質那裡，理性也預設多種多樣的力的系統統一性；在這裡，特殊的自然規律都從屬於更普遍的自然規律，而原則的節約不僅僅成爲理性的一條經濟原理，而且成爲自然的內在規律。

事實上，也看不出種種規則的理性統一性的邏輯原則如何能夠成立，除非是預設一條先

B678

B679 驗的原則，透過它來把這樣一種系統的統一性作爲附著於客體的而先天地假定爲必然的。因爲如果理性可以隨意承認一切力都同樣可能是異類的，它們的推導的系統統一性同樣可能不符合自然，那麼，理性以什麼權限能夠在邏輯應用中要求把自然給予我們供認識的種種力量的雜多性當做一種純然隱蔽的統一性來對待，並且盡可能地從某一種基本力推導出這種統一性呢？因爲在這種情況下，理性就會由於把一個與自然的安排完全矛盾的理念設定爲自己的目標，而恰恰是在違背自己的規定而行事。人們也不能說，它在之前已經從自然的偶然性狀得出了這種符合理性原則的統一性。原因在於，理性尋找這種統一性的規律是必然的，因爲我們沒有這一規律就根本不會有理性，沒有理性就不會有相互聯繫的知性應用，而缺少這種應用就不會有經驗性眞理的充足標誌；因此，就後者而言，我們必須預設自然的系統統一性完全是客觀有效的和必然的。

B680 我們發現，這個先驗的預設也以一種值得驚異的方式隱藏在哲學家們的原理中，儘管他們在其中並不總是認識到或者自己承認這一預設。種種個別事物的所有雜多性都不排除種的同一性，多種多樣的種必須被僅僅當做少數屬的不同規定來對待，而這些屬又必須被僅僅當做更高的類的不同規定來對待，等等；因此，一切可能的經驗性概念，就它們可以從更高的和更普遍的概念推導出來而言，它們的某種系統統一性是必須尋找的；凡此種種，是一條基本規則或者邏輯原則，離開了它就不會有理性的任何應用，因爲我們只是就事物的普遍屬性被當做特殊屬性所隸屬的基礎而言，才能夠從共相推論到殊相。

但是，即便在自然中也發現了這樣一種一致性，這是哲學家們在那條著名的學院規則中預設的，即沒有必要人們就不必增多開端（本原）了（entia praeter necessitatem non esse multiplicanda〔如無必要，勿增實體〕）。它說的是，事物的本性本身就呈現出理性統一性的材料，而表面上的無限差異並不可以妨礙我們在它們背後猜測基本屬性的統一，唯有透過多次的規定才能從這些基本屬性推導出多種多樣性。這種統一性雖然是一個純然的理念，但人們卻在所有的時代裡如此熱切地探究它，以至於人們有理由節制對它的渴望，而不是鼓勵這種渴望。化學家能夠把一切鹽都還原爲兩個基本的屬，即酸性物和鹼性物，這已經不錯了，他們甚至還試圖把這種區別僅僅視爲同一種基本材料的變異或者不同的表現。人們逐漸地試圖把土的眾多的種（石頭，甚至金屬的材料）還原成三個屬，最終還原成兩個屬；但他們並不以此爲滿足，他們不能放棄這樣的思想，即在這些變異之後還有唯一的一個屬，甚至猜測這些土和鹽有一個共同的本原。人們也許想認爲，這是理性的一個純然經濟的技巧，爲的是盡可能多地節省力氣，而且是一個假設的嘗試，如果它成功的話，就恰恰透過這種統一性賦予預設的解釋根據以蓋然性。然而，這樣一種自私的意圖是很容易與理念區別開來的，按照理念，任何一個人都預設，這種理性統一性是適合自然本身的，而且理性在這裡並不是在乞求，而是在命令，儘管不能規定這種統一性的界限。

如果在種種呈現給我們的顯象中間有一種如此巨大的差異——我想說的不是在形式上（因爲在形式上它們可能是彼此相似的），而是在內容上，也就是說，在實存的存在者的多

B681

樣性上——，以至於就連最苛刻的人類知性透過這一顯象與那一顯象的比較也不能發現絲毫的相似（一個很可以設想的實例），那麼，屬的邏輯規律就根本不會成立；甚至不會有任何屬的概念或者某一個普遍的概念成立，就連僅僅與這樣的概念打交道的知性也不會成立。因 B682 此，屬的邏輯原則如果應當運用於自然（我在這裡把自然僅僅理解爲被給予我們的種種對象），就以一種先驗的原則爲前提條件。按照這一先驗的原則，在一個可能經驗的雜多中必然地以同類性（儘管我們不能先天地規定它的程度）爲前提條件，因爲沒有這種同類性，就沒有經驗性的概念是可能的，從而也就沒有任何經驗是可能的。

屬的邏輯原則公設同一性，另一條原則，即種的邏輯原則與它相對立，後者需要事物的雜多性和差異，不管它們在同一個屬中的一致，並且規定知性關注雜多性和差異不亞於關注同一性。這條（敏銳或者辨別能力的）原理對前一條原理（機智的原理）的輕率加以限制，而理性則在這裡表現出一種雙重的、相互衝突的旨趣，一方面是就屬而言的範圍（普遍性）的旨趣，另一方面是在種的雜多性方面的內容（確定性）的旨趣，因爲知性在前一場合雖然多是在概念之下思維，在第二種場合卻更多地是在概念之中思維。這一點也在自然科 B683 學家們十分不同的思維方式中表現出來，它們中一些人（偏愛思辨的人）彷彿是敵視異類性，而另一些人（偏愛經驗性的人）則不斷地試圖把自然分裂成如此之多的多樣性，以至於人們幾乎不得不放棄按照普遍的原則對自然的顯象作出判斷的希望。

這後一種思維方式明顯地也以一種邏輯原則爲基礎；如果我從屬開始下降到屬所包含的

雜多，並且就像在前一種場合我上升到屬，試圖給體系帶來統一那樣，試圖以這樣的方式給體系帶來擴大，那麼，這種邏輯原則的意圖就是一切知識體系的系統完備性。因爲從標誌著一個屬的概念的範圍出發與從物質能夠占有的空間出發一樣，都難以看出它們的分割能夠進行到多遠。因此，任何屬都要求有不同的種，而種又要求有不同的亞種；而且既然後者中沒有一個不是始終又有一個範圍（作爲 conceptus communis〔共同概念〕的範圍），所以理性在其整個擴展中就要求，任何種都不被視爲就自身而言最低的種，因爲既然它畢竟總還是一個概念，在自身中僅僅包含不同的事物共有的東西，不能夠是完全被規定的，從而也不能首先與一個個體發生關係，所以在任何時候都必然在自身中包含著其他概念，亦即亞種。這一特殊化的規律可以這樣表達：entium varietates non temere esse minuendas〔不可貿然削減存在者的差異〕。

但是，人們很容易看出，如果不是有一個先驗的特殊化規律作爲基礎，就連這一邏輯規律也將沒有意義、毫無用處；先驗的特殊化規律雖然並不要求能夠成爲我們的對象的事物在差異方面有一種現實的無限性，因爲僅僅主張邏輯範圍就可能的分割而言的不確定性的邏輯原則並沒有爲此提供理由；但儘管如此卻責成知性在呈現給我們的每一個種之下尋找亞種，爲每一種差異尋找更小的差異。因爲如果沒有較低的概念，就也沒有較高的概念。現在，知性唯有透過概念才認識一切：因此，就它在劃分中所及而言，絕不是透過純然的直觀，而是始終又透過較低的概念。顯象的知識在其完全的規定（這種規定唯有透過知性才是可能的）中要求對知性的概念有一種不斷繼續的特殊化，並且要求前進到在種的概念中已經被抽掉、在屬的概念中被抽掉更多、但卻始終還留存的差異。

B685 這種特殊化的規律也不能借自經驗，因爲經驗不可能給予一種如此遼遠的景觀。如果經驗性的特殊化不是被已經先行的先驗的特殊化規律當做理性的一條原則所引導，去尋找這樣的特殊化，並且在它並不立刻呈現給感官的時候還一直猜想它的話，就會很快在區分雜多時停留下來。發現吸收性的土還有不同的種（鈣質土和鹽酸土），這需要一條先行的理性規則，理性由於預設自然如此豐富多彩而猜測有差異，故把尋找差異規定爲知性的任務。因爲唯有在自然中有差異的預設下，我們才有知性，正如在自然的客體就自身而言具有同類性的條件下我們才有知性一樣，因爲正是能夠被包攝在一個概念之下的東西的雜多性，才構成了這一概念的應用和知性的工作。

B686 因此，理性爲知性準備了行動領域：第一，透過在較高的屬下面雜多的東西具有同類性的原則；第二，透過在較低的種下面同類的東西具有差異性的原理；而爲了完成系統的統一性，它還附加上：第三，一切概念有親合性的規律，這條規律要求透過差異的逐步增加而從一個種到另一個種連續地過渡。我們可以把它們稱爲形式的同類性、特殊性和連續性的原則。連續性的原則的產生，乃是由於人們把前兩條原則結合起來，因爲人們無論在向較高的屬的上升中還是在向較低的種的下降中，都在理念中完成了系統的聯繫；在這種情況下，所有的雜多性彼此都有親緣性，因爲它們全都透過擴展了的規定的一切程度而源自唯一的一個至上的屬。

人們可以用如下的方式來直觀地說明三條邏輯原則之下的系統統一性。人們可以把每一個概念視爲一個點，這個點作爲觀察者的觀測站具有自己的視界，也就是說，大量從這個點能夠被表現、並且彷彿是能夠被縱覽的事物。在這個視界內部，必須能夠無限地給出大量的點，它們每一個都又有自己較狹小的視域；也就是說，每一個種按照特殊性的原則都包含著諸亞種，而邏輯的視界只是由諸較小的視界（諸亞種）構成的，而不是由不具有範圍的點（個體）構成的。但是，可以設想爲不同的視界亦即爲從同樣多的概念出發來規定的不同的屬畫出一個共同的視界，從它出發，就像是從一個中心點出發一樣，人們把不同的視界盡收眼底，而這個中心點就是一個較高的屬，直到最後，最高的屬就是普遍的和眞正的視界，這個視界是從最高的概念的觀測點出發來規定的，並且在自身之下包含著作爲屬、種和亞種的一切雜多性。

把我們帶到這個最高的觀測點的是同類性的規律，把我們帶到一切較低的觀測點及其最大的差異性的是特殊性的規律。但是，既然以這樣的方式在所有可能的概念的整個範圍裡都沒有任何空當，而且在它之外也不能發現任何東西，所以就從那個普遍的視域和該視域的完全劃分的預設中產生出如下原理：non datur vacuum formarum〔各形式沒有空當〕，也就是說，不存在不同的原始的和最初的屬，彷彿是被隔離的，被彼此（透過一個空的間隙）分開的，相反，所有雜多的屬都只不過是一個唯一的、至上的和普遍的屬的劃分罷了；而從這條原理就產生出它的直接結論：datur continuum formarum〔各形式有連續性〕，也就是說，各個種的所有差異都相互接壤，不允許透過一種飛躍、而是只能透過一切更小的區別程度來過渡到另一個種，由此人們就可以從一個種達到另一個種；一言以蔽之，不存在任何種或者亞種彼此（在理性的概念中）是最接近的種或者亞種，相反，還總是有中間的種，它與第一個種和第二個種的區別小於這兩個種彼此之間的區別。

因此，第一條規律防止跑題進入不同的原始的屬，並推崇同類性。與此相反，第二條規律又限制對一致的這種傾向，並且要求在人們以自己的普遍概念轉向個體之前，要區分亞種。第三條規律則把前兩條結合起來，因爲它不顧極度的雜多性，仍然透過從一個種到另一個種的逐步過渡而規定了同類性，就不同的分枝全都從一個主幹長出而言，這表明了它們的一種親緣性。

但是，這條 continui specierum〔種的連續性〕（formarum logicarum〔邏輯形式的連續性〕）的邏輯規律以一條先驗的規律（lex continui in natura〔自然中的連續性的規律〕）爲前提條件，沒有後者，知性的應用只會被前一種規定引入歧途，因爲它也許會選取一條恰恰與自然相悖的道路。因此，這條規律所依據的必須是純粹的先驗根據，而不是經驗性的根據。因爲在後一種情況下，它就會遲於體系；但是眞正說來，這規律首先造成了自然知識的系統性的東西。在這些規律背後，也沒有隱藏著把它們當做試驗來進行檢驗的意圖，儘管這種聯繫在它適用的地方當然就會提供強有力的根據，來把以假設的方式想出的統

B688 B689

一性視爲有根有據的，因而它們在這方面也是有其用處的；相反，人們從它們身上清晰地看出，它們把基本原因的節省、結果的雜多性和一種由此而來的自然各環節的親緣性就其自身而言判斷爲合理性的、適合自然的，因此，這些原理直接地具有受歡迎之處，而不是純然作爲方法的技巧才受歡迎的。

但是，人們很容易看出，諸形式的這種連續性是一個純然的理念，在經驗中根本不能給它指出一個相應的對象：這不僅是因爲自然中的種確實已被劃分，從而就自身而言必然構成一種 quantum discretum〔分離的量〕，而且如果親緣性中的逐步進展是連續的，那麼，它們就也必定包含著處於兩個被給予的種內部的中間環節的眞正無限性，而這是不可能的；而且是因爲我們對於這一規律根本不能作確定的經驗性應用，由此並沒有顯示出親和性的絲毫徵兆，告訴我們應當根據什麼來尋找親合性的差異的級別順序，以及尋找到什麼程度，而無非是一個一般的指示，即我們應當尋找這種級別順序。

如果我們把現在列舉的這些原則按照其順序加以安置，以便讓它們符合經驗的應用，那麼，系統統一性的各原則就會順序如下：雜多性、親緣性和統一性，它們中的每一個都被當做其完備性已達最高程度的理念。理性以首先被運用於經驗的知性知識爲前提條件，按照遠遠超出經驗所能及的理念來尋找知性知識的統一性。雖然有其差異卻服從統一性原則的雜多的親緣性並不僅僅涉及事物，而是更多得多地涉及事物的純然屬性和力量。因此，如果舉例來說，行星的軌道透過一種（尚未完全糾正的）經驗作爲圓形的被給予我們，而我們發現了種種差異，那麼，我們就在能夠按照一種穩定的規律透過無限多的中間程度把圓形改變成爲這些偏離運轉中的一種東西裡面猜測這些差異，也就是說，不是圓形的行星運動將或多或少地接近圓形的屬性，並且成爲橢圓。彗星表現出其軌道的一種更大的差異，因爲它們（就觀察所及）甚至不以圓形返回，然而我們猜想一種拋物線狀的運轉，它畢竟與橢圓有親緣性，而且如果橢圓的長軸延伸得很長，在我們的一切觀察中就能夠與橢圓沒有差別。這樣，我們就按照那些原則的指導達到了這些軌道在其形狀上的屬的統一性，但因此又進一步發現它們的運動的一切規律之原因的統一性（引力）；由此出發，我們之後又擴大了自己的戰果，還力圖從同一個原則出發來說明一切差異和表面上對那些規則的偏離，最終甚至附加上多於經驗在某個時候能夠證實的東西，亦即按照親緣性的這些規則本身設想雙曲線狀的彗星軌道，這些天體以這些軌道完全離開我們的太陽系，並且在它們從一個太陽到另一個太陽的時候，在它們的運轉中把一個對我們來說無邊無際而又透過同一種運動力聯繫在一起的宇宙體系的更遙遠的各部分結合起來。

就這些原則而言值得注意且我們也唯一探討的是：它們看起來是先驗的，而且雖然它們所包含的是供理性的經驗性應用遵循的純然理念，理性的經驗性應用只能彷彿是漸近線狀地、也就是說僅僅接近地遵循它們，永遠也達不到它們，但它們作爲先天綜合命題還是有客觀的、但不確定的有效性，並且充當可能經驗的規則，也實際上在加工經驗時被用做啓迪性的原理而取得很大的成功，但人們畢竟不能完成對它們的一種先驗的演繹，如上面所證明，這在理念方面任何時候都是不可能的。

B692

在先驗分析論中，我們曾根據知性的原理把力學原則作爲直觀的純然範導性原則與就直觀而言是建構性的數學原則區別開來。儘管如此，上述力學的規律就經驗而言卻當然是建構性的，因爲它們使任何經驗無之則不成立的概念成爲先天可能的。與此相反，純粹理性的各原則甚至就經驗性概念而言也不是建構性的，因爲不能給予它們任何相應的感性圖型，因此它們不能有任何具體的對象。如果我放棄把這些原則當做建構性原理的這樣一種經驗性的應用，我想，儘管如此，怎樣才能仍保證一種範導性的應用，並隨之保證一些客觀的有效性呢？而且這種應用能夠有什麼意義呢？

知性對於理性來說構成一個對象，正如感性對於知性來說構成一個對象一樣。使一切可能的經驗性的知性行動的統一性成爲系統的，乃是理性的工作，就像知性透過概念把顯象的雜多聯結起來並置於經驗性的規律之下一樣。但是，沒有感性圖型的知性行動是不確定的；

B693

同樣，理性的統一性在知性系統地聯結其概念所應當隸屬的條件和這種結合的程度方面也是就自身而言不確定的。然而，儘管對於一切知性概念完全的系統統一性來說，不能在直觀中找到任何圖型，但畢竟能夠而且必須有這樣一種圖型的類似物被給予，這個類似物就是知性知識在一個原則中的劃分和統一的極大值的理念。因爲只要除去提供不確定的雜多性的制約條件，極大者和絕對必然者是可以確定地設想的。因此，理性的理念就是感性圖型的一個類似物，但區別在於，把知性概念運用於理性圖型，卻並不（就像把範疇運用於其感性

圖型那樣）是對象本身的一種知識，而僅僅是一切知性應用的系統統一性的一條規則或者
原則。現在，既然爲知性先天地確立其應用的完全統一的任何原理也都——儘管只是間接
地——適用於經驗的對象，所以理性的各原理就對象而言也將有客觀的實在性；但這不是爲
了根據它們規定某種東西，而僅僅是爲了顯示一種行事方式，知性的經驗性的和確定的經驗
應用按照這種行事方式就能夠與自身完全一致，因爲它被與完全統一性的原則盡可能地聯繫 B694
起來並由此推導出來。

一切不是得自客體的性狀、而是得自理性在該客體的知識之某種可能的完善性方面的旨趣的主觀原理，我都稱之爲理性的準則。這樣，就有一些思辨理性的準則，它們所依據的僅僅是理性的思辨旨趣，儘管可能看起來它們好像是客觀的原則。

如果純然的範導性原理被視爲建構性的，那麼，它們就可能作爲客觀的原則而自相衝突；但是，如果人們把它們僅僅視爲準則，那就不是一種眞正的衝突，而純然是理性的一種造成思維方式之分離的不同旨趣罷了。事實上，理性只有一種統一的旨趣，而它的種種準則的衝突則只不過是滿足這種旨趣的種種方法的差異和相互限制罷了。

以這樣的方式，在這一個玄想家這裡就可能更偏重於雜多性（依據特殊性的原則），而
在那一個玄想家那裡則可能更偏重統一性（依據集合性的原則）。二者中的每一個都相信自
己的判斷乃出自對客體的洞見，但畢竟都是把它僅僅建立在對兩個原理的某一個的或大或小 B695
的偏執之上的；這兩個原理沒有一個依據的是客觀的根據，而是僅僅依據理性的旨趣，因此

稱它們爲準則就會比稱它們爲原則更好。如果我發現有識之士們因爲人、動物或者植物乃至礦物體的特徵而相互爭論，既然一些人例如假定特殊的、根據在於起源的民族特性，或者還假定各家族、各種族有被決定的和遺傳的差別等等，而另一些人則相反，認爲自然在這方面所做的投資是完全一樣的，一切區別所依據的僅僅是外在的偶然性，那麼，爲了理解這對象對雙方來說隱蔽得太深，以至於他們不能從對客體的本性的洞識出發來說話，我只需考慮對象的性狀就可以了。這無非是理性的雙重旨趣，其中一方醉心於或者偏愛一種旨趣，而另一方則醉心於或者也偏愛另一種旨趣，因此是自然的雜多性或者自然的統一性兩種準則的差異；這兩種準則是極易調和的，但只要把它們視爲客觀的洞識，它們就不僅造成爭執，而且造成長期阻礙眞理的障礙，直到找出一種辦法調和有爭議的旨趣並使理性在這方面感到滿足爲止。

對於被如此廣爲徵引的、由萊布尼茲提出並由博奈特（Bonnet）傑出地修訂的造物之連續階梯的規律的維護或者攻擊也是同樣的情形。它無非是對依據理性旨趣的親合性原理的一種遵循；因爲對自然的安排的觀察和洞識根本不能把這一規律當做客觀的主張提供出來。這樣一個階梯的各級，如同經驗能夠向我們說明的那樣，彼此相距太遠，而我們的自以爲微小的差別通常在自然中卻是如此寬闊的鴻溝，以至於根本不能指望這樣的觀察（尤其是鑒於事物的一種巨大的雜多性，因爲找出某種相似性或者接近，必然總是容易的事情）當做自然的意圖提供任何東西。與此相反，按照這樣一種原則在自然中尋找秩序的那種方法，以

B696

及把自然中的這樣一種秩序——雖然在何處以及在多大程度上尚不確定——在根本上視為有根有據的那種準則，當然是理性的一條合法的和傑出的範導性原則，但它作為這樣一條原則卻比經驗或者觀察能夠與它比肩行走的遠得多，它畢竟沒有規定某種東西，而是給理性指明了達到系統的統一性的道路。

論人類理性的自然辯證法的終極意圖

純粹理性的種種理念就自身而言永遠不可能是辯證的，相反，只有它們的純然濫用才必然使得從它們給我們產生一種騙人的幻相；因為它們是透過我們理性的本性被給予我們的，而我們的思辨的一切權利和要求的這一至上法庭卻不可能自己包含著原始的欺騙和幻象。因此，它們也許在我們理性的自然稟賦中有其正當的和合目的的規定。但是，一幫玄想家卻照例喊叫理性的不和諧和矛盾，攻訐他們自己不能看透其最內在計畫的統治，而他們其實應當把自己的存續、乃至使他們有能力責難和譴責這種統治的文化，都歸功於這種統治的良好影響。

不對一個先天概念進行過先驗的演繹，人們就不能可靠地使用它。純粹理性的種種理念不允許範疇所允許的那種演繹；但是，如果他們應當至少有一些——哪怕是不確定的——客

B697

觀的有效性，並且不僅僅表現空的思想物（entia rationis ratiocinantis〔進行推論的理性的存在者〕）的話，那就絕對必須有一種它們的演繹是可能的，即使它遠遠不同於人們對範疇能夠採取的那種演繹。這是純粹理性的批判工作的完成，而我們現在就想這樣做。

某物是作爲一個絕對的對象還是作爲一個理念中的對象被給予我的理性，這是有很大區別的。在前一種情況下，是我的概念去規定對象；在第二種情況下，它實際上只是一個圖型，沒有一個對象被直接加給它，就連以假設的方式也不行，相反，它僅僅被用來讓我們憑藉與這個理念的關係根據其系統的統一性來表現其他對象，從而間接地表現它們。例如我說，一個最高理智的概念是一個純然的理念，也就是說，它的客觀實在性不應當在於它直截了當地與一個對象相關（因爲在這樣的意義上，我們就會不能爲其客觀的有效性辯解），而是在於它僅僅是一個一般事物的概念按照最大的理性統一性的條件安排的圖型，這個圖型只被用來在我們理性的經驗性應用中保持最大的系統統一性，因爲人們彷彿是從這個理念的想像出來的對象中推導出經驗的對象的，理念的想像出來的對象彷彿是經驗的對象的根據或者原因。在這種情況下，例如就說：必須這樣來看待世界的種種事物，就好像它們從一個最高的理智獲得其存在似的。以這樣的方式，理念眞正說來只是一個啓迪性的概念，而不是一個明示性的概念，它所說明的不是一個對象有什麼性狀，而是我們應當如何在它的引導下去尋找一般經驗的對象的性狀和聯結。於是，如果人們能夠指出，儘管三種先驗理念（心理學的、宇宙論的和神學的理念）並不直接同任何與它們相應的對象及其規定相關，但理性的經

B698

B699

驗性應用的所有規則根據這樣一個理念中的對象的預設而導致系統的統一性，並在任何時候都擴展經驗的知識，但永遠也不與經驗的知識相悖，那麼，按照諸如此類的理念行事，就是理性的一條必然的準則。而這就是思辨理性所有理念的先驗演繹，不是作爲我們的知識擴展到多於經驗所能給予的對象的建構性原則，而是作爲一般經驗性知識的雜多之系統統一性的範導性原則，經驗性知識由此在自己的界限之內，與沒有這樣的理念、僅僅透過知性原理的應用所可能發生的相比，將得到更多的培植和糾正。

我想把這一點講得更清楚。依據上述作爲原則的理念，第一（在心理學中），我們按照內部經驗的導線，如此聯結我們心靈的所有顯象、行動和感受性，就好像心靈是一個以人格的同一性持久（至少在活著時）實存的單純實體似的，儘管這個實體的種種狀態——肉體的種種狀態只是作爲外部條件屬於它們——是不斷地變易的。第二（在宇宙論中），我們必須在這樣一個永遠不會完成的探究中追蹤外部自然顯象和內部自然顯象的種種條件，就好像這種探究自身就是無限的和沒有一個最初的或者至上的環節似的，儘管我們因此而在一切顯象之外並不拒絕顯象的純然理知的最初原因，但畢竟絕不可以把它們納入自然解釋的聯繫，因爲我們根本不認識它們。最後第三，無論什麼東西，只要它屬於可能經驗的聯繫，我們都必須（就神學而言）這樣看待它們，就好像這種經驗構成一個絕對的、但完全依賴性的、始終還在感官世界內部有條件的統一性似的，但同時，畢竟又好像一切顯象的總和（感官世界自身）在其自己的範圍之外有一個唯一的、至上的和極爲充足的根據，也就是說，有一個彷彿

B700

獨立的、原始的和創造性的理性似的；與這個理性相關，我們在我們的理性的經驗性應用的最大擴展中這樣來調整這種應用，就好像對象本身是從一切理性的那個原型產生出來的似的。這就是說：不是從一個單純的、能思維的實體推導出靈魂的內部顯象，而是按照一個單純的存在者的理念把那些顯現相互推導出來；不是從一個最高的理智推導出世界秩序及其系統的統一性，而是從一個極爲智慧的原因得到規則，按照這種規則，理性在聯結世界中的原因和結果時爲達到自己的滿意就能夠得到最好的應用。

現在，沒有絲毫東西阻礙我們把這些理念也假定爲客觀的和實體性的，唯獨除了宇宙論的理念；在宇宙論的理念中，如果理性想實現它們，就會遇到一種二論背反（心理學的理念和神學的理念根本不包含諸如此類的二論背反）。因爲在心理學的理念和神學的理念中不包含任何矛盾。因此，怎麼會有人能夠與我們爭論，否認它們的客觀實在性，因爲關於它們的可能性，他爲否定它們與我們爲肯定它們，所知道的是同樣地少！儘管如此，爲了假定某種東西，僅僅沒有積極的障礙與之相悖是不夠的。而且不能容許我們僅僅根據欲完成其工作的思辨理性的信譽，就把超越我們的一切概念——雖然不與我們的任何一個概念相矛盾——的思想存在者當做現實的和確定的對象來採用。因此，不應當就自身而言來對待它們，而是只承認它們作爲一切自然知識的系統統一性之範導性原則的圖型的實在性，因而它們應當只是作爲現實事物的類似物、而不是作爲現實事物自身被奠定爲基礎。我們從理念的對象那裡取消了限制我們知性概念的條件，但也只有這些條件才使我們有可能關於某一個事物形成一個

B701　B702

確定的概念。而現在，我們設想一個某物，關於它就自身而言是什麼，我們根本沒有任何概念，但我們對此畢竟設想與顯象之總和的一種關係，這種關係與顯象相互之間所擁有的關係是類似的。

如果我們據此假定這樣一些理想的存在者，則我們眞正說來並沒有把我們的知識擴展到可能經驗的客體之外，而是僅僅透過系統的統一性擴展了可能經驗的經驗性統一性；理念給我們提供的是系統統一性的圖型，因而理念不被視爲建構性的原則，而是僅僅被視爲範導性的原則。因爲我們設定一個與理念相應的事物、一個某物或者現實的存在者，由此並不是說，我們想用超驗的概念擴展我們對於事物的知識；因爲這個存在者只是在理念中、而不是就自身而言被奠定爲基礎，因而只是爲了表達對我們來說應當充當理性的經驗性應用之準繩的系統統一性，而關於這種統一性的根據或者這樣一個存在者的內在屬性是什麼，當做原因來依據的是什麼，畢竟沒有澄清什麼東西。

這樣，純然的思辨理性關於上帝給予我們的先驗的和唯一確定的概念，在最精確的意義上就是理神論的；也就是說，理性甚至沒有給予這樣一個概念的客觀有效性，而是僅僅給予了關於某物的理念，一切經驗性的實在性都把自己最高的和必然的統一建立在這個某物之上，而我們也只能按照一個根據理性的規律就是一切事物的原因的現實實體的類比來思維這個某物；只要我們著手在任何地方都把它當做一個特殊的對象來思維，而不是寧可滿足於理性的範導性原則的純然理念，把思維的一切條件的完成當做對人類的知性來說超驗的東西置於一旁；後者與我們知識中的一種完全系統的統一性的意圖是無法共存的，至少理性並沒有爲這種意圖設置限制。

因此所發生的事情就是：如果假定一個屬神的存在者，則我雖然無論是對於它的最高完善性的內在可能性、還是對於它的存在的必然性，都沒有絲毫的概念，但在這種情況下，我 B704 畢竟能夠滿足於所有其他涉及偶然的東西的問題，而且就理性的經驗性應用中應當查清的最大統一性而言能夠給理性以最完美的滿足，但並不是就這個預設本身使理性滿足；這說明，使理性有權利從一個遠遠處於它的領域之外的點出發來由此在一個完備的整體中考察它的對象的，是理性的思辨旨趣，而不是它的洞識。

這裡表現出在同一個預設那裡思維方式的一種差別，這種差別相當細微，儘管如此，在先驗哲學中卻十分重要。我可以有充足的根據相對地假定某種東西（suppositio relativa〔相對的假定〕），但卻沒有權限絕對地假定它（suppositio absoluta〔絕對的假定〕）。如果所涉及的是一條範導性的原則，這種區分是對的；我們雖然認識它就自身而言的必然性，但卻根本不認識這種必然性的源泉，而我們假定一個至上的根據，僅僅是爲了與——例如——當我把一個與純然而且先驗的理念相應的存在者設想爲實存著的的時候相比，更爲確定思維原則的普遍性。在後一種情況下，我絕不能就自身而言假定這個事物的存在，因爲使 B705 我能夠確定地設想某一個對象的那些概念，都達不到這一點，而我的概念的客觀有效性的條件則被這個理念本身所排除。實在性、實體性、因果性的概念，甚至存在中的必然性的概念，除了使一個對象的經驗性知識成爲可能的用途之外，根本沒有規定某一個客體的意義。因此，它們雖然能夠被用於解釋感官世界中的事物的可能性，但卻不能被用於解釋一個世界整體本身的可能性，因爲這個解釋根據必然在世界之外，從而不是一個可能經驗的對象。現在，儘管如此相對於感官世界我仍然可以假定這樣一個不可把握的存在者，一個純然理念的對象，儘管不能就自身而言就假定它。因爲如果我以一個理念（系統的完備的統一性的理念，我馬上就要更確定地談到它）爲我的理性的最大可能的經驗性應用的基礎，這個理念儘管爲了使經驗性的統一接近最大可能的程度而是絕對必要的，就自身而言，永遠不能在經驗中得到恰切的表現，那麼，我將不但有權利、而且也不得不實現這個理念，也就是說，給它設定一個現實的對象，但只是作爲一個我就自身而言根本不認識的某物，而且我把這個某物當做那種系統的統一性的根據，與系統的統一性相聯繫把類似於經驗性應用中的知性概念的那些屬性賦予它。因此，我將按照世界中的實在性、實體性、因果性和必然性的類比來設想一個在最高的完善性中擁有這一切的存在者，而且由於這個理念所依據的僅僅是我的理性，就能夠把這個透過最大的和諧和統一的理念而是世界整體之原因的存在者設想成爲獨立的理性，以至於我刪除一切限制這一理念的條件，僅僅是爲了在這樣一個始基的庇護下使世界整體中雜多的系統統一性成爲可能，並借助這種統一性使最大可能的經驗性的理性應用成爲可能，因爲我是這樣看待所有的結合的，就好像它們是一個最高理性的安排似的，而我們的理性只不過是這個最高理性的一個模糊的摹本罷了。在這種情況下，我完全透過眞正說來僅僅在感官世界才有其應用的概念來設想這個最高的存在者；但是，既然我只是相對地使用那個先驗的預設，也就是說，它應當提供最大可能的經驗統一的基底，所以我完全可以透過僅僅屬於感官世界的那些屬性來思維一個我與世界區別開來的存在者。因爲我絕不要求也沒有權利要求按照我的理念的這個對象就自身而言所可能是的東西來認識它；爲此我並沒有概念，甚至實在性、實體性、因果性的概念，就連存在中的必然性的概念，如果我以此斗膽超越到感官的領域之外，就也都失去了一切意義，是概念的空洞名稱而沒有任何內容。我設想一個就自身而言根本不爲我所知的存在者與世界整體的最大的系統統一性的關係，僅僅是爲了使這個存在者成爲我的理性的最大可能的經驗性應用之範導性原則的圖型。

B707

如果我們把自己的目光投向我們理念的先驗對象，我們就會看到，我們不能按照實在性、實體性、因果性等等的概念來就自身而言預設它的現實性，因爲這些概念對完全有別於感官世界的某種東西沒有絲毫的用處。因此，理性關於一個最高的存在者是至上的原因的假設純然是相對的，是爲了感官世界的系統統一性而設想的，純然是理念中的某物，關於它就自身而言是什麼，我們沒有任何概念。由此也就說明，何以我們雖然與實存著被給予感官的東西相關而需要一個就自身而言必然的元始存在者，但卻絕不能對這個存在者及其絕對的必然性有絲毫的概念。

從現在開始，我們就可以把整個先驗辯證論的結果展現在眼前，精確地規定純粹理性各理念的終極意圖了。這些理念只是由於誤解和不謹慎才成爲辯證的。純粹理性實際上除自身

B708

之外不涉及任何東西，也不能有別的事務，因爲被給予它的不是要達到經驗概念之統一的對象，而是要達到理性概念亦即在一個原則中的聯繫之統一的知性知識。理性的統一性是體系的統一性，而這種系統的統一性並不是客觀地充當理性的一個原理，來把理性擴展到對象上，而是主觀地充當理性的準則，來把理性擴展到對象的一切可能的經驗性認識上。儘管如此，理性能夠給予經驗性的知性應用的那種系統聯繫，仍然不僅促進這種應用的擴展，而且同時還保障這種應用的正確性；這樣一種系統的統一性的原則也是客觀的，但卻以不確定的方式是客觀的（principium vagum〔不確定的原則〕）；不是作爲建構性的原則，使人就它的直接對象而言規定某種東西，而是作爲純然範導性的原則和準則，透過開闢知性不認識的新道路來無限地（不確定地）促進和加強理性的經驗性應用，而在這方面絕不與經驗性應用的規律有絲毫的牴觸。

但是，理性除了給予自己的理念以一個對象之外，不能以別的方式思維這種系統的統一性；但這個對象卻不能透過任何經驗被給予，因爲經驗永遠不給予一個完美的系統統一性的實例。這個理性存在者（ens rationis ratiocinatae〔推論出來的理性的存在者〕）雖然是一個純然的理念，因而並不絕對地、就自身而言被假定爲某種現實的東西，而是僅僅或然地被當做基礎（因爲我們不能透過任何知性概念達到它），以便如此看待感官世界種種事物的一切聯結，就好像它們在這個理性存在者裡面有其根據似的，但卻僅僅是爲了在此之上建立系統的統一性，這種統一性對於理性來說是不可或缺的，雖以所有的方式促進經驗性的知性知

B709

識，卻絕不能妨礙這種知識。

如果有人把這個理念視爲主張、哪怕僅僅是預設一個現實的事物，想把系統的世界狀態的根據歸之於該事物，那就立刻誤解了這個理念的意義；毋寧說，系統的世界狀態的這個避開我們概念的根據就自身而言具有什麼樣的性狀，人們是讓它懸而未決的，而且僅僅爲自己把一個理念設定爲觀測點，唯有從這觀測點出發，人們才能展開那個對於理性來說如此根本的、對於知性來說如此有利的統一性；一言以蔽之：這個先驗的事物純然是那個範導性原則的一個圖型，理性透過它盡其所能地把系統的統一性擴展到一切經驗。

我自己，純然作爲能思維的本性（靈魂）來看，就是這樣一個理念的第一個客體。如果我想尋找一個能思維的存在者自身以之實存的屬性，我就必須審問經驗，我甚至不能把所有範疇中的任何一個運用於這個對象，除非在範疇的圖型在感性直觀中被給予的情況下。但我絕不因此就達到內感官的一切顯象的一種系統的統一性。因此，理性採用一切思維的經驗性統一的概念來取代不能引導我們走遠的經驗概念（關於靈魂實際上是什麼的概念），並透過把這種統一思維成爲無條件的和原始的，來用這個概念形成關於一個單純的實體的理性概念（理念），這個實體就自身而言是不變的（人格上同一的），與它之外的其他事物處於共聯性之中；一言以蔽之：關於一個單純的、獨立的理智的理性概念。但在這裡，它所關注的無非是說明靈魂的顯象時的系統統一性的原則，即把一切規定視爲在一個唯一的主體之中的，把一切力量盡可能地視爲從一個唯一的基本力量派生的，把一切變遷視爲屬於同一個持久的存在者的各種狀態的，並且把空間中的一切顯象表現爲完全有別於思維的行動的。實體的那種單純性等等應當只是這種範導性原則的圖型，不是被預設得好像它是靈魂屬性的現實根據似的。因爲這些靈魂屬性也可以依據完全不同的根據，這種根據我們根本不認識，就像我們眞正說來也不能透過這些假定的謂詞就自身而言認識靈魂一樣，儘管我們想讓它們對靈魂絕對有效；因爲它們構成一個純然的理念，這個理念是根本不能具體地表現的。從這樣一個心理學的理念中，只要人們小心不要讓人把它視爲某種多於純然的理念，亦即僅僅相對於我們靈魂的顯象方面系統的理性應用的東西，能夠產生的就只有好處。因爲在這裡，沒有完全屬於另類的有形顯象的經驗性規律混雜進對僅僅屬於內感官的東西的解釋；這裡不允許有關於靈魂的產生、毀滅和輪回等等的虛妄假說；因此，對內感官的這一對象的考察是完全純粹地、不混雜異類屬性地進行的，此外，理性的研究集中在盡可能地把這一主體中的解釋根據引導到一個唯一的原則之上；凡此種種，都是透過這樣一個圖型——它好像是一個實在的存在者似的——極佳地、甚至獨一無二地實現的。除了一個範導性的概念的圖型之外，這個心理學的理念也不能意味著任何別的東西。因爲如果我也只是想問，靈魂是否就自身而言具有精神的本性，那麼，這個問題就根本沒有意義。因爲透過這樣一個概念，我不僅去除了有形的本性，而且也完全去除了一切本性，也就是說，去除了任何一個可能經驗的一切謂詞，從而去除了爲這樣一個概念設想一個對象的一切條件，但畢竟唯有給它設想一個概念，才使得人們說它有一種意義。

B711 B712

純然思辨理性的第二個範導性理念是一般的世界概念。因爲自然眞正說來只不過是唯一被給予的使理性需要範導性原則的客體罷了。這個自然是雙重的：要麼是能思維的自然、要麼是有形體的自然。然而對於後者來說，要根據其內在的可能性來思維它，也就是說，要規定範疇在它上面的應用，我們並不需要任何理念，亦即不需要任何超越經驗的表象；就它來說，也沒有任何理念是可能的，因爲在這裡只以感性直觀爲指導，而不像在心理學的基本概念（自我）中那樣，後者先天地包含著思維的某種形式，亦即思維的統一性。因此，對於純粹的理性來說，給我們剩下來的無非是一般而言的自然和自然中符合某一個原則的條件的完備性。這些條件的序列在推導它的各環節方面的絕對完備性是一個理念，這個理念雖然在理性的經驗性應用中永遠不能完全實現，但畢竟被用做我們就這一序列而言應當如何行事的規則，也就是說，在解釋被給予的顯象時（在回溯或者上溯中）應當如此行事，就好像序列自身是無限的亦即 in indefinitum〔不限定的〕似的；但是，在理性本身被視爲進行規定的原因的地方（在自由中），因而就實踐原則而言，則要如此行事，就好像我們面臨的不是感官的客體，而是純粹知性的客體似的；在這裡，條件不能再被設定在顯象的序列中，而是被設定在該序列之外，而各種狀態的序列就好像可以被看做絕對地（透過一個理知的原因）開始似的；凡此種種都證明，宇宙論的理念無非是範導性的原則罷了，並且遠遠不是彷彿建構性地設定這樣一些序列的一個現實的總體性。其餘的東西人們可以參見純粹理性的二論背反之下的相關部分。

B713

純粹理性的第三個理念包含著對一個存在者——作爲一切宇宙論序列的唯一的和極爲充足的原因——的一種純然相對的假定，它是關於上帝的理性概念。我們沒有絲毫的根據來絕對地假定（就自身而言假定）這一理念的對象；因爲如果沒有一個世界，唯有與它相關這一假定才能是必然的，還有什麼使我們能夠或者哪怕僅僅使我們有權利相信或主張一個存在者具有最高的完善性、而且在其本性上是絕對必然的呢？而在這裡清楚地表現出，這樣一個存在者的理念，與所有其他思辨理念一樣，所想說的無非是：理性要求按照一個系統的統一性的原則來看待世界的一切聯結，因而就好像它們全都產生自作爲至上的和極爲充足的原因的一個唯一的、無所不包的存在者似的。由此可見，理性在這裡引以爲意圖的，只能是它自己在擴展它的經驗性應用時的形式規則，而絕不是一種超越經驗性應用的一切界限的擴展，所以，在這一理念之下沒有隱藏著任何其針對可能經驗的應用的建構性原則。 B714

僅僅依據理性概念的那種最高的形式統一性，是事物的合目的的統一性，而且理性的思辨旨趣使得有必要如此看待世界上的一切安排，就好像它出自一個至高無上的理性的意圖似的。也就是說，這樣一個原則爲我們被運用於經驗領域的理性打開了全新的視域，即按照目的論的規律來聯結世界的種種事物，並由此達到事物最大的系統統一性。因此，一個至上的理智是世界整體的獨一無二的原因這一預設——當然僅僅在理念中——在任何時候都 B715

對理性有用，而永遠不會有損。因爲如果我們就地球的形狀（圓而有點扁平的形狀①）、山脈和海洋的形狀而言預先假定純屬一個創造者的智慧意圖，那麼，我們沿著這條道路就能夠得出大量的發現。只要我們停留在這個作爲一條純然範導性的原則的預設上，那麼，即便是失誤也無損於我們。因爲能夠由此產生的事情充其量也不過是，在我們期望一種目的論的聯繫（nexus finalis〔目的的聯繫〕）的地方，只發現一種機械的或者物理的聯繫（nexus effectivus〔效果的聯繫〕），由此我們在這樣一種情況下只是沒有多發現一種統一性，但並沒有損害理性在其經驗性應用中的統一性。但即便是這種橫阻也不能在普遍的和目的論的方面影響規律本身。因爲儘管一個解剖學家在把一個動物軀體的某一肢體與一個目的聯繫起來，而人們能夠清楚地指出從中不能得出這個目的的時，能夠被證明犯了一個錯誤，但是，畢竟也完全不可能在一個實例中證明一種自然安排——無論它是什麼樣的自然安排——完全沒有任何目的。因此，就連（醫生們的）生理學也透過僅僅由純粹理性提供的原理來如此擴展

① 地球的球狀帶來的好處是盡人皆知的；但卻很少有人知道，唯有它作爲回轉橢球的扁率才防止了下面這種情況，即如果地球在赤道上的隆起不是一座如此巨大的山脈，任何其他山脈的推動都絕不能顯著地改變它相對於地軸的位置的話，那麼，陸地的凸起，或者也許還有由地震堆砌的較小的山，就將不斷地並且在不太長的時間裡就可觀地移動地球的軸。而人們畢竟是毫不遲疑地從地球過去液態團塊的均衡來解釋這一智慧的安排的。——康德自注

它關於一個有機物體的結構的目的那十分有限的經驗性知識，以至於人們在這裡毫無顧忌地假定，動物身上的一切都有其用途和適當的意圖，這種假定獲得了一切明智之士的贊同；這種預設如果應當是建構性的，就遠遠地超過了迄今的觀察所能夠給予我們的權利；由此可以看出，它無非是理性的一條範導性的原則，爲的是憑藉至上世界原因的合目的的因果性的理念，就好像這個世界原因作爲最高的理智按照最智慧的意圖是一切事物的原因似的，來達到最高的系統統一性。

但是，如果我們忽視對理念的這種限制，即限制在純然的範導性應用上，那麼，理性就被以如此多種多樣的方式導入歧途了，因爲在這種情況下，它就離開了畢竟必然包含著它的行程標誌的經驗基地，冒險越過它走向不可理解不可探究的東西，在此高度上它必然頭腦暈眩，因爲它從這種東西的觀測點出發，發現自己被完全斷絕了一切與經驗一致的應用。

由人們不僅範導性地、而且（這是與一個理念的本性相悖的）建構性地使用一個最高的存在者的理念所產生的第一個錯誤就是怠惰的理性（ignava ratio）②。任何原理，使得人們

② 古代辯證法家就是這樣稱謂一種錯誤推論的，這種錯誤推論如下：如果你命中註定從這場病中痊癒，那麼，無論你是否就醫，你都將痊癒。西塞羅（Cicero）說道，這種推論方式之所以獲得這一名稱，乃是因爲如果人們遵照它，在人生中就根本沒有給理性剩下任何應用了。就是出自這一原因，我用這同一個名稱來命名純粹理性的這一詭辯論證。——康德自注

把自己的自然研究——無論在什麼地方——視爲已絕對完成，因而理性開始歇息，就好像它已經完全成就了自己的工作似的，人們都可以這樣稱謂它。因此，即便是心理學的理念，如果它被當做一個建構性的原則用於解釋我們的靈魂的顯象，此後被用於把我們對這個主體的知識擴展到一切經驗之外（擴展到其死後的狀態），就雖然使理性感到很愜意，卻也完全敗壞和毀滅了理性根據經驗的指導所做的一切自然應用。獨斷的唯靈論者就是這樣從他相信在自我中直接知覺到的能思維的實體的統一性出發來解釋歷經各種狀態的一切變遷而常駐不變的人格統一性，從我們思維主體的非物質本性的意識出發來解釋我們對於在我們死後才應當發生的事情的旨趣，等等，擺脫了從物理的解釋根據出發對我們的這些內在顯象的原因的一切自然研究，因爲他彷佛是透過一種超驗理性的命令爲了自己的安逸而忽視經驗的內在知識源泉，但卻是損害了一切洞識。這種有害的後果在我們關於一個最高理智和錯誤地建立在這種理智之上的神學自然體系（自然神學）的理念的獨斷論那裡更爲清晰地映入眼簾。因爲在這裡，所有在自然中顯露出來的、經常只是由我們本身爲此製造的目的被用來使我們在對自然的研究中輕鬆愜意，也就是說，不是在物質的機械性的普遍規律中去尋找原因，而是直截了當地訴諸最高智慧的無法探究的意旨，並且在擺脫理性的應用的情況下，把理性的努力視爲已經完成了的；其實，除了在自然的秩序和變化的序列根據其內在的和普遍的規律爲我們提供一根導線的地方之外，理性的應用在任何地方都找不到一根導線。如果我們不僅從目的的觀點出發考察一些自然的部分，例如陸地的分布及其結構、山脈的性狀及其位置，或者哪怕是植物王國和動物王國裡的有機組織，而且還與一個最高理智相關使自然的這種系統的統一性成爲完全普遍的，這種錯誤就可以避免。因爲在這種情況下，我們是按照普遍的自然規律以一種合目的性爲基礎，沒有特殊的安排是這些規律的例外，而是或多或少可認識地由它們爲我們標識出來；我們有一種目的論聯結的系統統一性的範導性原則，但我們並不事先規定這種聯結，而只可以在對這種聯結的期待中按照普遍的規律追尋自然機械論的聯結。因爲只有這樣，合目的的統一性的原則才在任何時候都擴展經驗方面的理性應用，而不是在某一種情況下損害它。 B720

由對上述系統統一性的原則的誤解而產生的第二個錯誤，是顛倒了的理性（perversa ratio，υστερον προτερον rationis）的錯誤。系統統一性的理念應當只被用來作爲範導性的原則在事物的結合中按照普遍的自然規律來尋找這種統一性，並且在沿著經驗性的道路能夠發現某種東西的程度上，也相信人們接近了其應用的完備性，儘管人們永遠達不到這種完備性。人們不是這樣，而是把事情顛倒過來，並且從把合目的的統一性的原則的現實性當做實體性的而奠定爲基礎，即把這樣一個最高理智的概念奠定爲基礎開始，因爲這個概念就自身而言是完全不可探究的，是以神人同形同性論的方式規定的，並且強橫專擅地把種種目的強加給自然，而不是合理地沿著物理學研究的道路尋找它們，以至於不僅本來只應當被用於按照普遍的規律補充自然統一性的目的論如今毋寧說導致取消這種統一性，而且理性也爲此損失了自己的目的，即按照這條原則從自然出發證明這樣一個理智的至上原因的存在。因爲 B721

如果人們不能在自然中先天地預設最高的合目的性，即預設它屬於自然的本質，那麼，又想怎樣要求人們去尋找它，並沿著它的階梯接近作爲一種必然的、從而可以先天地認識的完善性的一個創造者的最高完善性呢？範導性原則要求絕對地預設作爲不僅經驗性地被認識、而且先天地——儘管還不確定地——被預設的自然統一性的系統統一性，因而是預設爲出自事物的本質的。但是，如果我事先以一個最高的進行安排的存在者作爲基礎，那麼，自然統一性實際上就被取消了。因爲它對於事物的本性來說是完全異己的和偶然的，也不能從事物的普遍規律出發來認識。因此就產生了一種錯誤的循環論證，因爲人們預設了本來應當證明的東西。

把自然的系統統一性的範導性原則當做一個建構性的原則，並且實體性地把僅僅在理念中被奠定爲理性的一致應用之基礎的東西預設爲原因，這就叫做使理性混亂。自然的研究僅僅遵循自然原因的鏈環按照自然原因的普遍規律走自己的路，儘管按照創造者的理念，但卻不是爲了從創造者推導出它到處追查的合目的性，而是爲了從這種在自然事物的本質中、可能的話也在一切事物的本質中尋找的合目的性出發，從而把創造者的存在認識爲絕對必然的。無論這後一件事是否能夠成功，這個理念始終是正確的，而且它的應用只要被限制在一個純然範導性的原則的條件上，也就同樣是正確的。

完全的合目的的統一性就是完善性（絕對地來看）。如果我們不是在構成經驗亦即我們一切客觀有效知識的整個對象的事物之本質中，從而不是在普遍的和必然的自然規律中找到

B722

它，那麼，我們還想怎樣由此恰恰推論到一個作爲一切因果性之起源的元始存在者的最高的、絕對必然的完善性的理念呢？最大的系統統一性，因而也是合目的的統一性，是人類理性的最大應用的學校，甚至是它的可能性的基礎。因此，這種統一性的理念是與我們理性的本質不可分離地結合在一起的。故而，恰恰這一個理念，對我們來說是立法的，於是，假定一個與它相應的立法的理性（intellectus archetypus〔作爲原型的理智〕），把它作爲我們理性的對象，從它能夠推導出自然的一切系統的統一性，就是十分自然的了。

我們藉討論純粹理性的二論背反之機已經說過：純粹理性所提出的一切問題都必須是絕對可回答的，而且在這裡不能允許以我們知識的局限爲藉口（這種藉口在許多自然問題中是既不可避免又合情合理的），因爲在這裡，給我們提出的並不是關於事物本性的問題，而是僅僅由理性的本性提出並且僅僅關於理性的內部結構的問題。現在，我們能夠就純粹理性最爲關切的兩個問題來證實這種乍看頗爲魯莽的主張，並由此全部完成我們對純粹理性的辯證法的考察。

B723 第一，如果有人問道（就一種先驗神學而言③）：是否存在著某種與世界有別的東西按

③ 前面關於心理學理念及其作爲純然範導性的理性應用之原則的本眞規定所說過的東西，使我無須再詳盡地討論實體性地表現內感官的一切雜多性的那種系統統一性所依據的先驗幻覺了。這方面的行事方式與神學理想方面的批判所遵循的行事方式十分類似。——康德自注

照普遍的規律包含著世界秩序及其聯繫的根據，那麼回答就是：毫無疑問。因爲世界是一個 B724
顯象的大全，所以它必定是顯象的一個先驗的、僅僅對純粹知性來說可思的根據。第二，如
果問題是：這個存在者是否是實體，是否具有最大的實在性，是否是必然的，等等，那麼我
的回答是：這個問題根本沒有意義。因爲我試圖關於這樣一個對象形成一個概念所憑藉的一
切範疇，除了經驗性的應用之外都別無用途，而且在它們不是被運用於可能經驗的客體，即
不是被運用於感官世界時，就根本沒有意義。除了這個領域之外，它們只是人們所承認的概
念的名稱，但人們由此也不能理解任何東西。最後第三，如果問題是：我們是否可以至少按
照與經驗對象的一種類比來思維這個與世界有別的存在者，那麼回答是：當然，但只是作爲
理念中的對象，而不是實在性中的對象，也就是說，只是就它是世界安排的系統統一性、秩 B725
序和合目的性——理性必須把這些東西作爲其自然研究的範導性原則——的一個不爲我們所
知的基底而言的。不僅如此，我們還可以在這一理念中毫不畏懼地、無可指責地允許某些有
益於上述範導性原則的神人同形同性論。因爲它始終只是一個理念，這個理念根本不直接與
一個和世界有別的存在者相關，而是與世界的系統統一性的範導性原則相關，但唯有憑藉這
種統一性的一個圖型，即一個至上的理智，它按照智慧的意圖而是世界的創造者。由此而被
思維的，應當不是世界統一性的這個始基就自身而言是什麼，而是我們應當如何相對於理性
在世界事物方面的系統應用來利用這個始基，或者毋寧說利用它的理念。

但以這樣的方式，我們就能夠（如果有人繼續追問的話）假定一個唯一的、智慧的和

萬能的世界創造者了嗎？毫無疑問，不僅僅是如此，而是我們必須假定這樣一個世界創造者。但在這種情況下，我們就把自己的知識擴展到可能經驗的領域之外了嗎？絕對沒有。因爲我們只是預設了一個某物，關於它就自身而言是什麼（一個純然先驗的對象），我們根本 B726 沒有任何概念；但是，在與我們研究自然時必須預設的世界大廈的系統的、合目的的秩序的關係中，我們只是按照與一個理智（一個經驗性的概念）的類比來思維那個不爲我們所知的存在者，也就是說，就以那個存在者爲根據的種種目的和完善性而言，恰恰把按照我們理性的條件能夠包含著這樣一種系統統一性的根據的那些屬性賦予它。因此，這個理念相對於我們理性的世界應用而言是完全有根有據的。但如果我們想賦予它絕對客觀的有效性，則我們就會忘記我們所思維的僅僅是一個理念中的存在者；而由於我們在這種情況下是從一個根本不能透過世界考察來規定的根據開始的，我們就會由此不能與經驗性的理性應用相適合地運用這一原則。

但（如果有人進一步追問）以這樣的方式，我可以在理性的世界考察中運用一個最高的存在者的概念和預設嗎？可以，眞正說來這個理念也是爲此而被理性奠定爲基礎的。然而，我可以透過從神的意志——儘管憑藉的是特別爲此在世界中建立在神的意志之上的結 B727 構——中推導出種種類似目的的安排，來把它們視爲意圖嗎？是的，你們也可以這樣做，但要使得無論有人說神的智慧把一切都這樣安排成自己的至上目的，還是說最高智慧的理念就是自然研究中的範導，而且即便在我們不能發覺神的智慧的地方，也仍然是依據普遍自然規律的系統的和合目的的統一性的原則，對你們來說必須是效用相同的；也就是說，在你們發覺這種統一性的地方，是說上帝睿智地要它如此，還是說自然睿智地如此安排它，都完全是一回事。因爲你們的理性要求當做範導性原則奠定爲一切自然研究的基礎的這種最大的、系統的和合目的的統一性，正是使你們有權利把一個最高的理智作爲範導性原則的一個圖型而奠定爲基礎的東西；而你們按照這條原則在世界中發現有多少合目的性，你們也就在多大程度上證實了你們的理念的合法性；但是，既然上述原則的意圖無非是尋找必然的和最大可能的自然統一性，所以雖然就我們達到自然統一性而言，我們應當歸功於一個最高存在者的理念，但要不陷入自相矛盾，卻不能忽視自然的普遍規律（這一理念被奠定爲基礎，其意圖僅在於這些普遍規律），以至於把自然的合目的性在其根源上視爲偶然的和超自然的，因爲我們沒有權利在自然之上假定一個具有上述屬性的存在者，而是只能以這個存在者的理念爲基礎，以便按照一種因果規定的類比把種種顯象視爲系統的和彼此聯結的。

正因爲此，我們也有權利在理念中並不僅僅按照一種微妙的神人同形同性論（沒有這種神人同形同性論，對於那個存在者就根本不能思維任何東西）來思維世界原因，也就是說，把它思維成爲一個具有知性、喜悅和反感，以及與此相符合的欲望和意志的存在者等等，而且把無限的完善性歸於這個存在者，所以這種完善性遠遠超過了我們透過對世界秩序的經驗性認識能夠有權利達到的那種完善性。系統統一性的範導性規律希望我們應當如此研究自然，就好像雖有最大可能的雜多性，卻到處都會無限地發現系統的和合目的的統一性似的。因爲雖然我們將只是略微發現或者達到這種世界的完善性，但我們理性的立法畢竟需要到處尋找和猜測這種完善性；按照這一原則著手自然考察，必定在任何時候都對我們有好處，而絕不可能有害處。根據被奠定爲基礎的一個最高的創造者的理念的這種表象，顯而易見的是：我奠定爲基礎的不是這樣一個存在者的存在和知識，而僅僅是它的理念，因而眞正說來也沒有從這個存在者推導出任何東西，而是僅僅從它的理念，也就是說按照這樣一個理念從世界的種種事物的本性推導出某種東西。對我們這一理性概念的眞正應用的某種——儘管不發達的——意識看起來已經誘發了一切時代的哲學家們謙遜而且合理的語言，因爲他們談到自然的智慧和籌謀與談到神的智慧的時候，是把它們當做同等涵義來表述的，只要涉及的是思辨的理性，他們偏重於採用第一種表述，因爲它抑制了一種比我們有權作出的更大的主張的僭妄，並同時使我們的理性返回到它自己獨有的領域，即返回到自然。

B729

所以，一開始似乎僅僅向我們許諾把知識擴展到經驗的一切界限之外的純粹理性，如果我們正確地理解它，所包含的就無非是範導性的原則，這些原則雖然規定了比經驗性的知性應用所能達到的更大的統一性，但正由於它們把知性接近的目標推得如此之遠，而透過系統的統一性使知性與自身的一致達到最高的程度，但如果人們誤解了它們，把它們視爲超驗知識的建構性原則，就透過一種雖然燦爛奪目但卻騙人的幻相而造成臆信和自負的知識，但由此也造成永恆的矛盾和爭執。

B730

※　※　※

是以一切人類知識都從直觀開始，由此進至概念，而結束於理念。儘管它們就這三種要素而言都有先天的知識源泉，這些知識源泉乍看似乎蔑視一切經驗的界限，但畢竟一種完滿的批判堅信，一切理性在思辨的應用中都永遠不能以這些要素超越可能經驗的領域，這種至上的知識能力的眞正使命就是：使用一切方法及其原理，僅僅是爲了按照所有可能的統一性原則——其中目的的統一性是最重要的統一性——來探究自然，直至其最內在的東西，但永遠也不飛越自然的界限，對於我們來說，在這界限之外無非是空的空間。儘管在先驗分析論中，對一切可能把我們的知識擴展到現實經驗之外的命題所作的研究已經使人相信，它們永遠不能導致多於一種可能經驗的某種東西；而且如果人們甚至並不對最清晰的、抽象的、普遍的學說也心存懷疑，如果不是一些誘人的、表面上的景色引誘我們擺脫這些學說的強制，我們當然就能夠避開質詢一種超驗理性爲了自己的僭妄請出的所有辯證證人的辛勞；因爲我們事先就已經完全確信地知道，超驗理性的一切行爲雖然也許是意在眞誠，但卻必定是絕對沒有價值的，因爲它們所關涉的是一種沒有一個人在某個時候能夠獲得的知識。然而，由於如果人們不深入到甚至最有理性之士都被蒙騙的幻相的眞正原因背後，這種言說畢竟將無休無止，而且把我們的一切超驗知識分解成其要素（作爲對我們的內在本性的研究）就自身而言亦價值不菲，而對於哲學家來說甚至就是義務，所以，詳細地將思辨理性的

B731

這整個雖然空洞的研究一直追索到它的最初的源泉，就不僅是必要的，而且既然辯證的幻相在這裡不僅在判斷上是騙人的，而且還由於人們在這裡對判斷的旨趣而是誘惑人的、在任何時候都是自然的，並將永遠保持如此，所以爲了防止未來出現類似的失誤，有必要彷彿是詳盡地撰寫這一訟案的卷宗，並將之存放在人類理性的檔案館中。

B732

第二部　先驗方法論

B735 如果我把純粹的和思辨的理性的一切知識的總和視爲我們至少在自己心中已有其理念的一座建築，那麼我就可以說：我們在先驗要素論中已經估算了建築材料，並且規定了它們夠建造一座什麼樣的建築，夠建造多高和多麼堅固。當然可以發現，儘管我們打算建造的是一座參天的高塔，但材料的儲備卻畢竟只夠一座住宅，其寬敞恰恰夠我們在經驗的層面上的工作需要，其高度恰恰夠俯瞰這些工作；但是，那個大膽的計畫就由於缺乏材料而不得不擱淺了，更不用說語言的混亂必然不可避免地使工人們對計畫產生分歧，而分散到世界各地，各自按照自己的設計專門爲自己營造了。現在，我們所討論的不是材料，而毋寧說是計畫，而且由於我們受到過警告，不得以一種也許會超出我們全部能力的任意的、盲目的計畫而冒險從事，但儘管如此卻不能放棄建造一座堅固的住宅，所以就要設計一座與被給予我們、同時又適合我們的需求的材料儲備相稱的建築。

因此，我把先驗的方法論理解爲對一個完備的純粹理性體系的形式條件的規定。我們懷
B736 著這一意圖將探討純粹理性的訓練、法規、建築術，最後還有其歷史，而在先驗方面提供就一般知性應用而言以實用邏輯的名稱在各個學派中尋找過、但卻少有成就的東西，因爲既然普遍的邏輯並不局限於知性知識的任何特殊的方式（例如不局限於純粹的知性知識），不局限於某些對象，所以它不從別的科學借取知識，除了提出可能方法的名稱和人們在一切科學中的體系性的東西方面所使用的，使初學者事先熟悉一些名稱、其意義和應用應當將來才學習的專業表述之外，就不能再做任何事情了。

第一篇

純粹理性的訓練

不僅在形式上、而且在內容上都是否定的判斷，鑒於人們的求知欲而不受特別重視；人們乾脆把它們看做是我們不斷追求擴展的知識欲的嫉妒心強的敵人，哪怕是要爲它們贏得寬容，也差不多需要作一番辯護，更不用說爲它們贏得好感和尊重了。

B737

人們儘管可以在邏輯上隨意否定地表達一切命題，但就我們一般知識的內容而言，無論知識是透過一個判斷得到擴展還是受到限制，否定的命題的特有任務卻僅僅是阻止錯誤。因此，應當阻止一種錯誤認識的否定命題，在畢竟永遠沒有錯誤可能的地方，雖然是十分正確的，但卻畢竟沒有意義，也就是說，根本不適合它的內容，也正因爲此而是可笑的；例如那個學院演說家的命題：亞歷山大（Alexander）如果沒有軍隊就不能征服各國。

但是，在我們的可能知識的限制十分狹窄、作出判斷的誘惑十分強烈、呈現出來的幻相十分騙人、而從錯誤產生的害處又十分顯著的地方，僅僅被用來保護我們避免錯誤的傳授，其範導就比我們的知識由以能夠獲得增長的一些積極教導更爲重要。人們把用來限制、最終根除偏離某些規則的經常傾向的那種強制稱爲訓練。訓練有別於教化，教化應當只造成一種技能，並不去除另一種已經存在的相反技能。因此，對於一種已經獨自具有表現的衝動的才能的形成來說，訓練所作出的是一種消極的貢獻①，而教化和學說所作出的則是一

B738

① 我清楚地知道，人們在學院用語中習慣於在同等涵義上使用訓練這個名稱和傳授這個名稱。然而與此相反，

種積極的貢獻。

每一個人都很容易承認，樂於允許自己有一種自由而不受限制的行動的氣質以及才能（例如想像力和機智）在許多方面都需要一種訓練。但是，眞正說來負責給其他一切努力規定訓練的理性，自身卻還需要這樣一種訓練，就確實顯得令人驚奇了；而在事實上，它之所以迄今一直免受這樣一種屈辱，正是因爲它現身時的那種莊嚴和周密的樣子，使得沒有人會輕易懷疑它竟然輕率地用想像代替概念，用語詞代替事物。

理性在經驗性的應用中無須批判，因爲它的原理在經驗的試金石上經受著一種連續的檢驗；此外在數學中也無須批判，在數學中它的概念必須在純直觀上立刻具體地表現出來，而任何沒有根據的和任意的東西都由此而馬上顯露無遺。但是，在既無經驗性的直觀又無純粹的直觀將理性保持在一個可見的軌道之內的地方，也就是說，在純然根據概念的先驗應用中，它就十分需要一種訓練來約束它那把自己擴展到可能經驗的狹窄界限之外的傾向，並阻止它放縱和失誤了，甚至純粹理性的全部哲學都是僅僅與這種否定的效用相關的。個別的誤

在其他許多場合，前一個表述作爲管教被愼重地與作爲教導的後一個表述區別開來，而事物的本性也要求對於這種區別來說保留唯一合適的表述，所以我希望，人們絕不允許在別的意義上使用訓練這個詞，而僅僅在否定的意義上使用它。——康德自注

入歧途可以透過審查來清除，其原因可以透過批判來清除。但是，例如在純粹理性中，在遇到欺騙和幻象相互聯結並在共同的原則下統一成爲一個完整的體系的地方，就顯得需要一種獨特的——儘管是否定性的——立法，來以訓練的名義從理性及其純粹應用的對象的本性出發，建立一個審慎和自我檢驗的體系；面對這個體系，任何錯誤的玄想幻相都無法存身，而是不管有什麼理由來掩飾它，都立刻暴露出來。

但應當注意的是：我在先驗批判的這第二個部分中，並不是把純粹理性的訓練集中於出自純粹理性的知識的內容，而是僅僅集中於其方法。前者在要素說中已經從事過了。但是，理性應用不管它被運用於什麼對象，都有如此之多的相似之處，而就它應當是先驗的而言，卻畢竟同時與所有其他的應用有如此根本的區別，以至於沒有一種特別爲此提出的訓練的告誡性範導學說，就無法避免那些肯定必然地從不適當地遵循這樣一些雖然通常適合理性、但在這裡卻不適合的方法而產生的錯誤。

第一章　純粹理性在獨斷應用中的訓練

數學提供了一種無須經驗的幫助就自行成功地擴展自己的純粹理性的光輝實例。實例是能傳染的，尤其是對於那種在一個場合享有了成功就自然而然地自誇在其他場合也有同樣的成功的能力來說。因此，純粹理性在先驗的應用中希望像在數學的應用中成功那樣，同樣順利地和縝密地擴展自己，尤其是當它在先驗的應用中運用在數學的應用中有如此明顯的效用的方法的時候。因此，我們非常重視的是知道：達到不容置疑的確定性的方法——在後一門科學中被稱爲數學的——與人們在哲學中尋找同一種確定性所使用的方法是否是一回事；而這種方法在哲學中必須被稱爲**獨斷的**。

哲學的知識是出自概念的理性知識，而數學的知識則是出自概念之**構造**的理性知識。但是，**構造**一個概念，也就是先天地展示與該概念相應的直觀。因此，一個概念的構造需要一種非經驗性的直觀，這種直觀因此之故作爲直觀是一個**單個**的客體，但儘管如此作爲一個概念（一個普遍的表象）的構造卻必須在表象中表達對屬於同一個概念的一切可能直觀的普遍有效性。例如我構造一個三角形，我或者透過純然的想像在純直觀中表現與這個概念相應的對象，或者在想像之後也在紙上、在經驗性的直觀中表現它，但兩次都是完全先天地表現，無須從某一個經驗借來它的範型。個別畫出的圖形是經驗性的，但儘管如此卻被用來表達概念而無損於它的普遍性，因爲在這種經驗性的直觀中，所關注的始終只是構造概念的行動，而對這個概念來說，諸如量、各邊和各角都是無所謂的，因而就抽掉了不改變三角形概念的這些差異。

B741 B742

因此，哲學的知識只是在共相中考察殊相，而數學的知識則在殊相中，甚至在個相中考察共相，儘管如此卻是先天地借助於理性考察的，以至於如同這一個相是在構造的某些普遍的條件下被規定的一樣，這一個相僅僅作爲其圖型而與之相應的概念，其對象也必須被思維成爲被普遍地規定的。

因此，這兩種理性知識的根本差別就在於這種形式，而不是依據其質料或者對象的差別。那些說哲學僅僅以質爲客體，而數學則僅僅以量爲客體，認爲由此就把哲學與數學區分開來了的人，乃是倒果爲因。數學知識只能涉及量，其原因是它的形式。因爲只有量的概念才可以構造，也就是說，先天地在直觀中表現，而質卻除了經驗性直觀之外不能在任何別的直觀中表現。因此，關於質的理性知識唯有透過概念才是可能的。除了從經驗中之外，沒有人能夠從別處得到一個與實在性的概念相應的直觀，但絕不能先天地從自身並且先於經驗性意識享有這種經驗。人們無須經驗性的幫助，僅僅按照概念就能夠直觀地形成圓錐體的形狀，但這個圓錐體的顏色卻必須是之前在這個或者那個經驗中被給予的。除了根據經驗給予我的一個實例之外，我不能以任何方式在直觀中表現一個一般原因的概念，如此等等。此外，哲學同樣討論量，就像數學也討論總體性、無限性等等一樣。數學也討論線和面作爲具有不同的質的空間的無限性，討論廣延作爲空間的一種質的連續性。但是，儘管它們在這些場合有一個共同的對象，但在哲學考察中和在數學考察中透過理性處理這個對象的方式卻畢竟是完全不同的。哲學考察僅僅依據普遍的概念，而數學考察靠純然的概念則不能做成任何事，而是立刻就奔向直觀；在直觀中它具體地考察概念，但畢竟不是經驗性地考察它，而是純然在它先天地展示的一種直觀中考察它，也就是說構造它，而且在這種直觀中，從構造的普遍條件產生的東西，也必然對被構造的概念的客體普遍地有效。 B744

人們給予一位哲學家一個三角形的概念，並且讓他按照自己的方式弄明白三角形各角之和與直角會是什麼關係。除了被圍在三條直線之中的一個圖形的概念和這個圖形有同樣三個角的概念之外，他一無所有。不管他反思這個概念多久，也不能得出任何新的東西。他可以分析直線或者一個角或者三個角的數字的概念，並使之明晰，但卻不能達到根本不包含在這些概念之中的其他屬性。不過，讓幾何學家來處理這個問題。他立即開始構造一個三角形。由於他知道兩個直角之和正等於在一直線上從一個點出發能夠引出的所有鄰角之和，所以他把自己的三角形的一條邊延長，得到兩個鄰角，等於兩個直角之和。現在，他透過引出三角形對邊的一條平行線，來分割這些角的外角，並且發現，這裡產生了一個等於一個內角的外鄰角，如此等等。他以這樣的方式透過一個推論序列，始終以直觀爲指導，就達到了對問題的完全明晰的、同時又是普遍的解決。 B745

但是，數學不僅像在幾何學中那樣構造量（quanta），而且還像在代數中那樣構造純然的量（quantitatem）。在代數中，數學完全抽掉了應當按照這樣一個量的概念所思維的對象的性狀。在這種情況下，它選擇一般的量（數字）的一切構成的某種符號，即加、減等等、開方的符號；而且在它按照各種量的不同關係也標記量的普遍概念之後，它就在直觀中按照某些普遍的規則來展示透過量產生和變化的一切運算；在一個量被另一個量所除時，它就按照除法的標記形式把二者的符號結合在一起，如此等等，並因此而借助一種象徵的構造與幾何學按照（對象本身的）一種明示的或者幾何學的構造同樣好地達到了論證的知識憑藉純然的概念所絕不能達到的結果。

兩個理性藝術家中一個按照概念來進行，另一個則按照自己先天地根據概念展示的直觀來進行，二者所處的這種不同處境的原因會是什麼呢？在上面講過先驗的基本學說之後，這一原因就水落石出了。在這裡，關鍵不在於透過對概念的純然分析而能夠產生的分析命題（在這裡哲學家毫無疑問比他的競爭者占有優勢），而是在於綜合命題，而且是應當被先天地認識的綜合命題。因爲我不應當關注我在我的三角形概念中實際上所思維的東西（這種東西無非是純然的定義）；毋寧說，我應當超越我的概念達到不包含在這個概念之中、但畢竟屬於這個概念的那些屬性。現在，除非我或者按照經驗性直觀的條件或者按照純直觀的條件來規定我的對象，否則這是不可能的。前一種行事方法只會提供一個不包含任何普遍性、更不包含必然性的經驗性命題（透過測量它的各個角），這裡所說的根本不是諸如此類的命題。而後一種行事方法則是數學的構造，而且在這裡就是幾何學的構造，借助這種構造，我在一個純直觀中，與在經驗性直觀中一樣，附加上屬於一個一般三角形的圖型、從而屬於它的概念的雜多，普遍的綜合命題當然必須是由此構造的。

因此，對三角形進行哲學思維，也就是說，對它以論證的方式進行反思，我就會徒勞無

B746

B747

功，除了達到我必須合理地由以開始的純然定義之外，不能前進一步。固然有完全從概念出發的先驗綜合，這種綜合又只有哲學家才能做到，但它所涉及的卻絕不多於一個一般的事物，即該事物的知覺在什麼條件下能夠屬於可能的經驗。然而在數學的課題中，問題根本不在於此，也根本不一般地在於實存，而是在於僅僅就對象與它們的概念相結合而言它們的種種屬性。

在上述例證中我們僅僅試圖澄清，在按照概念進行的論證的理性應用和透過構造概念進行的直觀的理性應用之間可以發現什麼樣的重大差別。如今問題自然而然地在於，使這樣一種雙重的理性應用成爲必然的那個原因是什麼，以及人們能夠根據哪些條件來辨識所發生的是第一種應用還是第二種應用。

我們的一切知識畢竟歸根結底與可能的直觀相關；因爲唯有透過直觀，一個對象才被給予。現在，一個先天概念（一個非經驗性的概念）要麼在自身中已經包含著一種純直觀，而且在這種情況下它可以被構造；要麼所包含的無非是並未先天地被給予的可能直觀的綜合，而且在這種情況下，人們固然可以透過該概念綜合地和先天地進行判斷，但卻只是論證地、按照概念進行判斷，而絕不是直觀地、透過概念的構造進行判斷。

B748

現在，在所有的直觀中，除了顯象的純然形式亦即空間和時間之外，沒有任何直觀先天地被給予；要麼作爲量的空間和時間的概念可以與它們的量（它們的形狀）同時被展示亦即構造，要麼僅僅是它們的量（同類的雜多的純然綜合）可以透過數字先天地在直觀中被展示亦即構造。但是，事物由以在空間和時間中被給予我們的顯象的質料，卻只能在知覺中、因而後天地被表象。唯一先天地表象顯象的這種經驗性內容的概念，就是一般事物的概念，而關於這種一般事物的先天綜合知識卻只能提供知覺可以後天地給予的東西之綜合的純然規則，但絕不能提供實在的對象的先天直觀，因爲這種直觀必須必然地是經驗性的。

關涉其直觀根本不能先天地被給予的一般事物的綜合命題都是先驗的。據此，先驗的命題絕不能透過概念的構成被給予，而是只能按照先天概念被給予。它們所包含的僅僅是經驗性地尋找不能先天直觀地被表現的東西（知覺）的某種綜合統一所應當遵循的規則。但是，它們不能先天地在某一個實例中展示它們的概念中的任何一個，而是只能後天地、借助按照那些綜合原理才可能的經驗來展示它們。

如果應當對一個概念作出綜合的判斷，那麼，人們就必須走出這個概念，而且達到這個概念在其中被給予的直觀。因爲如果人們停留在概念中所包含的東西上，那麼，判斷就會純然是分析的，是按照現實地包含在思想中的東西對思想的一種解釋。但是，我能夠從概念前進到與它相應的純直觀或者經驗性直觀，以便在這種直觀中具體地考慮它，並且先天地或者後天地認識屬於概念的對象的東西。前者是透過概念之構造的理性的和數學的知識，後者是純然的經驗性（機械性）知識，它絕不能給予必然的和不容置疑的命題。所以，我盡可以分析我關於黃金的經驗性概念，由此所獲得的卻無非是能夠列舉我在這個詞中實際上所思維的一切，這樣一來在我的知識中雖然發生了一種邏輯上的改進，但卻沒有獲得增長和添加。但是，我拿起以這個名稱出現的物質，從它開始著手進行知覺，這些知覺將給我提供不同的綜合的、但卻是經驗性的命題。B750 我可以構造、也就是說先天地在直觀中給出一個三角形的數學概念，並且沿著這條道路獲得一種綜合的、但卻是理性的知識。但是，如果被給予我的是一種實在性、實體性、力量等等的先驗概念，那麼，它所表示的就既不是一種經驗性的直觀，也不是純直觀，而僅僅是經驗性直觀的綜合（這種綜合因此是不能先天地被給予的）；所以，由於綜合不能先天地達到與它相應的直觀，從它也就不能產生任何作出規定的綜合命題，而是只能產生一種可能的經驗性直觀之綜合的原理。①因此，一個先驗命題乃是按照純然概念的一種綜合的理性知識，所以是論證的，因爲唯有透過它，經驗性知識的一切綜合統一才是可能的，但透過它卻不能先天地給予任何直觀。

B751 這樣，就有一種雙重的理性應用，它們雖然共有知識的普遍性及其先天的產生，但在進程中卻大異其趣，而且是因爲在一切對象由以被給予我們的顯象中有兩種成分：完全能夠先

---

①借助原因的概念，我實際上走出了一個事件（此時發生了某種事情）的經驗性概念，但是並沒有達到具體地展示原因概念的直觀，而是達到能夠按照原因概念在經驗中找到的時間條件。因此，我僅僅是按照概念行事，而不能透過概念的構造行事，因爲概念是知覺之綜合的規則，知覺並不是純直觀，因而不能先天地被給予。——康德自注

天地被給予和規定的直觀形式（空間和時間）和質料（物理的東西）或者內容，這內容意味著一個在空間和時間中被發現的、從而包含著一種存在並與感覺相應的某物。就除了經驗性地之外絕不能以確定的方式被給予的後者而言，我們不能先天地擁有任何東西，除非是種種感覺就（在一個可能的經驗中）屬於統覺的統一性而言的綜合之未被規定的概念。就前者而言，我們可以在先天直觀中規定我們的概念，因爲我們在空間和時間中憑藉齊一的綜合、透過把對象本身僅僅視爲量來爲自己創造它們。前一種應用叫做按照概念的理性應用，在這種應用中，我們所能夠做的只是把種種顯象按照實在的內容置於概念之下而已，而概念卻不能以別的方式被規定，除非是經驗性地亦即後天地（但卻是按照那些作爲一種經驗性綜合的規則的概念）被規定；後一種應用則是透過概念之構造的理性應用，在這種應用中，概念既然已經關涉到一種先天直觀，就也因此而能夠先天地、無須任何經驗性材料在純直觀中確定地被給予。對一切存在的東西（一個空間中或者時間中的事物）作出考慮，看它是否以及在多大程度上是一個量，以至於必須表象它裡面的一種存在或者闕如，看這個某物（塡充空間和時間的某物）在多大程度上是一個最初的基底或者純然的規定，其存在與作爲原因或者結果的某種別的東西有一種關係，以及最後，就存在而言是孤立的還是處在與其他事物的相互依賴之中，對這種存在的可能性、現實性和必然性或者其反面作出考慮，這一切都屬於出自概念的**理性知識**，這種知識被稱爲**哲學**的。但是，在空間中規定一種先天直觀（形狀），劃分時間（存續），或者僅僅認識時間和空間中同一事物的綜合中的共相以及由此產生的一個一般直觀的量（數字），這是透過概念之構造的理性工作，而且叫做數學的。

理性憑藉數學所取得的巨大成功，完全自然而然地造成了一種猜想，也就是說，即使不是它自身，畢竟它的方法也將在量的領域之外，透過它將自己的所有概念都付諸它先天地 B753 給予的直觀而取得成功，而且它可以說由此成爲自然的行家；而與此相反，純粹哲學卻以先天的論證概念在自然中錯誤百出，不能使這些概念的實在性成爲先天直觀的，並由此成爲可信的。對於這門藝術的大師們來說，在他們致力於此的時候，似乎根本不缺乏對自己的信心，而公眾似乎對他們的技巧也根本不缺乏極大的期望。因爲既然他們幾乎從未對他們的數學進行過哲學思維（一件困難的工作！），所以他們也根本想不到一種理性應用與另一種理性應用的特殊區別。對他們來說行之有效的不是公理，而是他們從平常理性借來的通行的、經驗性地應用的規則。他們毫不關心他們從何處得來自己所研究的空間和時間（作爲唯一原始的量）的概念；同樣，研究純粹知性概念的起源，並由此研究它們的有效性的範圍，對他們來說實爲無用之舉，他們只考慮使用這些概念。凡此種種，只要他們不逾越自己被指定的界限，即自然的界限，他們就做得完全正確。但是，他們不經意間從感性的領域陷落到純粹概念乃至先驗概念的危險地基上，這裡的地基（instabilis tellus〔不能站立的大地〕，innabilis unda〔不能游渡的水域〕）既不允許他們站立，也不允許他們游渡，只能 B754 使他們倉促就道，時間沒有留下他們絲毫的足跡；與此相反，他們在數學中的行進，卻造成了即便是最久遠的後世子孫也可以信心十足地行走的康莊大道。

既然我們把精確可靠地規定純粹理性在先驗應用中的界限作爲我們的義務，但這種追求卻自有它的特殊之處，即不顧最有力最清晰的警告，在人們完全放棄越過經驗的界限進入理智的東西的誘人領域這種企圖之前，一直讓自己被希望所拖累，所以，有必要彷彿是清除一種異想天開的希望的最後支撐，並且指出，在這種知識中遵循數學的方法不能帶來絲毫的好處，除非是更清楚地暴露這種方法的弱點：幾何學與哲學儘管在自然科學中攜手並進，但卻是兩種完全不同的事物，因而一方的行事方式不能爲另一方所模仿。

數學的縝密性依據的是定義、公理、演證。我將滿足於指出：這些東西在數學家採用它們的意義上，沒有一個能夠爲哲學所提供，也不能爲它所模仿；幾何學家按照自己的方法在哲學中所實現的無非是空中樓閣，而哲學家按照自己的方法在數學的領地則只能產生廢話，儘管哲學正是在於知道自己的界限；而且即便是數學家，如果他的才能不是已經被自然所限並局限於自己的專業，也不能拒絕接受哲學家的警告，亦不能對它漠然視之。

一、關於定義。下定義，就像這一表述本身所說明的那樣，眞正說來無非是在一個事物的界限內部原始地展示它的詳盡概念。②按照這樣一種要求，一個經驗性的概念就根本不

B755

② 詳盡性意味著特徵的清晰和充足；界限意味著精確，即特徵並不多於詳盡的概念所需；而原始地則意味著，這一界限規定不是從某處推導出來的、因而還需要一個證明，這證明會使所謂的解釋不能位於對一個對象的

能被定義，而是只能被闡釋。因爲既然我們在它那裡只有某一種感官對象的一些特徵，所以，人們在表示同一個對象的語詞下是否會有時設想它的更多的特徵，有時設想它的較少的特徵，則絕不是有把握的。 B756 例如，在**黃金**的概念中，一個人除了重量、顏色、堅韌之外還可能想到它不生鏽的屬性，而另一個人則也許對此一無所知。人們只是在某些特徵足以作出區分的時候才使用它們；與此相反，新的說明則除去它們並附加另一些特徵；因此，概念永遠不是處在確定的界限之間。而且，例如當談到水及其屬性的時候，既然人們不停留在就水這個語詞所思維的東西，而是前進到試驗，而該語詞連同依附於它的少數特徵只構成一個名稱，而不是構成事物的概念，從而所謂的定義只不過是語詞規定而已，所以，對這樣一個概念下定義，又有什麼用呢？其次，精確地說，也沒有一個先天地被給予的概念，例如實體、原因、權利、公道等等，能夠被定義。因爲除非我知道一個（尚模糊地）被給予的概念的清晰表象與對象相符，我就絕不能肯定它得到了詳盡的闡明。既然該對象的概念就其是被給予的而言可能包含著許多隱晦的表象，儘管我們在運用時總是利用這些表象，但在分析時卻忽略了它們，所以，對我的概念的分析的完備性就總是可疑的，只有透過多種多樣適切的 B757 例證才能使其**蓋然**地確定，但絕不能使其**不容置疑**地確定。我不用定義這個表述，而寧可使

所有判斷之首。——康德自注

用闡釋這個總還是謹愼的表述，而且在某位批判家那裡，定義在一定程度上得到承認，但畢竟因爲詳盡性而還受到懷疑。因此，既然無論是經驗性地被給予的概念還是先天地被給予的概念都不能定義，所以剩下來能夠讓人們試驗這種技藝的就只有任意想出的概念了。我在這樣的情況下任何時候都能夠定義我的概念；因爲既然我自己有意地形成這一概念，而且它既不是透過知性也不是透過經驗被給予我的，所以我畢竟必然知道我想思維的是什麼，但我卻不能說，我由此定義了一個眞正的對象。因爲如果概念依據的是經驗性的條件，例如舟船的時鐘，那麼，對象及其可能性就還沒有透過這個任意的概念被給予；我甚至由此不知道它是否在任何一個地方有一個對象，而我的解釋與其說是一個對象的定義，倒不如說是（我的設計的）一種表明。因此，除了包含著一種能夠被先天地構造的任意綜合的概念之外，就沒有別的概念適合於定義了，因此，只有數學才有定義。因爲數學也把自己思維的對象先天地在直觀中展示出來，而且這個對象所包含的可以肯定地既不多於也不少於概念，因爲這個對象的概念是透過解釋原始地被給予的，也就是說，無須從任何地方推導出解釋。對於闡釋、說明、表明和定義來說，德語只有解釋一詞；因此，在我們拒絕給予哲學的解釋以定義的榮譽稱號時，我們必須已經對要求的嚴格性有所放棄，並且想把這整個說明限制在：哲學的定義只是被給予的概念的闡釋，而數學的定義則是原始地形成的概念的構造，前者只是透過分解（它的完備性並不是不容置疑地確定的）而分析地實現的，後者則是綜合地實現的，因此是形成概念，而前者則相反，只是解釋概念。由此得出：

1.人們在哲學中不必像純粹爲了做試驗那樣，模仿數學把定義放在前面。因爲既然定義是對已被給予的概念的分析，所以這些概念就是先行的，儘管它們還只是混亂的，而不完備的闡釋先行於完備的闡釋，以至於我們在達到完備的闡釋亦即達到定義之前，就能夠從我們得之於一種尚不完備的分析的一些特徵中事先推論出某些東西；一言以蔽之，在哲學中定義作爲精確的明晰性必須寧可是結束工作，而不是開始工作。③與此相反，我們在數學中根本沒有先行於定義的概念，概念唯有透過定義才被給予，因此，數學必須並且能夠在任何時候都從定義開始。

2.數學的定義永遠不會犯錯誤。因爲既然概念透過定義才被給予，它所包含的就恰恰只是定義透過它所想思維的東西。但是，儘管在內容上沒有任何不正確的東西能夠出現在定義中，畢竟有時——儘管很罕見——可能在（表達的）形式上出現錯誤，也就是說在精確性

③ 哲學充斥著錯誤的定義，尤其是那些雖然確實包含著定義的要素，但卻尚不完備的定義。如果人們不等到對一個概念下了定義之後就根本不能從它開始做任何事情，那麼，一切哲學思維的境況就糟糕透頂了。但是，既然就（分析的）種種要素所及，總是可以很好且可靠地利用它們，所以有缺陷的定義，亦即眞正說來還不是定義、但除此之外卻是眞實的、從而是向定義的接近的命題，就可以得到有益的應用了。定義在數學中是 ad esse〔既定的〕，而在哲學中則是 ad melius esse〔有待改善的〕。達到定義是一樁美事，但卻常常是困難的。法學家們還在爲它們關於權利的概念尋找一個定義。——康德自注

B759

方面。例如，圓的通常解釋是說：圓是一條曲線，它的所有點都與一個唯一的點（圓心）距離相等。這個解釋的錯誤就是：曲的規定是不必加進去的。因爲必須有一條從定義推論出而且輕而易舉地就可以證明的定理：任何一條線，其所有的點都與一個唯一的點距離相等，這條線就是曲的（沒有一個部分是直的）。與此相反，分析的定義可能以許多方式犯錯誤，要麼是由於它引入了實際上並不包含在概念中的特徵，要麼是缺乏構成一個定義的根本要素的詳盡性，因爲人們並不能夠完全確定其分析的完備性。因此之故，數學在定義上的方法在哲學中是不可模仿的。

二、關於公理。公理，就其是直接確定的而言，都是先天綜合原理。現在，不能把一個概念與另一個概念綜合地而且畢竟是直接地結合起來，因爲要使我們能夠走出一個概念，就必須有第三種中介的知識。既然哲學僅僅是按照概念的理性知識，在它裡面就不能發現任何一個原理理應得到一個公理的名稱。與此相反，數學能夠有公理，因爲數學憑藉在對象的直觀中構造概念而先天地並且直接地把對象的謂詞聯結起來，例如三個點在任何時候都處在一個平面上。與此相反，一個僅僅從概念出發的原理絕不能是直接確定的，例如「凡發生的事情都有其原因」這個命題；在這裡，我必須尋覓一個第三者，也就是說，尋覓一個經驗中的時間規定的條件，而不能徑直地、直接地僅僅從概念出發來認識這樣一個原理。因此，論證的原理完全是與直觀的原理亦即公理不同的東西。前者在任何時候都還要求一種演繹，而後者則完全可以沒有演繹；而且既然後者正因爲這個理由是自明的，而這一點是哲學的原理無

B760

B761

論如何確定都永遠不能自稱的，所以，純粹的、先驗的理性的任何一個綜合命題都遠遠不能像二乘二等於四的命題那樣顯而易見（像人們習慣於固執地表述的那樣）。雖然在分析論中，我也曾在純粹知性的原理表中設想過某些直觀的公理，但那裡列舉的原理本身卻不是公理，而是被用來說明一般公理之可能性的原則，本身只不過是出自概念的原理而已。因爲甚至數學的可能性在先驗哲學中也必須予以展示。因此，哲學沒有公理，也絕不可以如此絕對地規定它的先天原理，而是必須承認透過縝密的演繹來爲它就這些先天原理而言的權限作 B762
辯護。

三、關於演證。只有一種不容置疑的證明，就其是直觀的而言，才可以叫做演證。經驗告訴我們什麼在場，但並不告訴我們它根本不能是別的樣子。因此，經驗性的證明根據並不能造成任何不容置疑的證明。但是，從（論證的知識中的）先天概念出發永遠不能產生直觀的確定性亦即自明性，哪怕判斷在其他方面是不容置疑地確定的。因此，唯有數學才包含著演證，因爲數學不是從概念，而是從概念的構造，也就是說從能夠按照概念先天地被給予的直觀中推導出自己的知識的。甚至代數透過歸約從方程式中得出眞值連同證明，其程序雖然不是幾何學的構造，但卻也畢竟是符號學的構造；在這種構造中，人們根據符號在直觀中展示概念，尤其是量的關係的概念，甚至不關注啓迪性的東西，透過把每一個推論都置於眼前而保證它們免於錯誤。與此相反，哲學的知識就必然缺乏這種優點，因爲它在任何時候都
必須抽象地（透過概念）來考察普遍的東西，而數學就能夠具體地（在單個的直觀中）、而 B763

且畢竟是透過純粹的先天表象來考慮普遍的東西，此時任何錯誤都是顯而易見的。因此，我寧可把前者稱爲口授的（論證的）證明，因爲它可以完全透過語詞（思想中的對象）來進行，而不稱它爲演證，演證如同這個術語已經說明的那樣，是在對象的直觀中進行的。

從所有這一切就可以得出：爲一種獨斷的程序所充斥、用數學的名稱和綬帶來裝飾自己，這並不適合於哲學的本性，尤其是在純粹理性的領域裡；哲學畢竟不屬於數學的行列，儘管它有一切理由希望與數學結成姊妹關係。這種結合是虛榮的僭妄，它絕不可能得逞，毋寧說必然取消哲學的意圖，即揭露一種錯認其界限的理性的幻象，並憑藉充分地澄清我們的概念來把思辨的自負引回到謙虛但又縝密的自知之明上。因此，理性在其先驗的嘗試中將不能如此信心十足地朝前看，就好像它走過的道路是如此筆直地通向目標似的，而且也不能如此大膽地指望自己作爲基礎的前提，以至於沒有必要經常回顧，並且留意在推論的進程中是否暴露出在原則中被忽視、因而使得或者進一步規定這些原理或者完全更改它們成爲必要的一些錯誤。

我把一切不容置疑的命題（無論它們是可證明的還是直接確定的）劃分爲**獨斷教理**和**學理**。一個出自概念的直接綜合的命題是**獨斷教理**，與此相反，一個透過概念之構造而來的諸如此類的命題則是**學理**。分析判斷關於對象教給我們的，眞正說來並不多於我們關於該對象所有的概念自身已經包含的對象，因爲它並不把知識擴展到主體的概念之外，而僅僅是說明這一概念。因此，這些判斷沒有理由能夠叫做獨斷教理（這個詞也許可以翻譯爲**教義**）。但是，在上述兩種先天綜合命題中，按照習慣用語，只有屬於哲學知識的命題才使用這個名稱，而人們很難把算術或者幾何學的命題稱爲獨斷教理。因此，這種用法證實了我們作出的解釋，即只有出自概念的判斷才能叫做獨斷的，而出自概念之構造的判斷則不能叫做獨斷的。

現在，整個純粹理性在其純然思辨的應用中不包含任何一個出自概念的直接綜合的判斷。因爲它就像我們已經指出的那樣，根本不能透過理念作出具有客觀有效性的綜合判斷；但透過知性概念，它雖然建立起可靠的原理，卻根本不是直接地從概念出發，而始終只是間接地透過這些概念與某種完全偶然的東西亦即與可能的經驗的關係來建立的；在這裡，它們雖然在這種經驗（某種作爲可能經驗的對象的東西）被預設時當然是不容置疑地確定的，但就其自身而言（直接地）卻根本不能被先天地認識。這樣，就沒有人能夠僅僅從這些被給予的概念縝密地看出「凡是發生的事情都有其原因」這一命題。因此，這個命題並不是獨斷教理，儘管它從另一觀點看來，也就是說從它的可能應用的唯一領域看來，亦即從經驗看來，能夠完全地並且不容置疑地得到證明。但是，它叫做原理而不叫做教理，儘管它之所以必須得到證明，乃是因爲它具有特殊的屬性，即它自己使得自己的證明根據亦即經驗成爲可能並且在進行經驗時必須始終預設它。

於是，如果在純粹理性的思辨應用中也在內容上根本沒有獨斷教理，那麼，一切獨斷的方法，無論它是借自數學家還是借自一種特別的風格，就都是不適當的。因爲它們只是掩蓋錯誤和失誤、迷惑哲學罷了，而哲學的眞正意圖則是使理性的一切步驟都處在其最明亮的光照下。儘管如此，方法永遠能夠是系統的。因爲我們的理性（在主觀上）本身是一個體系，但是在它的純粹應用中，借助純然的概念，它卻只是一個按照統一性的原理進行研究的體系而已，唯有經驗才能爲這種研究提供材料。但在這裡，關於一種先驗哲學的特有方法卻不能說什麼，因爲我們所要做的只是對我們的能力狀態的一種批判，看我們是否在任何地方都能夠進行建築，以及我們用自己擁有的材料（純粹先天概念）能夠把我們的建築物建多高。

第二章　純粹理性在其爭辯應用方面的訓練

理性在其一切行動中都必須經受批判，並且不能以任何禁令損害批判的自由而不同時損害它自身並爲自己招致一種有害的懷疑。在這裡，沒有任何東西在其用途上如此重要，沒有任何東西如此神聖，可以免除這種鐵面無私、一絲不苟的審查。甚至理性的實存所依據的就是這種自由，理性沒有獨裁的威望，相反，它的裁決在任何時候都無非是自由公民的贊同，自由公民的每一個都必須能夠言無不盡地表達他的疑慮乃至否決。

但是，儘管理性絕不能拒絕批判，但它畢竟在任何時候都沒有理由懼怕批判。不過，純粹理性在其獨斷的（不是數學的）應用中並沒有如此充分地意識到對其至上法律的最嚴格的遵循，以至於它不必羞怯地、甚至完全放棄一切僭妄的獨斷威望而出現在一個更高的、進行裁決的理性的批判性目光之前。

B767

當理性所要對付的不是法官的審查，而是其同國公民的要求，而且應當針對這些要求爲自己辯護時，情況就完全不同了。因爲既然這些要求在否定上與它在肯定上是同樣獨斷的，所以一種防免一切損害並提供一種不懼怕任何外來僭妄的合法占有權的辯護 χατ' αυθρωπον〔就人而言〕是成立的，儘管這種占有權 χατ' αληθειαν〔就眞理而言〕並不能得到充分的證明。

所謂純粹理性的爭辯應用，我把它理解爲針對對其命題的獨斷否定來爲它們作出辯護。這裡重要的不是其主張是否也許是錯誤的，而僅僅是沒有人能夠在某個時候以不容置疑的確定性（哪怕只是以較大的憑據）主張相反的東西。因爲在我們面臨一種——儘管不充足

B768

的——對它們的依法要求時，我們畢竟不是靠乞求來維護自己的占有權的，而且也完全可以確定，沒有人能夠證明這種占有權不合法。

純粹理性有一種反論，而且畢竟扮演著一切爭執的至上法庭的純粹理性竟然陷入與自身的爭執，這是件令人擔憂、令人沮喪的事情。儘管我們在上面已經面臨過它的這樣一種表面上的反論；但顯然，它所依據的是一種誤解，也就是說，人們按照通常的成見把顯象當成了物自身，然後以這種或者那種方式要求其綜合的一種絕對完備性（但這種完備性以兩種方式都是不可能的），而這是根本不能期望顯象提供的。因此，就「被給予的顯象的序列自身有一個絕對最初的開端」和「這個序列絕對地以及就自身而言沒有任何開端」這兩個命題來說，當時並不存在理性與自身的現實矛盾；原因在於：兩個命題完全可以共存，因爲就存在（作爲顯象）而言的顯象自身根本不是什麼東西，也就是說，是某種自相矛盾的東西，因而預設這樣的顯象自然而然一定會引起自相矛盾的結論。

但是，如果一方以有神論的觀點主張有一個最高的存在者，而另一方則以無神論的觀點主張沒有一個最高的存在者；或者在心理學中一方主張凡是思維的東西都具有絕對的、持久的統一性，因而有別於一切轉瞬即逝的物質統一性，而另一方則與此對立，主張靈魂不是非物質的統一性，不能當做轉瞬即逝性的例外；那麼，就不能把這樣一種誤解當做口實，並由此來調解理性的爭執。因爲在這裡，問題的對象不具有任何與它的本性相矛盾的異類的東西，知性與之打交道的是事物自身，而不是顯象。因此，如果純粹理性要站在否定一方說出某種接近一種主張的根據的東西，當然就會發現一種眞正的衝突了；因爲就對獨斷地作出肯定的人的證明根據作出批判而言，人們盡可以承認這種批判，而無須因此就放棄這些畢竟至少具有理性特殊旨趣的命題，反對者根本不能援引這一點。

關於我們純粹理性的兩個基本命題，即「有一個上帝」、「有一種來生」，一些傑出而且思慮深遠的人士（例如蘇爾策〔Sulzer〕）由於感覺到迄今爲止的證明的薄弱，而經常表達一種意見，認爲人們可以希望有朝一日還將發現一些自明的演證；雖然，這種意見我並不苟同，毋寧說我確信這永遠不會發生。因爲對於這樣一些不與經驗的對象及其內在可能性發生關係的綜合主張，理性要到哪裡去獲得根據呢？但是，永遠不會出現某一個人，能夠以最起碼的憑據主張相反的東西，更不用說獨斷地主張它了，這也是不容置疑地確定的。因爲既然他只能透過純粹理性來闡明這一點，他就必須著手證明：一個最高的存在者是不可能的，在我們裡面作爲純粹理智的思維主體是不可能的。但是，他要從哪裡獲得知識，使他有權利對超出一切可能的經驗之外的事物作出如此綜合的判斷呢？因此，我們完全可以不用擔憂某人有朝一日將證明相反的東西，因而我們也沒有必要考慮合乎學院規範的證明，而是無論如何都接受那些命題，它們與我們理性在經驗性應用中的思辨旨趣聯繫密切，此外又是把這種旨趣與實踐旨趣統一起來的唯一手段。對於論敵（這裡必須不僅僅視其爲批判者）來說，我們已準備好了我們 non liquet〔不明所以〕這句話，這必定會使他不知所措，然而我們並不拒絕他對我們反唇相譏，因爲我們始終還保留著理性的主觀準則，這種準則是論敵必

B770

B771

然缺乏的，在這種準則的保護下，我們就可以泰然自若地看待他的一切徒然的進攻。

以這樣的方式，眞正說來根本不存在純粹理性的反論。因爲這種反論的唯一戰場應當在純粹神學和心理學的領域裡去尋找；但這一領地上並沒有裝備精良、手持令人懼怕的武器的鬥士。他只能以譏諷和自誇來出現，這可以當做兒戲而一笑置之。這是一種令人慰藉的說明，可以重新鼓起理性的勇氣；因爲如果唯有理性才有資格蕩滌一切謬誤，而理性卻在自身中遭到破壞，不能希望和平與寧靜的占有，理性除此之外還想信賴什麼呢？

凡是大自然本身所安排的東西，對任何一種意圖來說都是好的。即便是毒物也被用來克制在我們自己的體液中產生的其他毒物，因而在藥品的完備蒐集（藥房）中是不可或缺的。針對純然的思辨理性的那些信念和自負的種種異議，本身是透過這種理性的本性被給予的，因此必然有其良好的使命和意圖，切不可把它們當做耳旁風。天意把一些雖然與我們的最高旨趣有聯繫的對象置放得如此之高，使得我們幾乎只能夠以一種不清晰的、連我們自己都懷疑的知覺來發現它們，由此探索的目光多受刺激而少有滿足，這是爲了什麼目的呢？就這樣一些景觀冒昧作出放肆的規定是否有用，這至少是可疑的，也許乾脆是有害的。但無論如何，而且也毫無疑問，將探究和審查的理性置於完全的自由之中，以便它能夠不受阻礙地照料自己的旨趣，是大有裨益的；無論是透過它爲自己的洞識設置限制，還是透過它擴展自己的洞識，這種旨趣都將得到促進；而每當有外來的力量干涉，指揮理性違背自己的自然進程而追求強加的意圖時，這種旨趣就會蒙受損失。

據此，且讓你們的論敵展示理性，而你們也只用理性的武器與他鬥爭。此外，無須顧忌（實踐旨趣的）好處，它根本不捲入純然思辨的爭執。在這種情況下，爭執所揭示的無非是理性的某種二論背反，而這種二論背反既然所依據的是理性的本性，也就必須得到傾聽和審查。爭執透過對理性對象的考察而在兩個方面培養理性，並透過限制它的判斷來糾正它的判斷。這裡有爭議的東西不是事情，而是語氣。因爲儘管你們必須放棄知識的語言，但你們仍保有足夠的機會來使用一種堅定的信仰在最苛刻的批判面前得到辯護的語言。B773

如果人們詢問冷靜的、天性適宜於作出平靜判斷的大衛·休謨：是什麼推動你們透過苦思冥想出來的疑慮來削弱對人們來說如此帶來慰藉和有用的信念——即人們的理性洞識足以達到一個最高存在者的主張和確定概念——的呢？他會回答說：無非是增進理性的自知之明的意圖，同時是對人們由於以理性自誇、又阻止理性坦率承認自己在審查自身時顯露給它的種種弱點而想加給理性的強制感到的某種憤懣。與此相反，如果你們詢問僅僅順從經驗性的理性應用的原理、對一切超驗的思辨不感興趣的普里斯特利（Priestley），他以什麼動機來拆毀我們靈魂的自由和不死（來生的希望在他那裡只是對復活這種奇跡的期待而已）這一切宗教的兩大柱石，而他自己則是一個虔誠的、熱心的宗教教師呢？他所能夠作出的回答無非是：理性的旨趣；由於人們想使某些對象擺脫物質自然的那些我們唯一能夠精確地認識和規定的規律，這種旨趣就會喪失。B774 普里斯特利是知道把自己背謬的主張與宗教意圖結合起來的；責罵他而使一個善意的人感到痛苦，似乎顯得不公道，因爲他一旦從自然學說的領域走出而迷失方向，就找不到路了。但是，這種惠愛必須也用於同樣善意的、就其道德品質而言無可指責的休謨，他之所以不能離開自己的抽象思辨，乃是因爲他正確地主張，抽象思辨的對象完全處於自然科學的界限之外，處於純粹理念的領域之中。

在這裡，尤其是鑒於似乎由此出發而威脅著公眾利益的危險，應當怎麼辦呢？沒有比你們因此而必須作出的那種決定更自然、更合理的了。且讓這些人去做吧；如果他們顯示出才能，如果他們顯示出深刻的新穎研究，一言以蔽之，只要他們顯示出理性，在任何時候就都是理性的勝利。如果你們採用的辦法不同於一種不受拘束的理性的辦法，如果你們高呼叛逆，像爲了救火一般召集根本不熟悉如此精微的探究的普通公眾，那麼，你們就使自己成爲笑柄了。因爲這裡所談的，根本不是其中什麼對於普通公眾來說是有益的或者有害的，而僅僅是理性在其抽掉一切旨趣的思辨中究竟能夠走多遠，以及人們是必須指望這種思辨提供某種東西，還是寧可放棄它以取得實際的東西。因此，你們不必在其中持劍格鬥，而毋寧說要在批判的安全席上平心靜氣旁觀這場爭鬥，它對於鬥士來說是艱辛的，但對於你們來說則是輕鬆愉快的，而且就一種肯定兵不血刃的結局而言，對於你們的洞識來說結果必定是大有裨益的。因爲期待理性有所啓蒙卻又事先規定它必須必然地傾向於哪一方，這是十分背謬的事情。此外，理性已經自行由理性嚴加管束，拘束在限制之內，以至於你們根本不必召集巡邏隊，以公民的抵抗來對付其令人憂慮的優勢看起來對你們有害的一方。在這種辯證法中，不存在使你們有理由憂心忡忡的勝利。

理性也非常需要這樣一場爭鬥，但願它早日進行，而且是在不受限制的社會允許下進行。因爲當爭鬥雙方學會認識令他們發生衝突的假象和成見的時候，一種成熟的批判就會早日實現，而隨著它的出現，所有這些爭鬥就必然自行終止。

在人類的本性中，存在著某種虛妄。它像一切由自然而來的東西一樣，歸根結底必然包含著一種善良目的的稟賦，也就是說，一種掩飾自己眞正的意向並賣弄某種虛假的、人們視爲善良可敬的意向的偏好。毫無疑問，人們透過這種既掩飾自己又僞裝一種對人們有利的假象的傾向不僅使自己開化，而且使自己逐漸地在某種程度上有道德，因爲沒有一個人能夠看穿彬彬有禮、正直可敬、謙和端莊的面飾，從而就在他於周圍看到的善事的自以爲眞實的例證上，爲自己找到一個從善的學校。然而，這種僞裝得比人們更好、表現出人們不具備的意向的稟賦，只是彷彿臨時性地用來使人脫離野蠻狀態，首先使人至少接受他所知道的善良風格；因爲在此之後，在眞正的原理已經發展，並且成爲思維方式之後，那種虛妄就必須逐漸地遭到堅決的反對，因爲若不然，它就會敗壞心靈，使善良的意向因外貌秀美的雜草叢生而無法生長。

B776

在思辨的思維方式中，人們公正坦白地、毫不掩飾地承認自己的思想，畢竟障礙要少得多，而且甚至不乏好處，但令我遺憾的是，即便在它的種種表現中也看到同樣的虛妄、做作和僞裝。因爲還有什麼能比甚至一味虛假地彼此傳遞思想、掩飾我們對我們自己的主張所感到的懷疑，或者給不能令我們自己滿意的證明根據以自明性的外表，對於認識更有害呢？然

B777

而，只要純然的私人虛榮心造成這種不可告人的詭計（在不具有特別的旨趣並且不能輕而易舉地獲得不容置疑的確定性的思辨判斷中，通常就是這種情況），畢竟就有別人的虛榮心憑藉公衆的許可與之對立，事情最終將達到最純正的意向和正直——儘管早得多地——要使它們達到的結果。但是，在普通公眾認爲吹毛求疵的玄想家們所做的無非是動搖公眾福祉的基礎的地方，寧可憑藉虛假的根據來贊助美好的事情，也不給美好事情的所謂敵人留下好處，把我們的聲調降低到一種純然實踐信念的節制態度，並迫使我們自己承認缺乏思辨的和不容置疑的確定性，這不僅是明智的，而且也是允許的，甚至是值得稱讚的。然而，我應當想到，世界上再也沒有比詭計、做作、欺騙更不能與維護一件美好事情的意圖相容了。在衡量一種純然的思辨的理性根據時一切都必須眞誠地進行，這是人們所能夠要求的最低限度。但是，要是人們能夠可靠地指望這點小事情的話，那麼，思辨理性關於上帝、（靈魂的）不死以及自由這些重要問題就要麼早已作出裁決，要麼很快就可以了結了。其實，意向的純正常常與事情本身的順利成反比，而且事情所擁有的正直誠懇的反對者也許比正直誠懇的捍衛者還要多。

因此，我以讀者們不願意看到以不義來捍衛正義的事情爲前提條件。就讀者們而言，按照我們的批判原理，如果人們所關注的不是發生的事情，而是應當合理地發生的事情，那麼眞正說來就必定根本不存在純粹理性的爭辯，這是斷然無疑的。因爲關於一個事物，雙方中任何一方都不能在一種現實的或者哪怕是可能的經驗中展現其實在性，他唯一苦思冥想的是該事物的理念，爲的是從中得出比理念更多的東西，即對象本身的現實性，兩個人怎麼可能對它進行一場爭論呢？既然雙方的任何一方都不能使自己的事情直截了當地爲人所理解和確定，而只能攻擊和否定其對方的事情，它們還想用什麼辦法走出爭論呢？因爲純粹理性的一切主張的命運就是：既然它們都超越了一切可能經驗的條件，而在這些條件之外又不能在任何地方發現眞理的確證，但它們儘管如此又都利用知性的規律，這些規律僅僅是爲經驗性應用規定的，沒有它們在綜合思維中便寸步難行，所以，它們在任何時候都可能把漏洞暴露給對方，並相互利用對方的漏洞。

人們可以把純粹理性的批判視爲純粹理性一切爭辯的眞正法庭；因爲它並不捲入這些直接關涉客體的爭辯，而是旨在按照其最初使命的原理來規定和判斷一般理性的合法因素。

沒有這種批判，理性就彷彿是處在自然狀態中，並且除了透過戰爭之外，就不能以其他方式來提出或者保障自己的主張和要求。與此相反，批判從其自身之確立的基本規則獲得一切決定，這些基本規則的威望是沒有一個人能夠懷疑的，所以，批判就爲我們創造了一種法治狀態的安寧。在這種狀態中，除了訴訟之外，我們不應當以別的方式來進行我們的爭執。在前一種狀態中結束爭執的是雙方都自誇的勝利，而繼這種勝利之後，大多數情況下是調停的權力建立的一種不大可靠的和平；而在第二種狀態中，結束爭執的則是判決，它由於在這裡涉及爭執的根源，就必然保證一種永久的和平。一種純然獨斷的理性的無休無止的爭執，也就迫使人們最終在這種理性本身的某種批判中、在一種建立在批判之上的立法中尋求

B779

B780

安寧；正如霍布斯（Hobbes）所言：自然狀態是一種無法和暴力的狀態，人們必須離開這種狀態，而服從法律的強制，唯有這種強制才把我們的自由限制在能夠與任何一個他人的自由、並正是由此而與公共利益共存的地步。

屬於這種自由的，還有公開地展示自己的思想和自己不能解決的懷疑以供評判、而不會因此被人罵成不安分守己的危險公民的自由。這已經包含在人類理性的原始權利之中，除了本身又是每一個人都在其中有發言權的普遍人類理性之外，人類理性不承認任何別的法官；而既然我們的狀態能夠獲得的一切改進都必須來自這種普遍的人類理性，所以這樣一種權利就是神聖的、不可侵犯的。至於某些大膽的主張或者對已經獲得大部分公眾或者公眾中最優秀部分贊同的主張的放肆攻擊，宣布它們是危險的，這種做法也是非常不智的；因爲這意味著給予它們以它們根本不應當具有的重要性。如果我聽說，一個非凡的人否證了人的意志的自由、一種來生的希望和上帝的存在，那麼，我就會渴望讀這本書，因爲我期望他的才能會增進我的見識。我事先已經完全確定地知道他在所有這些事情上將毫無建樹；這並不是因爲我相信自己已經擁有對這些重要命題的不容置疑的證明，而是因爲向我揭示我們純粹理性的全部存貨的先驗批判使我完全相信，就像純粹理性在這個領域完全不足以作出肯定的主張一樣，它也同樣所知甚少、甚至更少，不能對這些問題否定地斷言某種東西。因爲所謂的自由精神要從何處獲得例如沒有一個最高存在者的知識呢？這個命題處在可能經驗的領域之外，因而也處在一切人類洞察力的界限之外。至於反對這個敵人爲美好事情做獨斷辯護的

B781

人，我根本不會讀他的東西，因爲我事先就知道，他之所以攻擊他人的虛假根據，只是爲了給他自己打開入門通道，此外，一種平庸的幻相畢竟不如一種新奇的、巧妙構思出來的幻相，爲新的說明提供如此之多的材料。與此相反，按照自己的方式也獨斷地反對宗教的 B782 人，卻會給我的批判提供所期望的工作和更多的糾正批判的原理的機緣，而絲毫不會因他而擔心什麼東西。

但是，畢竟至少應當警告被託付給大學教育的青年提防諸如此類的作品，在他們的判斷力成熟或者毋寧說人們要在他們心中建立的學說根深蒂固，能夠有力地對抗不管來自何處的相反主張的勸說之前，應當阻止他們早知道如此危險的命題嗎？

如果在純粹理性的事情上堅持獨斷的行事方式，眞正說來以論戰的方式，也就是說人們自己加入戰鬥，用相反主張的證明根據武裝自己，如此來打發對手，那麼，就當前而言，當然沒有任何東西比在一段時間內將青年的理性置於監護之下，而且至少在這段時間內保護他免受誘惑更爲可取了，但同時，就久遠而言，也沒有任何東西比這更無價值、更爲無益了。如果以後或者是好奇心、或者是時代的流行格調將諸如此類的作品送到青年的手中，B783 在這種情況下，那種年輕的信念還經得起考驗嗎？僅僅手持獨斷的武器來抵抗其論敵的進攻、不懂得闡發同樣蘊藏在他自己和他的對立面的胸中的隱祕辯證法的人，所看到的是具有新穎性優勢的虛假根據出來反對不再具有新穎性優勢，而毋寧說是令人懷疑其濫用青年的輕信的虛假根據。他相信，再也沒有比拋棄那些善意的警告能夠更好顯示他已經長大成人而不再需要童年的管教了；而且由於獨斷的習慣，他把獨斷地毀壞他的原理的毒藥一飲而盡。

在大學的教學中，必須施行恰恰與人們在此所提建議相反的東西，當然只是在一種純粹理性批判的縝密教育的前提條件下。因爲要使批判的原則儘早地付諸實施，並且顯示它們在辯證幻相達到極度時的充足性，就絕對需要把在獨斷論者看來如此可怕的攻擊對準他那雖然孱弱、但已經由批判啓蒙了的理性，讓他嘗試逐一地根據那些原理檢驗那些沒有根據的主張。讓這些主張化爲烏有，可能對他來說毫無困難，這樣，他就及早地感覺到他自己完全保護自己防免有害幻象的力量，這些幻象最終必將對他失去一切光澤。儘管摧毀敵人建築物的同一些打擊，對他自己的思辨建築物——如果他打算建起諸如此類的建築物的話——也必然是同樣毀滅性的，但他畢竟對此毫不擔憂，因爲他根本不需要居住在裡面，而是還可以寄希望於實踐領域，在那裡，他有理由能夠希望找到一塊更堅實的地基，以建立他的理性的、有益的體系。

據此，在純粹理性的領域裡沒有眞正的論戰。雙方都是在與自己的影子角鬥的虛假鬥士，因爲他們都超出了自然，在那裡，對於他們獨斷的把握來說，沒有任何東西可抓可握。他們賣力爭鬥；他們劈開的影子就像奧丁神接待戰死者英靈的殿堂中的英雄們一樣，瞬間就又長到了一塊兒，以便讓他們能夠重新在不流血的格鬥中消遣取樂。

但是，純粹理性也沒有一種可以容許的懷疑論應用，可以稱爲其一切爭執中的中立性原理。煽動理性反對自己，從兩方面給它提供武器，然後平心靜氣地、冷嘲熱諷地旁觀其猛烈的格鬥，這從一種獨斷的觀點來看不是妥當的，而是本身有一種幸災樂禍的和陰險的性情的樣子。然而，如果人們看一看那些不願意讓任何批判來節制自己的玄想家們抑制不住的妖言惑眾和大言不慚，那麼，也委實沒有別的辦法，唯有讓一方的大言不慚與另一種依據同樣權利的大言不慚相互對立，以便讓理性由於一個敵人的抵抗而至少起點疑心，對自己的僭妄有所懷疑，傾聽批判的意見。然而，一味安於這種懷疑，並由此而想推崇，對自己的無知的相信和承認不僅是治療獨斷的自負的藥方，而且是終止理性與自身衝突的方式，這是一種完全徒勞的舉動，而且絕不可能適宜於給理性創造一個歇息地，而至多是把它從獨斷美夢中喚醒，以便更仔細地審查自己的狀態的一種手段。然而，既然這種擺脫令人討厭的理性爭執的懷疑論風格看起來彷彿是達到一種持久的哲學安寧的一條捷徑，至少是那些在對所有這一類的研究的冷嘲熱諷中想裝出一副哲學樣子的人們樂於選擇的大道，所以，我認爲有必要儘量地展示這種思維方式的特點。

B785

論以懷疑論的方式滿足與自己衝突的理性的不可能性

對於我的無知的意識（如果這種無知並不同時被認爲是必然的）並不應當終止我的研究，而毋寧說是喚醒這些研究的眞正原因。一切無知，都要麼是對事物的無知，要麼是對我

B786

的知識的規定和界限的無知。如果無知是偶然的，那它就必然推動我作出研究，在第一種情況中獨斷地研究事物（對象），在第二種情況中批判地研究我的可能知識的界限。但是，至於我的無知是絕對必然的，因而使我無須任何進一步的研究，這不能經驗性地從觀察出發來澄清，而是只能批判地透過探究我們知識的最初源泉來澄清。因此，我們知識的界限規定只能按照先天根據來進行；但是，知識的限制——它是對一種永遠不能消除的無知的一種儘管並不確定的知識——則也可以後天地、透過我們無論知道什麼也還有待我們去知道的東西來認識。因此，對無知的前一種透過對理性本身的批判才成爲可能的知識是科學，而後一種則無非是人們不能說推論本身可以達到什麼程度的知覺而已。如果我把地球表面（根據感性外表）想像成一個圓盤，我並不能知道它延伸到什麼程度。但是經驗教導我：無論我往哪裡去都在自己的周圍看到一個空間，我可以繼續往那裡去；因此，我知道我每次現實的地球知識的限制，但卻不知道一切可能的地理學的界限。但是，如果我畢竟達到了如此程度，即知道地球是一個球體，它的表面是一個球面，那麼，我就也能夠確定地並且按照原則先天地從它的一個小部分——例如經緯度的大小——出發認識直徑，並透過直徑認識地球的整個邊界，即它的表面；而儘管我就這個表面所可能包含的種種對象而言是無知的，但我畢竟就它所包含的範圍、它的大小和限制而言不是無知的。

我們知識的一切可能對象的總和在我們看來是一個具有其明顯視界的平面，也就是說，是包含著這些對象的全部範圍、被我們稱爲無條件的總體性的理性概念的東西。經驗性地達

B787

到這個概念，是不可能的事情，一切按照某一個先天原則來規定它的嘗試都是徒勞的。然而，我們純粹理性的一切問題畢竟都是指向可能處於這個視界之外、或者充其量處在它的邊界線上的東西的。

B788

著名的大衛·休謨是人類理性的地理學家之一，他自以爲透過把那些問題推移到人類理性的視界之外，就已經充分地把那些問題全都了結了，而這個視界卻畢竟是他未能規定的。尤其是，他討論了因果性原理，對它作出了完全正確的說明，即人們不能把它的眞理性（甚至一般作用因的概念的客觀有效性也不行）建立在任何洞識亦即先天知識之上，因而也根本不是這個規律的必然性，而僅僅是它在經驗進程中的一種普遍可用性和由此產生的一種他稱之爲習慣的主觀必然性，構成了這個規律的全部威望。從我們理性無能對這一原理做一種超越一切經驗的應用出發，他推論出理性超越到經驗性東西之外的一切僭妄的無效用性。

B789

人們可以把這一類的行事方式，即讓理性的所作所爲經受檢驗，需要的話經受責難，稱爲理性的審查。毫無疑問，這種審查將不可避免地導致對原理的一切先驗應用的懷疑。然而這只是第二步，還遠遠不能完成工作。在純粹理性的事情上標誌著它的童稚時代的第一步是獨斷的。上述第二步是懷疑的，證明由於經驗而學乖了的判斷力的謹愼。但還需要有第三步，它屬於成熟了的、成年的判斷力，這種判斷力以可靠的、在其普遍性上已得到證明的準則爲基礎，也就是說，不是讓理性的所作所爲，而是讓理性本身根據其全部能力和對純粹先天知識的適應性來經受評價；這不是理性的審查，而是理性的批判，由此不僅僅是理性的限制，而且是理性的界限，不僅僅是在這一部分或者那一部分的無知，而是某一類的一切可能問題方面的無知，都不僅是被猜測，而且是從原則出發被證明。這樣，懷疑論就是人類理性的一個歇息地，在這裡人類理性能夠思索自己的獨斷歷程，勾畫自己所處的區域，以便能夠以更多的可靠性來進一步選擇自己的道路，但它並不是固定居留的住所；因爲這樣的住所只能以一種完全的確定性來發現，要麼是對象本身的知識的確定性，要麼是我們關於對象的一切知識都被包圍在其中的界限的確定性。

我們的理性不是一個延展之遠無法確定、其限制人們只能一般而言地認識的平面，相反，毋寧說它必須被比做一個球體，其半徑可以從其表面的弧的曲度（先天綜合命題的本性）來得出，而由此也可以準確地說明它的體積和界限。在這個球體（經驗的領域）之外，沒有任何東西能夠是它的客體；即便是關於諸如此類自以爲的客體的問題，也僅僅涉及對能夠在這個球體內部的知性概念中間出現的種種關係作出完全規定的主觀原則。

就像預先推定經驗的知性原理所說明的那樣，我們確實擁有先天綜合知識。如果有人根本不能理解這些原理的可能性，那麼，他雖然可能一開始就懷疑這些原理是否確實先天地爲我們所固有，但他還不能就把這宣布爲這些原理不可能貫穿純然的知性力量，宣布理性按照這些原理的準繩所採取的所有步驟都是無效的。他只能說：如果我們能夠看出這些原理的起源和眞實性，那麼，我們就會能夠規定我們理性的範圍和界限；但在做到這一點之前，後者

的一切主張都是盲目冒險的。而以這樣的方式，對一切無須理性的批判本身就在進行的獨斷 B791
哲學的完全懷疑就是完全有根有據的了；但理性畢竟不能因此就被完全否認有這樣一種進
步，如果這種進步是由更好的奠基來做準備和保障的話。因爲純粹理性呈現給我們的一切概
念、乃至一切問題，都不在經驗中，而是本身又在理性中，因而必須能夠被解決，並且根據
其有效性或者無效性來把握。我們也沒有權利以我們的無能爲藉口而拒絕這些課題、拒絕進
一步研究它們，就好像它們的解決實際上在事物的本性之中似的，因爲理性只是在自己的母
腹中產生出這些理念本身，因而它有義務對這些理念的有效性或者辯證幻相作出說明。

獨斷論者不對其原始的客觀原則設置任何懷疑，也就是說，不做任何批判，神氣活現地
昂首闊步。一切懷疑的論戰眞正說來都只是針對獨斷論者的，僅僅爲的是改變他的思路，使
他有自知之明。就自身而言，這種自知之明在我們能夠知道和我們不能夠知道的東西方面完
全不能澄清什麼東西。理性的一切落空了的獨斷嘗試都是經受審查總歸有益的所作所爲。但
是，對於理性希望其未來的努力有更好的成就並在此之後提出種種要求的期待來說，這並不 B792
能決定任何東西；因此，純然的審查絕不能終結關於人類理性的合法性的爭執。

既然休謨也許是所有懷疑論者中間最有頭腦的懷疑論者，而且就懷疑方法對喚醒一種縝
密的理性檢驗所能夠施加的影響而言毋庸置疑是最傑出的懷疑論者，所以只要與我們的意圖
相適合，就值得花費力氣去弄清楚他的推論過程和一位如此明察秋毫而又可敬的人物的失
誤，他的推論畢竟是沿著眞理的軌跡開始的。

休謨雖然從未完全闡明，但他也許想到：我們在某類判斷中超出了我們關於對象的概
念。我把這類判斷稱爲綜合的。我如何能夠借助經驗超出我迄今所有的概念，這是沒有疑
問的。經驗本身就是知覺的綜合，這種綜合透過其他附加的知覺而擴大了我借助一個知覺 B793
擁有的概念。然而，我們相信也能夠先天地超出我們的概念並擴展我們的知識。我們試圖這
樣做，或者就至少能夠是一個經驗客體的東西而言透過純粹的知性，或者就事物絕不能在經
驗中出現的屬性、乃至絕不能在經驗中出現的對象的存在而言甚至透過純粹的理性。我們這
位懷疑論者並沒有像他本應當做的那樣區分這兩類判斷，徑直把概念從自身出發的這種擴
大，以及可以說把我們知性（連同理性）無須透過經驗受胎的自行生殖視爲不可能的，從而
把理性的一切自以爲的先天原則都視爲想像出來的，並認爲它們無非是一種從經驗及其規律
產生的習慣，從而是純然經驗性的、也就是說就自身而言偶然的規則，而我們卻把一種自以
爲的必然性和普遍性歸於這些規則。但是，爲了維護這一令人吃驚的命題，他訴諸眾所周知
的因果關係原理。因爲既然沒有一種知性能力能夠把我們從一個事物的概念導向由此普遍必
然地被給予的某種別的東西的存在，所以他相信由此就可以推論出：沒有經驗，我們就沒有
任何東西能夠擴大我們的概念並使我們有權利作出這樣一種先天地擴展自身的判斷。照射蠟
的陽光同時使蠟融化，但又使陶土堅硬，沒有知性能夠從我們事先關於這些事物已有的概念
出發猜出這些事情，更不用說按照規律推論出它們了，唯有經驗才能教給我們這樣一條規 B794
律。與此相反，我們在先驗邏輯中卻已經看到：儘管我們絕不能直接地超出被給予我們的概

念的內容，但我們畢竟能夠完全先天地、但卻是與一個第三者相關——亦即與可能的經驗相關，從而畢竟是先天地——來認識與其他事物聯結的規律。因此，儘管沒有經驗我就既不能先天地、無須經驗的教導就確定地從結果出發認識到原因，也不能先天地、無須經驗的教導就確定地從原因出發認識到結果，但如果之前變硬的蠟融化，我就能夠先天地認識到，必定有某種先行的東西（例如太陽的熱），這件事是按照一條固定的規律繼之而起的。因此，他錯誤地從我們按照規律作出規定的偶然性推論出規律本身的偶然性，把超出一個事物的概念到達可能的經驗（這是先天地發生的，並構成概念的客觀實在性）與現實經驗的對象的綜合（這當然在任何時候都是經驗性的）混爲一談；但這樣一來，他就把位置在知性之中並陳述必然的聯結的親合性原則變成了一條聯想的規則，後者僅僅在進行模仿的想像力中才被發現，並且只能表現偶然的結合，根本不能表現客觀的結合。

但是，這位通常極爲敏銳的人物的懷疑論失誤，主要產生自他畢竟與一切懷疑論者共有的一種缺陷，即他沒有系統地綜觀先天知性綜合的一切方式。因爲那樣的話，他就會——無須提及其他原理——發現持久性的原理乃是這樣一條與因果性原理一樣預先推定經驗的原理。由此他就會也能夠給先天地擴展自身的知性和純粹的理性畫出一定的界限。但是，既然他只是限制我們的知性，而不給它設置界限，而且造成了一種普遍的懷疑，但卻沒有造成對我們不可避免的無知的某種確定的知識；既然他讓我們知性的一些原理接受審查，卻並不就這種知性的全部能力而言將它置於批判的試驗天平上，而且在他否認知性具有它實際上不能提供的東西時繼續前進，否認知性有先天地擴展自己的任何能力，儘管他並沒有評估過這整個能力；所以，他也遭遇到了在任何時候都擊敗懷疑論的那種東西，即他本人也遭到懷疑，因爲他的責難所依據的僅僅是偶然的事實，但卻不是能夠使人必然放棄作出獨斷主張的權利的原則。 B796

既然他在知性有根據的要求和他的攻擊本來主要針對的理性的辯證僭妄之間不知道有任何區別，所以，其極爲特有的熱情在這裡沒有受到絲毫干擾、而只是受到阻礙的理性，就覺得其擴張的空間並沒有被關閉，而且即使它的嘗試在這裡或者那裡受到挫折，也絕不能使它完全停止這些嘗試。因爲人們武裝起來抵抗攻擊，更爲固執地堅持貫徹自己的要求。但是，對他的能力的全盤評估以及由此產生的鑒於更高的要求無效用而對一個狹小疆域的確定性的信念，將取消一切爭執，並推動人們心平氣和地滿足於一種受限制的、但卻無爭議的產業。

非批判的獨斷論者沒有測量過自己的知性的疆域，從而沒有按照原則規定過他的可能知識的界限，所以他並非事先已知道自己能夠有多少知識，而是想透過純然的嘗試來弄清這一點。對於這樣的獨斷論者，這些懷疑論的攻擊就不僅是危險的，而且對他來說甚至是毀滅性的。因爲只要他在哪怕僅僅一個他不能爲之辯解、但也不能從原則出發闡明其幻相的主張上被擊中，懷疑就會落到所有的主張頭上，不管這些主張通常是怎樣有說服力。 B797

這樣，懷疑論者就是獨斷的玄想家的管教師傅，敦促他對知性和理性本身作出一種健康的批判。如果他做到了這一點，他就不必再懼怕任何攻擊了；因爲他在這種情況下就把自己的財產與完全處在他的財產之外的東西區分開來了；他對後者不提出任何要求，也不可能被捲入關於後者的爭執。這樣，雖然懷疑的方法就自身而言對於理性的問題來說並不是令人滿意的，但卻畢竟是預備性的，爲的是喚起理性的謹慎，並指示能夠確保理性合法財產的周密手段。

第三章　純粹理性在假說方面的訓練

由於我們透過我們理性的批判最終知道的就是，我們在理性純粹的和思辨的應用中事實上不能知道任何東西，所以，批判豈不是應當爲假說開闢一個更爲寬廣的領域嗎？因爲即便不允許斷言，至少也允許有所創見和有所意見。

如果想像力應當不是空想，而是在理性的嚴格監視下有所創見，那麼，就必須總是事先 B798 有某種東西是完全確定的，不是虛構的或者純然的意見，而這就是對象本身的可能性。在這種情況下，就允許關於對象的現實性而求助於意見，但是，意見只要想不是毫無根據的，就必須把現實地被給予、從而確定的東西當做解釋根據而與之相聯結，而且在這種情況下就叫做假說。

既然我們對於力學聯結的可能性不能先天地形成絲毫的概念，而且純粹知性的範疇不是被用來臆造諸如此類的聯結，而是被用來當它在經驗中被發現時去理解它，所以我們不能根據一種新的、不能經驗性地說明的性狀來按照這些範疇原初地想出任何一個對象，並把這種性狀作爲允許的假說的基礎；因爲這意味著加給理性的不是事物的概念，而是空洞的幻覺。這樣，臆造某些新的原始力量，例如一種能夠無須感官而直觀其對象的知性，或者一種沒有任何接觸的擴張力，或者一種新的實體，例如沒有不可入性而在空間中在場的實體，這都是不允許的，因而不允許的還有各實體的一種與經驗所給予的任何共聯性都不同的共聯性，一種不同於在空間之中的在場，一種不同於僅僅在時間之中的存續。一言以蔽之，對我 B799 們的理性來說，唯有把可能經驗的條件當做事物可能性的條件來使用才是可能的，但完全不依賴於後者來創造前者是絕對不可能的，因爲諸如此類的概念雖然沒有矛盾，但卻也不會有對象。

如以上所說，理性概念是純然的理念，當然沒有在某一經驗之中的對象，但並不因此就表示被創制出來、同時被假定爲可能的對象。它們是僅僅或然地設想的，爲的是在與它們（作爲啓迪性的虛構）的關係中建立知性在經驗領域裡的系統應用的範導性原則。如果脫離這一點，它們就是純然的思想物，其可能性就不可證明，因而它們也不能透過一種假說被奠定爲現實顯象的基礎。把靈魂思維成單純的，這是完全允許的，爲的是按照這個理念把一切心靈力量的一種完備的和必然的統一性——儘管人們不能具體地認識它——奠定爲我們判斷其內部顯象的原則。但是，假定靈魂是單純的實體（一個超驗的概念）則是一個不僅不可證明（像許多物理學假說那樣）、而且也是任意盲目地冒險提出的命題，因爲單純者根本不能在任何一個經驗中出現，而且如果人們在這裡把實體理解爲感性直觀的持久客體，那麼，一種單純的顯象的可能性是根本看不出來的。不能憑藉理性的任何有根據的權限把純然理知的存在者或者純然理知的事物屬性假定爲意見，儘管（因爲人們對它們的可能性或者不可能性沒有任何概念）也不能透過任何自以爲更好的洞識來獨斷地拒斥它們。

爲了說明被給予的顯象，除了按照顯象已知的規律被設定在與被給予的顯象的聯結之中的事物和解釋根據之外，不允許援引任何別的事物和解釋根據。在一個先驗假說中，一個純然的理性理念被用來解釋自然事物，因此，這個先驗假說根本不是解釋，因爲這是以人們根

本不理解的東西來解釋人們根據已知的經驗性原則不能充分理解的東西。這樣一種假說的原
則眞正說來也只會被用來滿足理性，但卻不能用來促進就對象而言的知性應用。自然中的秩 B801
序和合目的性必須又從自然根據出發並按照自然規律來解釋，而且這裡即便是最放肆的假
說，只要它是自然的，也比一種超自然的假說——例如訴諸人們爲此目的預設的屬神創造
者——更可忍受。因爲後者是怠惰的理性（ignava ratio）的一條原則，即一下子略過人們
就其實在性而言、至少就其可能性而言還可以透過進一步的經驗來認識的一切原因，以便在
一個對理性來說十分愜意的純然理念那裡歇息。但是就原因序列中解釋根據的絕對總體性來
說，這在種種世界客體方面並不造成任何障礙，因爲既然這些世界客體無非是顯象，在它們
那裡也就絕不能希望條件序列的綜合中有什麼完成了的東西。

理性的思辨應用的先驗假說和爲彌補自然解釋根據的匱乏而必要時使用超自然的解釋根
據的自由，是根本不能被允許的，這部分是因爲由此根本沒有促進理性，而毋寧說切斷了它
的應用的整個進程，部分是因爲這種許可最終必然使理性喪失耕耘自己特有的田地亦即經驗
的田地所得的一切果實。因爲當自然的解釋在這裡或者那裡對我們來說有困難時，我們手邊
總是有一種超驗的解釋根據，它使我們免除那種研究，而且不是透過洞識，而是透過一個事 B802
先已經如此想出、使之必然包含著絕對最初者的概念的原則之全然不可理解性來結束我們的
探索。

值得接受一種假說的第二個必要因素，是假說的充足性，即足以從它出發先天地規定被

給予的後果。如果人們爲此目的被迫援引一些輔助性的假說，它們就給人以一種純然的虛構的嫌疑，因爲它們中的每一個都需要被奠定爲基礎的思想所必需的同一種辯護，從而不能提供可靠的見證。即使透過預設一個不受限制的完善的原因，不再缺乏世間存在的一切合目的性、秩序和偉大的解釋根據，但鑒於至少按照我們的概念畢竟顯示出來的偏差和災難，那個預設要對付這些作爲反駁的偏差和災難而得到維護，卻還需要新的假說。如果人類靈魂的那種被奠定爲靈魂種種顯象之基礎的單純的自主性，由於其類似於物質種種變化（生長與衰退）的現象這些困難而受到攻擊，那麼，就必須求助於新的假說，這些假說雖然不無可信，但卻除了被假定爲主要根據的那種意見給予它們的證明之外，畢竟沒有任何證明，而它們儘管如此卻本應當是來支持那種意見的。

如果這裡當做實例所援引的理性主張（靈魂非形體的統一性和一個最高存在者的存在）不應當被視爲假說，而應當被視爲已先天地證明了的獨斷教理，那麼，在這種情況下就根本不談它們。但在這樣的場合人們就要留意，證明具有一種演證的不容置疑的確定性。因爲要使這樣的理念的現實性成爲僅僅蓋然的，則與人們想僅僅蓋然地證明一個幾何學命題一樣是一個荒唐的意圖。與一切經驗隔離的理性只能先天地認識一切，並且認其爲必然的，或者就不能認識任何東西；因此，理性的判斷絕不是意見，要麼是放棄一切判斷，要麼是不容置疑的確定性。關於屬於事物的東西的意見和蓋然的判斷只能作爲現實地被給予的東西的解釋根據，或者作爲按照經驗性規律出自現實地作爲基礎的東西的後果出現，從而僅僅在經驗對象

B803

的序列中出現。在這個領域之外，有所意見只不過是思想遊戲而已，除非人們對於一條不可
靠的判斷道路還有一種意見，即沿著它還能夠找到眞理。

但是，就純粹理性的純然思辨問題而言，雖然沒有任何假說成立，讓人把命題建立在它 B804
上面，然而爲了在必要的時候維護這些命題，假說還是完全允許的，也就是說，雖然不是在
獨斷的應用中，但畢竟在爭辯的應用中是完全允許的。不過，我並不把維護理解爲增多其主
張的證明根據，而是僅僅理解爲駁斥論敵的那些應當損害我們主張的命題的虛假認識。但
是，所有出自純粹理性的綜合命題都自身具有特殊之處，即如果主張某些理念的實在性的
人所知絕不足以確證他的這個命題，但另一方面，論敵所知也同樣地少，不足以主張相反
的東西。人類理性命運的這種平等雖然在思辨知識中並不偏袒雙方中的任何一方，而且這裡
也是永遠無法調停的爭執的眞正戰場。但後面將表明，就實踐應用而言理性有一種權利，即
假定它在純然思辨的領域裡沒有充足的證明根據就沒有權限以任何方式預設的東西，因爲所
有這樣的預設都將損害思辨的完善性，而實踐的旨趣則根本不考慮這種完善性。因此，理性
在實踐應用中是占有的，它無須證明這種占有的合法性，而且事實上它也不能證明這種合法
性。因此，論敵應當作出證明。但是，既然論敵爲闡明被懷疑的對象不存在，關於該對象所 B805
知與主張該對象的現實性的前者所知一樣少，所以這裡就表現出主張某種東西是實踐上必要
的預設這一方的優勢（melior est conditio possidentis〔占有者的地位更優越〕）。也就是
說，他可以隨意彷彿是出自正當防衛而爲自己的美好事物使用論敵用來攻擊這一事物的同樣

手段，即假說，假說根本不是用來加強對他的事物的證明，而只是要表明論敵關於爭執的對象所理解的太少，使他不能自誇對我們擁有思辨洞識的優勢。

因此，在純粹理性的領域裡，假說只是作爲戰鬥的武器才被允許，不是爲了在它上面建立一種權利，而僅僅是爲了維護一種權利。但是，我們在這裡任何時候都要在我們自身中尋找論敵。因爲思辨的理性在其先驗應用中就自身而言是辯證的。應當懼怕的反對意見就在我們自己裡面。我們必須立刻搜尋出陳舊的、但絕不失效的要求，以便在對它們的否定上建立起永久的和平。外表的寧靜只是徒有其表。蘊藏於人類理性的本性之中的爭鬥根苗必須被根除；但是，如果我們不給它以自由乃至營養使其長出枝葉，以便由此彰顯出來，然後把它們連根拔掉，我們怎麼能夠根除它呢？因此，你們要想出任何論敵還沒有想到的反對意見，甚至給他提供武器，或者允許他擁有他夢寐以求的最有利地位！在此沒有任何可懼怕的東西，而是要有希望，也就是說，你們將爲自己創造一份永遠不會再受攪擾的產業。

因此，屬於你們的全面裝備的，還有純粹理性的假說，這些假說雖然只是鉛製的武器（因爲它們沒有經過經驗規律的錘煉），但卻與任何論敵用來攻擊你們的武器同樣有效。因此，如果你們就靈魂（在某種別的、非思辨的考慮中）被假定的非物質的、不服從任何形體變化的本性而言遇到困難，即儘管如此經驗似乎是證明我們精神力量的振作或者錯亂純然是我們器官的不同變狀，那麼，你們就可以這樣來削弱這種證明的力量，即你們假定，我們的肉體無非是在現在的狀態中（在此生中）感性以及一切思維的全部能力都以之爲條件而與之相關的基礎顯象。與肉體的分離是你們的認識能力的這種感性應用的結束和理智應用的開端。因此，肉體不是思維的原因，而是思維的一種純然限制條件，因而雖然應當被視爲感性 B807 生命和動物性生命的促進，但卻更多地被視爲純粹生命和精神性生命的障礙，而前者對形體性狀的依賴絲毫不證明整個生命對我們各器官的狀態的依賴。但你們還可以繼續前進，發現全新的、要麼沒有被提出過要麼沒有被充分展開的懷疑。

生育無論在人這裡還是在無理性的造物那裡，都取決於機遇，此外還經常取決於生計，取決於政府及其情緒和想法，甚至經常取決於壞習慣，其偶然性使得一種其生命首先在如此微不足道的、而且完全聽任我們自由的狀況下開始的造物延伸到無限的存續極爲困難。至於整個類（在此塵世）的存續，這種就類而言的困難是微乎其微的，因爲在個別事物中的偶然事件仍然服從在整體中的規則；但就每一個個體而言期待如此微不足道的原因產生如此強有力的結果，則當然是令人生疑的。但是，你們可以提出一種先驗的假說來反駁之：一切生命眞正說來都只是理知的，根本不服從時間的變化，既不由於生而開始，也不由於死而 B808 結束；這種生命無非就是一種純然的顯象，也就是說，是關於純粹的精神生命的一種感性表象，而整個感官世界則純然是飄浮在我們現在的認識方式面前的一幅圖畫，像一場夢那樣就自身而言沒有客觀的實在性；如果我們應當如其所是地直觀事物和我們自己，我們就會在一個種種精神自然的世界中看到自己，我們與這個世界的唯一眞實的共聯性既不由於生而開始，也不由於肉體死亡（作爲純然的顯象）而終止，如此等等。

儘管我們對於我們在這裡以假說的方式提出來應付攻擊的這一切都一無所知，也不是認眞地這樣主張，就連理性理念也不是，僅僅是爲自衛而設想出來的概念而已，我們在這裡也畢竟是完全按照理性行事的，因爲我們只是向由於錯誤地把其經驗性條件的缺乏說成是我們所相信的東西之全然不可能性的一種證明、就認爲窮盡了一切可能性的論敵指出：就像我們在經驗之外不能以有根據的方式爲我們的理性獲得任何東西一樣，他也不能透過純然的經驗規律就囊括可能事物自身的整個領域。某人針對肆無忌憚地作出否定的論敵的僭妄提出這樣的假說性反對意見，不得被認爲好像他自己把這樣的反對意見當做他自己的眞實意見來採用似的。一旦他處置了自己論敵的獨斷自負，他就會放棄這些意見。因爲如果某人對他人的主張一味採取拒斥和否定的態度，則無論看起來是怎樣的謙遜和委婉，一旦他想使自己的這些反對意見成爲對立面的證明，這種要求在任何時候都是同樣傲慢和自負的，就好像他選擇了肯定立場及其主張似的。

可見，在理性的思辨應用中假說作爲意見自身並沒有有效性，而是僅僅相對於相反的超驗僭妄才具有有效性。因爲可能經驗的原則擴張到一般事物的可能性，這與主張這樣一些除了在一切可能經驗的界限之外就不能在任何地方發現其對象的概念的客觀實在性一樣是超驗的。純粹理性斷然地作出判斷的東西，必定（與理性所認識的一切東西相同）是必然的，或者它就什麼也不是。據此，純粹理性事實上不包含任何意見。但是，上述假說只是或然性的判斷，它們至少是不能被駁倒的，儘管它們當然也不能被任何東西所證明，因此它們是純粹

B809

的私人意見①，但畢竟為了抵禦時常發生的疑慮（甚至為了內心的安寧）可以說是不可或缺的。但是，人們必須把它們保持在這種品格之中，小心提防它們就自身而言可信地出現，有了某些絕對的有效性，使理性沉溺於虛構和幻象。 B810

① 哈滕斯坦把 keine〔不是〕改為 reine〔純粹的〕，也被我接受，其正確性特別遭到戈爾德斯密德和許恩德弗爾（Schöndörffer）的否定。但是，兩位詮釋者沒有留意語法語境；無論是前面的「因此它們是」，還是後面的「但畢竟……不可或缺的」，都要求作出改動。實際上，除了 B807 的上下文和需要正確解釋的「論意見、知識和信念」之外，B809 與眞實意見的對立就已經作出裁定了。——科學院版編者注

第四章　純粹理性在其證明方面的訓練

先驗的和綜合的命題的證明，在一種先天綜合知識的所有證明中間自有其特別之處，即理性在前一些證明中不可以憑藉其概念徑直地轉向對象，而是必須先天地闡明概念的客觀有效性及其綜合的可能性。這並不僅僅是必不可少的審慎規則，而是涉及證明自身的本質和可能性。如果我應當先天地超出關於一個對象的概念，離開一個特殊的、處在這個概念之外的導線，這就是不可能的。在數學中，是先天直觀在引導著我的綜合，在這裡，一切推論都可以直接地根據純直觀來進行。在先驗知識中，只要它僅僅與知性的概念打交道，這種準繩就是可能的經驗。也就是說，證明並不表明被給予的概念（例如關於所發生的事情的概念）徑直導向另一個概念（一個原因的概念）；因爲諸如此類的過渡是一種根本不能爲自己辯解的飛躍；相反它表明，經驗本身以及經驗的客體沒有這樣一種聯結就是不可能的。因此，證明必須同時表明綜合地和先天地達到事物的某種並不包含在其概念之中的知識的可能性。不注意這一點，證明就將像決堤之水，四處氾濫，直奔隱蔽的聯想傾向偶然地把它們導向的地方。信念的這種以聯想的種種主觀原因爲依據、並被視爲對一種自然親合性的洞識的外表，根本不能與合情合理地對諸如此類的冒險步驟必然產生的疑慮匹敵。因此，一切證明充足理由律的嘗試，行家們普遍承認是徒勞無功的；而在先驗的批判出現之前，人們既然畢竟是不能放棄這一原理，就寧可固執地訴諸健全的人類知性（這是一種遁詞，它在任何時候都證明理性的事情已經絕望），也不願意嘗試新的獨斷證明。

但是，如果應當證明的命題是純粹理性的一種主張，而且我甚至想憑藉純然的理念來超

B811

B812

出我的經驗概念，那麼，這種證明在自身中就必須更多地包含著對這樣一個綜合步驟（只要它是可能的）的辯護來作爲其證明力的一個必要條件。因此，無論從統覺的統一性出發對我們思維實體的單純本性的所謂證明如何顯而易見，畢竟不可避免地面臨著一種疑慮：既然絕對的單純性畢竟不是一個能夠直接地與知覺相關的概念，而是必須作爲理念純然地推論出來，所以就根本看不出，包含在或者至少能夠包含在一切思維之中的純然意識，儘管它就此而言是一個單純的表象，卻應當如何把我導向一個在其裡面只能包含思維的事物的意識和知識。因爲如果我表象我處於運動之中的肉體的力量，則肉體就此而言對我來說是絕對的統一體，而且我關於它的表象是單純的；因此，我也可以透過一個點的運動來表達這個表象，因爲肉體的體積在這裡毫無干係，可以毫不減弱力量而任意地小，因此也可以被設想爲處在一個點中。但我畢竟不能由此推論：如果除了肉體的運動力之外沒有任何東西被給予我，它就能夠被設想爲單純的實體，因爲它的表象抽掉了其體積的一切大小、從而是單純的。抽象中的單純者與客體中的單純者是完全不同的，第一種意義上的我在自身中根本不包含任何雜多性，而第二種意義上的我，既然它意味著靈魂本身，就能夠是一個十分複雜的概念，也就是說，在自身之下包含著並且表示著非常多的東西，由此我就發現了一個謬誤推論。然而，要想事先預見這種謬誤推論（因爲沒有這樣一種暫時性的猜測，人們就會對證明不抱任何懷疑），就絕對必須手頭有這樣一些應當證明多於經驗所能給予的東西的綜合命題之可能性的常備標準，這種標準就在於：證明不被徑直地導向所要求的謂詞，而是唯有憑藉一條先天地把我們被給予的概念擴展到理念、並把這些理念實在化的可能性的原則才導向這些謂詞。如果始終運用這種審慎，如果人們在嘗試證明之前就預先明智地自己考慮能夠如何以及以什麼樣的希望根據來期待經由純粹理性的這樣一種擴展，考慮在諸如此類的場合要從何處獲得這些既不能從概念出發闡明也不能在與可能經驗的關係中預先推定的洞識，那麼，人們就能夠 B814 省去許多困難而又毫無成果的勞累，因爲人們不再苛求理性任何顯然超出其能力的東西，或者毋寧說使由於其思辨的擴展欲而不願意受到限制的理性經受節制的訓練。

因此，第一條規則就是：不事先考慮以及說明人們要從何處得到打算把先驗證明建立於其上的那些原理，以及人們有什麼權利能夠期望從它們得出好的推論結果，就不嘗試任何先驗證明。如果這是些知性的原理（例如因果性原理），那麼，憑藉它們來達到純粹理性的理念就是徒勞無益的；因爲那些原理只是對可能經驗的對象有效。如果這應當是些出自純粹理性的原理，那麼，這又是白費力氣。因爲理性雖然有純粹理性的原理，但作爲客觀的原理它們卻全都是辯證的，充其量只能像有系統聯繫的經驗應用的範導性原則那樣有效。但是，如果諸如此類的所謂證明已經存在，那麼，你們就要以你們成熟的判斷力的 non liquet〔不明所以〕來對抗這種騙人的遊說；而且儘管你們還不能看透諸如此類的證明的幻象，你們畢竟有充分的權利要求對其中所運用的原理進行演繹，如果這些原理是純然出自理性的，就絕不 B815 能給你們作出這種演繹。而這樣一來，你們就根本不必致力於任何一種幻相的闡發和駁斥了，相反，你們可以在一種要求法律的理性的法庭上一下子把所有詭計層出不窮的辯證法通通予以拒斥。

先驗證明的第二種特性就是：只能爲任何一個先驗的命題找到唯一的一種證明。如果我不是從概念出發，而是從與一個概念相應的直觀出發進行推論，不管它是像在數學中那樣是純直觀，還是像在自然科學中那樣是經驗性直觀，那麼，作爲基礎的直觀就給我提供綜合命題的雜多材料，我能夠以不止一種的方式來聯結這些材料，而且由於我可以從不僅一個點出發，也能夠沿著不同的道路達到同一個命題。

但現在，一個先驗命題純然是從一個概念出發的，並且按照這個概念來肯定對象可能性的綜合條件。因此，證明根據只能是一個唯一的證明根據，因爲在這個概念之外沒有別的任何東西能用來規定對象，所以證明除了按照這個概念——這個概念也是一個唯一的概念——對一個一般對象的規定之外，不能包含任何別的東西。例如在先驗分析論中，我們得出「凡是發生的東西都有一個原因」的原理，乃是從一個關於一般而言發生的東西的概念之客觀可能性的唯一條件出發的，即對一個時間中的事件的規定，從而也就是把這個（事件）規定爲屬於經驗的，除了服從這樣一條力學規則之外，是不可能的。這也是唯一可能的證明根據；因爲只有透過借助因果性規律爲概念規定一個對象，所表象的事件才具有客觀的有效性，也就是說，才具有眞理。人們雖然還嘗試過關於這個原理的其他證明，例如從偶然性出發的證明；然而，在仔細地考察這一原理時，人們卻除了發生亦即對象的一種不存在在此之前先行的存在之外，不能發現偶然性的任何徵兆，因而總是又返回到同一個證明根據。如果應當證明「凡是思維的東西都是單純的」這一命題，人們就不顧思維的雜多，而是僅僅堅持「我」這個單純的、一切思維都與之相關的概念。上帝存在的先驗證明也是同樣的情況，它所依據的僅僅是最實在的存在者與必然的存在者兩個概念的可互代性，捨此不能到任別的任何地方去尋找。

B817

透過這種警示性的說明，對種種理性主張的批判的範圍已經被大大縮小。在理性僅僅透過概念來推進自己的工作的地方，如果確有某種證明是可能的話，那也只有唯一的一種證明是可能的。因此，如果人們已經看到獨斷論者拿出十種證明來，人們就可以確信他根本沒有任何一種證明。因爲如果他有一種無可爭辯地進行證明的證明（如在純粹理性的事情上必然如此那樣），他幹麼還需要別的證明呢？他的意圖不過是像那種議會提案人的意圖罷了：對這個人是這一種論證，對那個人是那一種論證，爲的是利用他的裁決者們的弱點，這些裁決者並不去深入了解，而是想快點了事，就抓住最先引起他們注意的東西，據此作出決定。

純粹理性就其在先驗證明方面經受一種訓練而言的第三條特有規則是：它的證明從來都不是迂回的，而必須在任何時候都是明示的。直接的或者明示的證明在任何種類的知識中都是把對眞理源泉的洞識與眞理的信念相結合的證明。與此相反，迂回的證明雖然能夠產生確定性，但卻不能產生眞理在與其可能性的種種根據的聯繫方面的可理解性。因此，後者更多地是一種應急措施，而不是一種滿足理性一切意圖的方法。不過，它與直接的證明相比有一種自明性的優點，即矛盾在任何時候都比最好的聯結表現得更爲清晰，從而更爲接近一種演

B818

證的直觀性。

在不同的科學中應用迂回的證明的眞正理由就是上述理由。如果某種知識應當由以推導出來的種種根據過於雜多或者隱蔽得太深，人們就嘗試，是否能夠透過後果來達到這些根據。於是，從一種知識的後果推論到該知識的眞理性的 modus ponens〔肯定式〕，就只有在由此產生的一切後果都眞實的情況下才是允許的；因爲在這種情況下，對這些後果來說就只有唯一的一個根據才是可能的，這個根據也就是眞正的根據。但是，這種方法是不可行的，因爲洞察某一個假定的命題的所有可能後果，這超出了我們的力量；但是，在涉及僅僅把某種東西證明爲假說的時候，人們畢竟還是使用這種推論方式，雖然要有某種諒解，因爲人們承認按照類比進行的推論：如果人們所嘗試的諸多後果都與一個假定的根據一致，那麼，所有其餘的可能後果也將隨之一致。因此緣故，一個假說絕不能通過這條道路轉變爲得到演證的眞理。從後果推論到根據的理性推論的 modus tollens〔否定式〕所做的證明不僅極爲嚴格，而且也絕對容易。因爲即使從一個命題只能得出唯一的一個錯誤後果，這個命題就是錯誤的。人們不是在一個直接的證明中經歷種種根據的整個序列，這個序列能夠憑藉對其可能性的完備洞識導向一種知識的眞理性，而是只可以在從這種知識的反面得出的種種後果中間發現唯一的一種後果是錯誤的，這個反面就也是錯誤的，從而人們要證明的知識就是眞的。

但是，迂回的證明方式唯有在不可能把我們表象的主觀東西強加給客觀東西，亦即強加給對象中的東西的知識的那些科學中才是允許的。但在常見這種強加的地方，就必然經常發生這樣的情形：或者某個命題的反面僅僅與思維的主觀條件相矛盾，但並不與對象相矛盾，或者兩個命題僅僅在一個被誤以爲是客觀條件的主觀條件下相互矛盾，而且既然條件是錯誤的，所以兩個命題就可能都是錯誤的，不能從一個命題的錯誤推論到另一個命題的眞實。

B820 在數學中，這種倫換是不可能的；因此，迂回的證明方式在數學中也有其眞正的位置。在自然科學中，由於一切都以經驗性的直觀爲根據，所以那種倫換大多數可以透過諸多可比較的觀察來避免；但儘管如此，這種證明方式在大多數情況下並不重要。不過，純粹理性的先驗嘗試全都是以辯證幻相爲中介進行的，也就是說，是以主觀的東西爲中介進行的，主觀的東西在理性的前提中對理性呈現爲客觀的，或者甚至是強使理性認其爲客觀的。在這裡，就綜合命題而言，根本不能允許透過反駁對立面來爲自己的主張作辯護。因爲或者這種反駁無非是相反意見與爲我們理性所理解的主觀條件相衝突的純然表象，而這根本無助於責難事物本身（例如，就像一個存在者的存在中無條件的必然性絕對不能爲我們所理解，因而主觀上有理由與一個必然的至上存在者的思辨證明相抵觸，但卻沒有理由與這樣一個元始存在者就自身而言的可能性相抵觸），或者無論是肯定一方還是否定一方，雙方都爲先驗幻相

B821 所騙，都以關於對象的一個不可能的概念爲基礎，而且在這裡生效的是這樣一條規則：non entis nulla sunt praedicata〔不存在者沒有任何屬性〕，也就是說，無論人們關於對象是肯

定地還是否定地主張什麼，二者都是錯誤的，所以人們不能透過反駁對立面來迂回地達到眞理的認識。例如，如果預設感官世界就自身而言在其總體性上被給予，那麼，說它必然在空間上要麼是無限的要麼是有限的和有界限的，就是錯誤的，原因在於二者都是錯誤的。因爲畢竟就自身而言（作爲客體）被給予的顯象（作爲純然的表象）是某種不可能的東西，而這個想像出來的整體的無限性雖然是無條件的，但卻（由於顯象中的一切都是有條件的）與畢竟在概念中預設的量的無條件的規定相矛盾。

迂回的證明方式也是眞正的幻象，在任何時候都能吸引住對我們獨斷的玄想家們的縝密性感到驚贊的人們，它彷彿是一位鬥士，要證明自己所選擇的黨派的榮譽和不可置疑的權利，於是自告奮勇地與任何一個要對此有懷疑的人決鬥；儘管透過這種大言不慚在事情上並沒有澄清任何東西，只是在敵對雙方的相對力量上有所澄清而已，而且也只是在採取攻勢一方有所澄清而已。旁觀者由於看到每一方都次第時而是勝利者，時而又落敗，經常從中獲得理由以懷疑論的方式懷疑爭執本身的客體。但是，敵對雙方卻沒有理由這樣做，而大聲告訴他們 non defensoribus istis tempus eget〔時間並不需要這樣的維護者〕就夠了。每一方都必須憑藉一種透過證明根據的先驗演繹來進行的合法證明，亦即直接地從事自己的事情，以便人們看出他的理性要求自身能夠援引什麼。因爲如果它的敵對者所依據的是主觀的根據，那麼反駁他當然是輕而易舉的事情，但對獨斷論者卻沒有什麼好處，獨斷論者通常都同樣依賴判斷的主觀原因，同樣被其論敵逼入困境。但如果雙方都純然是直接地進行的，則要

B822

麼他們就會自行發現找到他們的主張的權利是困難的，甚至是不可能的，最終只能訴諸失去時效，要麼批判將輕而易舉地揭露獨斷的幻相，迫使純粹理性放棄它在思辨應用中過於誇張的僭妄，退回到它特有的領地亦即實踐原理的界限之內。

第二篇

純粹理性的法規

B823

人類理性在自己的純粹應用中一事無成，甚至還需要一種訓練來約束自己的放縱，並防止由此給它帶來的幻象，這對它來說是恥辱的。但另一方面，使它重新振奮並給它以自信的是，它能夠並且必須自己實施這種訓練，不允許對自己進行一種別的審查，此外它被迫為自己的思辨應用所設置的界限，同時也限制著任何一個對手的玄想的僭妄，從而能夠確保一切從它以前過分的要求中還可以給它剩下的東西免受任何攻擊。因此，純粹理性的一切哲學的最大的、也許是唯一的用途大概只是消極的，也就是說，因為它不是作為工具論被用來擴展，而是作為訓練被用來規定界限，而且不是揭示眞理，而是只有防止錯誤的默默功績。

然而，畢竟肯定在某個地方存在著屬於純粹理性領域的積極知識的根源，這些知識也許只是由於誤解才為錯誤提供了誘因，但事實上卻構成了理性努力的目標。因為若不然，又該把這種無法抑制的、絕對要超出經驗的界限在某個地方站穩腳跟的欲望歸於哪種原因呢？理性預感到對於它來說具有重大旨趣的對象。它踏上純然思辨的道路，為的是接近這些對象；但是，這些對象卻逃避它。也許，它可以希望在還給它剩下的唯一道路上，也就是說在**實踐**應用的道路上，會有對它來說更好的運氣。

我把法規理解為某些一般認識能力的正確應用之先天原理的總和。於是，普遍邏輯在其分析的部分就是知性和理性的法規，但這只是就形式而言的，因為它抽掉了一切內容。先驗分析論是純粹知性的法規；因為唯有純粹知性能夠得出眞正的先天綜合知識。但是，在不可能有對一種知識能力的正確應用的地方，也就不存在任何法規。現在，按照迄今所作出的一切證明，純粹理性在其思辨應用中的一切綜合知識都是完全不可能的。因此，根本不存在純粹理性的思辨應用的任何法規（因爲這種應用完全是辯證的），相反，一切先驗邏輯在這方面都無非是訓練而已。所以，如果某個地方有純粹理性的一種正確應用，在這種情況下也必定有純粹理性的一種法規的話，那麼，這種法規將不涉及思辨的理性應用，而是涉及實踐的理性應用，因而我們現在就要探討這種應用。

B825

第一章　論我們理性的純粹應用的終極目的

理性爲其本性的一種傾向所驅使，超出經驗應用之外，冒險在一種純粹應用中並且憑藉純然的理念突破一切知識的最後界限，唯有在完成自己的循環時，在一個獨立存在的系統整體中才歇息下來。那麼，這種努力的根據純然是其思辨的旨趣，還是毋寧說僅僅是其實踐的旨趣呢？

現在，我想把純粹理性在思辨方面取得的成功擱置一旁，僅僅追問這樣一些任務，它們的解決構成理性的終極目的，而不管理性現在是否能夠達到這一目的，對它來說其他一切目的都僅僅具有手段的價值。這些最高的目的按照理性的本性又都必然具有統一性，以便聯合起來去促進人類不再從屬於任何更高旨趣的那種旨趣。

B826

理性在先驗應用中的思辨最終導致的終極意圖涉及三個對象：意志自由、靈魂不死和上帝存在。就所有這三個對象而言，理性的純然思辨的旨趣十分微薄，鑒於這種旨趣，一種令人疲倦的、與連續不斷的障礙作鬥爭的先驗研究工作也許會是難以接受的，因爲對於在這方面可能作出的一切發現，人們都畢竟不可能有任何具體的亦即在自然研究中證明其用途的應用。即使意志是自由的，但這畢竟僅僅關涉到我們意願的理知原因。因爲就意志的種種表現的現象亦即行動而言，我們必須按照一條不可違反的基本準則（沒有這條準則，我們就不能在經驗性的應用中施展理性），永遠像對待其餘一切自然顯象那樣，也就是說，按照自然的不變規律來解釋它們。第二，即使能夠洞察靈魂的精神本性（並且隨之洞察它的不死），但也畢竟既不能指望它在此生的顯象方面作爲一個解釋根據，也不能指望來世狀態的特殊性

B827

狀，因爲我們關於非形體自然的概念純然是否定的，絲毫也不擴展我們的知識，也不爲推論提供適用的材料，除了會爲那些只能被視爲虛構、但卻不爲哲學所允許的推論提供適用的材料以外。第三，即使證明了一個最高理智的存在，我們也雖然可以由此在宏觀上解釋世界安排和秩序中的合目的的東西，但卻絕對沒有權限由此推導出任何一種特殊的部署和秩序，或者在它們未被知覺到的地方大膽地推論到它們；因爲理性的思辨應用的一條必要的規則就是：不要跳過自然原因和放棄我們透過經驗能夠學到的東西，而從完全超越我們的一切知識的東西中推導出我們知道的某種東西。一言以蔽之，這三個命題在任何時候對於思辨理性來說都依然是超驗的，根本沒有任何內在的亦即對於經驗的對象來說允許的、從而對我們來說以某些方式有用的應用，相反，它們是我們理性的就自身而言完全多餘的、而且在這方面還極爲沉重的勞動。

據此，如果這三個基本命題對我們來說根本不爲知識所必需，儘管如此還被我們的理性迫切地推薦給我們，那麼，它們的重要性眞正說來必定僅僅關涉到實踐的東西。

凡是透過自由而可能的東西，就都是實踐的。但如果我們自由的任性施展的條件是經驗性的，那麼，理性在這方面除了範導性的應用之外就不能有別的應用，並且只能用於造成經驗性規律的統一。例如，在明智的教導中，把我們的偏好給我們提出的一切目的統一在一個唯一的目的亦即幸福中，並使達到幸福的種種手段協調一致，就構成了理性的全部工作，理性因此緣故只能提供自由行爲的實用法則，以達到感官向我們推薦的目的，因而不能提供完全先天地規定的純粹規律。與此相反，純粹的實踐法則，其目的由理性完全先天地給予，不是經驗性地有條件的，而是絕對地發布命令的，它們將是純粹理性的產物。但是，諸如此類的法則就是道德的法則；因此，唯有這些法則才屬於純粹理性的實踐應用，並允許有一種法規。

因此，在人們可以稱之爲純粹哲學的這種探究中，理性的全部裝備事實上都是針對上述三個問題的。但是，這三個問題本身又都有其更爲深遠的意圖，也就是說，如果意志是自由的，如果有一個上帝，有一個來世，那麼應當做什麼。既然這涉及我們與最高目的相關的行爲，所以睿智地照料我們的自然在設立我們的理性時，其終極意圖眞正說來就只是著眼於道德的東西。

但必須愼重從事的是，當我們把自己的注意力投向一個對於先驗哲學來說陌生的對象①時，不要過分說題外話而損害系統的統一，另一方面也不要對自己的新話題說得太少而使其

① 一切實踐的概念都指向愉悅或者反感的對象，也就是快樂和不快的對象，因而至少間接地指向我們情感的對象。但是，既然情感不是事物的表象能力，而是處於全部認識能力之外，所以，我們的判斷只要與快樂或者不快相關，從而也就是實踐判斷，其要素就不屬於先驗哲學的範圍，先驗哲學僅僅與純粹的先天知識打交道。——康德自注

缺乏清晰性和說服力。我希望透過盡可能切近地求助於先驗的東西，並把在這裡可能是心理學的亦即經驗性的東西完全擱置一旁來做到這兩點。

而且此處首先要說明的是：我如今只是在實踐的意義上使用自由概念，而在這裡把先驗意義上的自由概念擱置一旁；後者不能被經驗性地預設爲顯象的解釋根據，而本身對於理性來說是一個問題，這是上面已經解決過的。也就是說，有一種任性是純然動物性的（arbitrium brutum〔動物性的任性〕），它只能由感性衝動來規定，也就是說，從生理變異上來規定。但那種不依賴於感性衝動，因而能夠由僅僅爲理性所表現的動因來規定的任性，就叫做**自由的任性**（arbitrium liberum），而一切與這種任性相關聯的東西，無論是作爲根據還是作爲後果，就都被稱爲**實踐的**。實踐的自由可以透過經驗來證明。因爲不僅刺激的東西，亦即直接刺激感官的東西，規定著人的任性，而且我們還有一種能力，能透過本身以更爲遠離的方式有用或者有害的東西的表象，來克服在我們感性欲求能力上造成的印象；但是，對那種就我們的整體狀況而言值得欲求的東西，亦即好的和有用的東西的這些考慮，依據的是理性。因此，理性也給予一些法則，它們是命令，也就是說，是客觀的自由法則，它們說明什麼應當發生，儘管它也許永遠不發生，而且在這一點上它們有別於僅僅探討發生的事情的自然法則，因而也被稱爲實踐的法則。

但是，理性本身在它由以制定法則的這些行動中是否又爲別的方面的影響所規定，亦即就感性衝動而言叫做自由的東西在更高的和更遙遠的作用因方面是否又會是自然，這在實踐

B831　B830

的東西中與我們毫不相干，在實踐的東西中我們只是首先向理性徵詢行爲的規範；相反，它是一個純然思辨的問題，只要我們的意圖所針對的是所爲或者所棄，我們就可以把它擱置一旁。因此，我們透過經驗認識到，實踐的自由是自然原因的一種，也就是理性在規定意志方面的一種因果性，而先驗的自由卻要求這種理性本身（就其開始一個顯象序列的因果性而言）不依賴於感官世界的一切規定性原因，並且就此而言看起來與自然規律、從而與一切可能的經驗相牴觸，從而依然是一個問題。不過，這個問題並不歸屬實踐應用中的理性，因此我們在純粹理性的法規中只探討兩個關涉到純粹理性的實踐旨趣的問題，就這兩個問題而言，純粹理性應用的一種法規必須是可能的；這兩個問題就是：有一個上帝嗎？有一種來世嗎？有關先驗自由的問題僅僅涉及思辨的知識，我們完全可以在討論實踐的東西時把它當做完全無所謂的而擱置一旁，而且在純粹理性的二論背反中，這個問題已經得到了充分的探討。

第二章　論作為純粹理性終極目的之規定根據的至善理想

理性在其思辨應用中引導我們經過經驗的領域，並且由於這個領域對於理性來說永遠不能發現完全的滿足，就把我們由此引導到思辨的理念，但思辨的理念最終又把我們引回到經驗，從而以一種雖然有用、但卻根本不符合我們的期望的方式實現了自己的意圖。現在，給我們剩下的還有一種嘗試，也就是說，在實踐的應用中是否也可以發現純粹的理性，純粹理性在實踐的應用中是否也導向實現我們上面提到的純粹理性最高目的的理念，因而純粹理性是否能夠從其實踐旨趣的觀點出發，提供它就思辨旨趣而言根本拒絕給予我們的東西。

我的理性的全部旨趣（既有思辨的旨趣，也有實踐的旨趣）匯合為以下三個問題：

1. 我能夠知道什麼？
2. 我應當做什麼？
3. 我可以希望什麼？

第一個問題是純然思辨的。我們（如我可以自誇）已經窮盡了對這一問題的所有可能回答，而且最終找到了理性雖然必須滿足、而且在它不是著眼於實踐的東西時也有理由滿足的回答，但離純粹理性的全部努力真正說來所指向的兩大目的卻同樣遙遠，就好像我們出自安逸一開始就拒絕了這一工作似的。因此，如果涉及知識，則至少有把握和確定了的是，我們在那兩個問題上永遠不能分享知識。

第二個問題是純然實踐的。它作為這樣一個問題雖然歸屬純粹理性，但在這種情況下卻畢竟不是先驗的，而是道德的，因而我們的批判就自身而言並不研究它。

第三個問題是：如果我如今做我應當做的，那麼我在這種情況下可以希望什麼？它既是實踐的又同時是理論的，以至於實踐的東西只是作爲導線來導向對理論問題的回答，而且如果理論問題得到解決，就導向對思辨問題的回答。因爲一切希望都是指向幸福的，而且希望在實踐的東西和道德法則方面，恰恰就是知識和自然規律在事物的理論知識方面所是的同一東西。前者最終導致的結論是：某物存在（它規定著終極的可能目的），乃是因為有某物應當發生；後者最終導致的結論則是：某物存在（它作爲至上原因起作用），乃是因為有某物發生。

B834

幸福是我們一切偏好的滿足（既在廣度上就滿足的雜多性而言，也在深度上就程度而言，還在綿延上就存續而言）。出自幸福動機的實踐法則我稱之爲實用的法則（明智規則）；但如果有這樣一種實踐法則，它除了配享幸福之外不以別的任何東西爲動機，我就稱它爲道德的（道德法則）。前者建議我們，如果我們要享有幸福的話就應當做什麼；後者則命令我們，我們應當如何行事以便配享幸福。前者建立在經驗性原則之上；因爲除了憑藉經驗之外，我既不知道有哪些要得到滿足的偏好，也不知道什麼是能導致其滿足的自然原因。後者抽掉了偏好和滿足它們的自然手段，僅僅考察一個一般理性存在者的自由和這種自由唯有在其下才與幸福按照原則的分配相一致的必要條件，因而至少能夠以純粹理性的純然理念爲依據，並被先天地認識。

我假定，實際上有純粹的道德法則，它們完全先天地（不考慮經驗性的動機，即幸福）

B835

規定著一個一般理性存在者的所爲所棄，即其自由的應用，而且這些道德法則絕對地（不是僅僅假言地、在其他經驗性目的的前提條件下）發布命令，因而在一切方面都是必然的。我可以有理由預設這一命題，因爲我不僅訴諸最賢明的道德學家們的證明，而且還訴諸每一個人的道德判斷，如果他願意清晰地思考一條諸如此類的法則的話。

因此，純粹理性儘管不是在其思辨的應用中，但卻畢竟在某種實踐應用中，也就是在道德的應用中包含著經驗可能性的原則，即根據道德規範有可能在人的歷史上發現的這樣一些行動的原則。因爲既然道德法則命令這樣一些行動應當發生，它們也就必須能夠發生，因此某個特殊種類的系統統一性，即道德的系統統一性，必須是可能的，然而系統的自然統一性按照理性的思辨原則卻是不能證明的，因爲理性雖然就一般自由而言具有因果性，但並不是就整個自然而言具有因果性，而道德的理性原則雖然能夠產生自由的行動，但並不能夠產生自然規律。據此，純粹理性在實踐應用中，尤其在道德應用中的原則具有客觀的實在性。

我把符合一切道德法則的世界（如同它按照有理性的存在者的自由所能夠是的那樣，亦即按照道德性的必然法則所應當是的那樣）稱爲一個道德的世界。這個世界由於其中抽掉了一切條件（目的），甚至抽掉了道德性在這些條件中的一切障礙（人類本性的軟弱和不純正）而純然被設想爲一個理知的世界。就此而言，它是一個純然的理念，但畢竟是一個實踐的理念，它能夠並且應當現實地影響感官世界，使其盡可能地符合這個理念。因此，一個道德世界的理念具有客觀的實在性，不是好像它指向一種理知直觀的對象（諸如此類的對象我們根本不能思維），而是指向感官世界，但這個感官世界是作爲純粹理性在其實踐應用中的一個對象，作爲有理性的存在者在感官世界中的一個 corpus mysticum〔奧祕團體〕，只要他們自由的任性在道德法則之下既與自己本身、也與每一個其他有理性的存在者的自由具有完全的系統統一性。

對純粹理性涉及實踐旨趣的兩個問題中第一個問題的回答是：去做那使你配享幸福的事
B837 情吧。現在，第二個問題問道：如果我現在如此行事，使我並非不配享幸福，我如何也可以希望由此能夠享有幸福呢？對這個問題的回答取決於：先天地制定這一法則的純粹理性的原則是否也必然地把這種希望與這一法則聯結起來。

據此我說：正如按照理性來看在其實踐應用中道德原則是必要的一樣，按照理性來看在其理論應用中也同樣有必要假定，每一個人都有理由依照他在其行爲中使自己配享幸福的同等程度來希望幸福，因此，道德性的體系與幸福的體系密不可分地結合在一起，但卻唯有在純粹理性的理念中才是如此。

如今，在一個理知的世界裡，也就是在一個道德的世界裡，在一個我們從其概念抽掉了一切道德性的障礙（偏好）的世界裡，這樣一個與道德性相結合成正比的幸福的體系也可以被設想爲必然的，因爲部分地爲道德法則所推動、部分地爲其所限制的自由就會是普遍的幸福的原因，因而有理性的存在者在這些原則的指導下本身就會是其自己的、同時也是別人的
B838 持久福祉的創造者。但是，自己酬報自己的道德性的這個體系只是一個理念，它的實現依據

這樣的條件，即每一個人都做他應當做的，也就是說，有理性的存在者們的所有行動都如此發生，就好像它們是出自一個把所有的私人任性都包括在自身之中或者自身之下的至上意志似的。但是，既然即使別的人都不按照道德法則行事，出自這一法則的義務對自由的每一種特殊的應用也依然有效，所以無論是從世上事物的本性出發，還是從行動本身的因果性及其與道德性的關係出發，都未確定行動的後果與幸福將如何相關；如果我們僅僅以自然為基礎，則獲得幸福的希望與使自己配享幸福的不懈努力的上述那種必然的聯結就不能透過理性來認識，而是唯有在一個按照道德法則發布命令的最高理性同時作為自然的原因被奠定為基礎的時候才可以希望。

我把這樣一種理智的理念稱為至善的理想；在這一理念中，與最高的永福相結合的道德上最完善的意志就是世間一切幸福的原因，只要這幸福與道德性（作為配享幸福）處於精確的比例之中。因此，純粹理性唯有在這個至高的原始的善的理想中才能發現至高的派生的善，也就是一個理知的亦即道德的世界的兩種要素在實踐上必然聯結的根據。既然我們必須以必然的方式透過理性把自己表現為屬於這樣一個世界的，即使感官呈現給我們的只是一個顯象的世界，我們也必須假定那個世界就是我們在感官世界中的行為的一個後果，而既然感官世界並未向我們呈現這樣一種聯結，我們就必須假定那個世界是一個對我們來說未來的世界。因此，上帝和來世是兩個按照純粹理性的原則與同一個純粹理性讓我們承擔的義務不可分割的預設。

道德性自身構成一個體系，但幸福則不如此，除非它精確地按照道德性被分配。但是，這唯有在隸屬一個智慧的創造者和統治者的理知世界中才是可能的。理性發現自己不得不假定這樣一個智慧的創造者和統治者，連同在這樣一個我們必須視之爲來世的世界中的生活，或者它就把道德法則視爲空洞的幻覺，因爲沒有那種預設，道德法則的必然後果——是同一個理性把它與道德法則聯結起來的——就必然被取消。因此，即便每個人都把道德法則視爲誡命，但如果道德法則不先天地把適當的後果與它們的規則聯結起來，從而自身帶有應許和威脅的話，道德法則也就不能是誡命。但是，如果道德法則不蘊涵在一個作爲至善的必然存在者之中的話，它們也不能做到這一點，唯有至善才能使這樣一種合目的的統一成爲可能。

萊布尼茲曾把人們在其中只注意有理性的存在者及其在至善的統治下按照道德法則的聯繫的那個世界稱爲神恩王國，並把它與自然王國區分開來；在自然王國中，有理性的存在者雖然從屬於道德法則，但卻除了按照我們感官世界的自然進程之外，並不期待別的結果。因此，把自己看做處於神恩王國之中，在那裡，除非我們由於不配享幸福而自己限制我們的幸福份額，一切幸福都在等待著我們，這就是理性的一個在實踐上必要的理念。

實踐的法則如果同時成爲行動的主觀根據，亦即主觀的原理，那就叫做準則。對道德性在純粹性和後果上的判斷是根據理念進行的，對其法則的遵循則是按照準則進行的。

使我們的整個生活方式都從屬於道德準則，這是必要的；但是，如果理性不把一個作用因與是一個純然理念的道德法則聯結起來，這也同時是不可能發生的；這個作用因給按照道德法則的行爲規定了一種與我們的最高目的精確相符的結局，不管是在今生還是在來世。因此，沒有一個上帝和一個我們現在看不見、但卻希望著的世界，道德性的這些美好的理念雖然是贊許和歎賞的對象，但卻不是立意和實施的動機，因爲它們並未實現那對每一個理性存在者來說都是自然的、透過同一個純粹理性先天地規定的、必然的全部目的。 B841

僅僅幸福，對於我們的理性來說還遠遠不是完備的善。如果幸福不與配享幸福亦即道德上的善行結合起來，理性則並不贊同這樣的幸福（無論偏好如何期望這種幸福）。但僅僅道德性，以及隨之還有配享幸福，也遠遠不是完備的善。要完成這樣的善，那不曾行事不配享幸福的人就必須能夠希望分享幸福。甚至沒有任何私人意圖的理性，即便它不考慮自己的私利而置身於一個應當給其他存在者分配幸福的存在者的地位上，也不能作出另外的判斷；因爲在實踐的理念中，這兩種成分是在本質上結合在一起的，儘管結合的方式是道德意向作爲條件首先使分享幸福成爲可能，而不是反過來幸福的前景首先使道德意向成爲可能。因爲在後一種情形中，道德意向就會不是道德的，從而就不配享有全部幸福；對於理性來說，除了產生自我們自己的不道德行爲的限制之外，幸福沒有別的任何限制。 B842

因此，幸福只有與理性存在者的道德性精確相稱、理性存在者由此配享幸福時，才構成一個世界的至善；我們必須完全按照純粹的、但卻是實踐的理性的種種規範置身於這個世界，這個世界當然只是一個理知的世界，因爲感官世界並沒有從事物的本性中給我們應許諸如此類的系統統一性，這種統一性的實在性也不能建立在任何別的東西之上，而只能建立在一個至高的原始的善的預設之上，在這裡，用一種至上的原因的所有充足性裝備起來的獨立理性，按照最完善的合目的性建立、維持和完成事物的普遍秩序，雖然這種秩序在感官世界中對我們來說是隱蔽很深的。

這種道德神學與思辨神學相比具有獨特的優點：它不可避免地導致一個唯一的、最完善的、理性的元始存在者的概念，思辨神學就連從客觀的根據出發指示這一概念也不能，就更不用說使我們確信了。因爲無論在先驗神學中還是在自然的神學中，不管理性在其中把我們引領到多麼遠，我們都找不到一個重要的根據，來哪怕是假定一個唯一的存在者，使我們有充足的理由把它置於一切自然原因之前，同時使自然原因在一切方面都依賴於它。與此相反，如果我們從作爲一條必然的世界規律的道德統一性的觀點出發，來考慮那唯一能夠給予這一規律以相應的效果，從而也給予它以對我們有約束力的力量的話，那就必然有一個唯一的至上的意志，它自身包含著所有這些規律。因爲我們想怎樣在不同的意志中間發現目的的統一性呢？這個意志必須是全能的，以便整個自然及其與世間的道德性的關係都服從於它；它必須是全知的，以便認識意向的最內在的東西及其道德價值；它必須是全在的，以便直接滿足要求最高的世間福祉的一切需求；它必須是永恆的，以便在任何時間裡都不缺少自然與自由的這種協調一致；如此等等。

但是，種種理智的這個世界雖然作爲純然的自然只能被稱爲感官世界，但作爲自由的體系卻可以被稱爲理知世界，也就是道德世界（regnum gratiae〔神恩王國〕）；在這個世界裡，種種目的的系統統一性也必然導致種種事物的合目的的統一性（種種事物構成這個大全，依照的是普遍的自然規律，就像前一種統一性依照的是普遍必然的道德法則一樣），並把實踐理性與思辨理性結合起來。世界如果應當與這種理性應用（沒有這種理性應用，我們就會認爲自己不配擁有理性），也就是道德的理性應用（道德的理性應用是絕對依據至善的理念的）相一致的話，就必須被表現爲出自一個理念。這樣一來，一切自然研究就獲得了朝向一個目的體系的形式的方向，並在其擴張到極點時成爲自然神學。但是，由於這種自然神學畢竟是從作爲一種基於自由的本質的、並非透過外在的誡命偶然地建立起來的統一性的道德秩序開始的，所以它就把自然的合目的性引導到必然先天地與事物的內在可能性不可分地聯結在一起的根據，引導到一種先驗神學，這種先驗神學以最高的本體論的完善性這一理想作爲按照普遍的和必然的自然規律把一切事物聯結起來的系統統一性原則，因爲一切事物的起源都在一個唯一的元始存在者的絕對必然性之中。

B844

如果我們不把目的置於前面，我們能夠對我們的知性甚至在經驗方面作出一種什麼樣的應用呢？但是，最高的目的就是道德性，而且只有純粹理性才能把道德性供我們認識。具備了這些目的，並依照它們的導線，我們並不能在自然本身沒有表現出合目的的統一性的地方，對自然知識本身做一種就知識而言的合目的的應用；原因在於，沒有這種合目的的統一性，我們自己甚至就會沒有任何理性，因爲我們就會沒有理性的學校，也沒有透過給這樣的

B845

概念提供材料的對象而來的教養。但是，前一種合目的的統一性是必然的，並且是基於任性本身的本質的，因此，包含著前一種的具體運用之條件的後一種合目的的統一性也必須是必然的；這樣，對我們的理性知識的先驗提升就不是純粹理性加給我們的實踐合目的性的原因，而僅僅是它的結果。

因此，我們也在人類理性的歷史中發現，在道德概念充分被純化、被規定，而種種目的的系統統一性按照這些概念，並且從必然的原則中被洞察之前，自然的知識，甚至理性在諸多別的科學中可觀程度的教養，有時只能產生關於神性的一些粗糙的和飄忽不定的概念，有時留下一種令人驚贊的對這一問題根本無所謂的態度。因我們宗教極爲純粹的道德法則而成爲必然的對種種道德理念的更深入探討，曾透過迫使理性對對象發生的旨趣而使理性對於該對象更加敏銳；而且既不是擴展了的自然知識、也不是正確可靠的先驗洞識（諸如此類的洞識在任何時代都是有缺陷的）對此作出了貢獻，而是道德理念實現了關於神性存在者的一個概念，我們如今把這個概念視爲正確的概念，並不是因爲思辨理性使我們確信它的正確性，而是因爲它與種種道德的理性原則完全一致。這樣，歸根結底畢竟始終只是純粹理性——但僅僅在其實踐應用中——立下了這一功勞，即把純然思辨只能臆猜但卻不能使之有效的知識與我們的最高旨趣聯結起來，而且由此雖然沒有使它成爲演證了的獨斷教理，但畢竟使它就純粹理性最根本的目的而言成爲一個絕對必要的預設。

但是，在實踐理性現在達到了這個高度，也就是達到了一個作爲至善的唯一元始存在者的概念之後，它萬萬不可冒險以爲它已經超越了這個概念的運用的一切經驗性條件，高升到了對新對象的直接知識，要從這個概念出發，從它推導出道德法則本身。因爲恰恰是這些道德法則，其內在的實踐必然性把我們引領到一個獨立原因或者一個智慧的世界統治者的預設，爲的是給予那些法則以效用；因此，我們不能根據這種效用又把道德法則視爲偶然的、派生自純然的意志的，尤其是不能視爲派生自這樣一個意志，我們對於這個意志根本沒有任何概念，除非是我們根據那些法則來形成其概念。就實踐理性有權利引領我們而言，我們之所以把行動視爲義務性的，將不是因爲它們是上帝的誡命，相反，我們之所以把它們視爲神的誡命，乃是因爲我們在內心中感到對此有義務。我們將在根據理性原則的合目的的統一性之下研究自由，並且僅僅就我們使理性從行動本身的本性出發教給我們的道德法則保持神聖而言，才相信自己是符合神的意志的，而且也唯有透過我們在我們身上和別人身上促進世界福祉，才相信自己在爲神的意志效勞。因此，道德神學只具有內在的應用，也就是說，透過我們適應一切目的的體系來實現我們在此世的使命，而且不狂熱地或者乾脆瀆神地離開一種在道德上立法的理性在善良生活方式中的導線，以便把這種生活方式直接地與最高存在者的理念聯結起來；這將會提供一種超驗的應用，但正如純然思辨的超驗應用一樣，它必將顛倒理性的終極目的並使之破滅。

第三章　論意見、知識和信念

B848

視之爲眞，是我們知性中的一件事情，它可以依據客觀的根據，但也要求在此做判斷的人心靈中的主觀原因。如果它對每一個只要具有理性的人都是有效的，那麼，它的根據就是客觀上充足的，而視之爲眞在這種情況下就叫做**確信**。如果它僅僅在主體的特殊性狀中才有自己的根據，那麼，它就被稱爲**臆信**。

臆信是一種純然的幻相，因爲僅僅蘊藏於主體之中的判斷根據被看做是客觀的。因此，這樣一個判斷也只有私人有效性，而且這種視之爲眞是不能傳達的。但是，眞理所依據的是與客體的一致，因此就客體而言，每一個知性的種種判斷都必須是一致的（consentientia uni tertio consentiunt inter se〔凡與一個第三者一致者，相互之間也一致〕）。因此，檢驗視之爲眞是確信還是臆信的試金石在外部是傳達它的可能性，以及發現這種視之爲眞對每個人的理性都有效的可能性；因爲在這種情況下至少就有一種猜測，即一切判斷儘管主體相互之間的差異仍相一致的根據將依據共同的根據，即依據客體，因此這些判斷將全都與客體一致，並由此證明判斷的眞理性。

據此，雖然當主體僅僅把視之爲眞看做是他自己心靈的顯象時，臆信就不能與確信區別開來；但是，人們用視之爲眞對我們有效的那些根據在別的知性上進行試驗，看它們對別的理性是否會與對我們的理性產生同樣的結果，這畢竟是一種——儘管是主觀的——手段，雖然並不造成確信，但畢竟揭示出判斷純然的私人有效性，也就是說，揭示出判斷中某種是純然臆信的東西。

B849

此外，如果人們能夠展示我們認爲是判斷客觀根據的判斷主觀原因，並因此而把錯誤的視之爲眞解釋爲我們心靈中的一件事情，爲此並不需要客體的性狀，那麼，我們就揭露了幻相，不再爲它所蒙騙，儘管在幻相的主觀原因與我們的本性相關的時候，還總是在某種程度上受其誘惑。

除了產生確信的東西之外，我不能斷言任何東西，也就是說，不能把任何東西當做對任何人都必然有效的判斷說出來。我可以爲自己保持臆信，如果我這樣感覺不錯的話，但我不能也不應當想使它成爲在我之外有效的。

視之爲眞或者判斷的主觀有效性在與確信（它同時是客觀地有效的）的關係上有以下三個階段：**意見**、**信念**和**知識**。意見是一種自覺其既在主觀上又在客觀上都不充分的視之爲眞。如果視之爲眞只是在主觀上充分，同時被視爲客觀上不充分的，那它就叫做**信念**。最後，既在主觀上又在客觀上充分的視之爲眞叫做**知識**。主觀上的充分叫做**確信**（對我自己來說），客觀上的充分叫做**確定性**（對任何人來說）。對如此容易領會的概念，我就不再費時說明了。

如果不至少對某種東西有**知識**，我絕不可以冒昧地有所**意見**；憑藉這某種東西，就自身而言僅僅或然的判斷就獲得與眞理的一種聯結，這種聯結雖然並不完備，但畢竟勝於任意的虛構。此外，這樣一種聯結的規律必須是確定的。因爲如果我就這種規律而言所擁有的也無非是意見，那麼，一切都只不過是想像的遊戲罷了，與眞理沒有絲毫關係。在出自純粹理性

B850

B851 的判斷中，是根本不允許有意見的。因爲既然這些判斷不是基於經驗的根據，而是一切都應當先天地被認識，在這裡一切都是必然的，所以聯結的原則要求普遍性和必然性，從而要求完全的確定性，否則就根本找不到通往眞理的管道。因此，在純粹數學中有所意見是荒謬的；人們必須有知識，要麼就放棄一切判斷。道德性的種種原理也是同樣的情況，在這裡人們不可以僅僅對「某物是允許的」有意見就貿然行動，而是必須對此有知識。

與此相反，在理性的先驗應用中，說有意見當然是太少了，但說有知識卻未免太多。因此，在純然的思辨方面，我們在這裡根本不能作出判斷；因爲視之爲眞的主觀根據就像能夠產生信念的主觀根據一樣，在思辨的問題上不值得任何贊同，在這裡它們離開一切經驗性的幫助就無法立足，也不能在同樣的程度上傳達給別人。

但是，任何地方都唯有在實踐的關係中，理論上不充分的視之爲眞才能被稱爲信念。現在，這種實踐的意圖要麼是技巧的意圖，要麼是道德性的意圖，前者關涉任意的和偶然的目的，後者則關涉絕對必然的目的。

B852 一旦把一種目的置於前面，那麼，達到該目的的條件就也假設爲必然的了。這種必然性是主觀的，但只要我根本不知道有達到該目的的其他條件，它就畢竟是相對而言充分的；然而，如果我確切地知道，沒有人能夠認識導致所設定的目的的其他條件，它就是絕對充分的，並且對每個人來說都是充分的。在前一種情形中，我對某些條件的預設和視之爲眞是一種僅僅偶然的信念，而在第二種情形中則是一種必然的信念。醫生對一個處於危險中的病人必須有所作爲，但他並不了解病情。他觀察顯象，並且由於他並不知道更進一步的東西而判斷這是肺結核。他的信念甚至在他自己的判斷中也僅僅是偶然的，另一個醫生可能會更好地作出判斷。我把諸如此類偶然的、但卻爲現實地運用手段於某些行動奠定基礎的信念稱爲**實用的信念**。

對於某人所斷言的東西，看其是純然的臆信，或者至少是否是主觀的確信，通常的試金石是**打賭**。某人經常以如此深信不疑的和難以駕馭的固執說出自己的命題，以至於看起來他完全擺脫了失誤的擔憂。打一個賭就使他起了疑心。有時可以發現，他雖然足足具有可以被估價值一個杜卡特的臆信，但卻不具有值十個杜卡特的臆信。因爲對於第一個杜卡特他還敢賭，而對於十個杜卡特來說他才意識到他此前沒有注意的事情，即畢竟也可能是他自己錯了。如果人們在思想中想像應當以終生的幸福打賭，則我們趾高氣揚的判斷就會大爲減色，我們將變得十分謹慎，第一次發現我們的信念並沒有達到如此程度。因此，實用的信念僅僅具有一種根據在賭博中出現的利益之差異可大可小的程度。

但是，儘管我們在與客體的關係中根本不能有所行動，因而視之爲眞純然是理論的，但由於我們畢竟在許多情形中仍然能夠在思想上把握和想像一種行動，我們自以爲對這一行動有充足的根據，如果有一種手段來澄清事情的確定性的話，所以，在純然理論的判斷中有一個**實踐判斷的類似物**，純然理論判斷的視之爲眞是適合於信念一詞的，我們可以把這種信念稱爲**學理的信念**。如果有可能透過某種經驗來澄清的話，我願意以我的一切來打賭，賭至少在我們所見的行星中的某一個上面有居民。因此我說，也存在有別的世界的居民，這並不僅僅是意見，而是堅強的信念（對於它的正確性我已經以生活的諸多好處作賭注了）。

現在，我們必須承認，關於上帝存在的學說就屬於學理的信念。因爲儘管我就理論的世界知識而言不能**指定**任何東西，來必然地預設這一思想是我解釋世界顯象的條件，而毋寧說不得不這樣來使用我的理性，就好像一切都只不過是自然似的，但合目的的統一性畢竟是把我們的理性運用於自然的一個如此重大的條件，此外經驗又給我呈現出這方面豐富的例證，以至於我根本不能忽略它。但對於這種統一性，我不知道任何別的條件來使它成爲自然研究的導線，除非我預設一個最高的理智按照最智慧的目的如此安排了一切。因此，爲了在對自然的探究中有一種指導而預設一個智慧的世界創造者，這是一種雖然偶然的、但畢竟並非不重要的意圖的一個條件。我的研究的結果也如此經常地證實這一預設的可用性，沒有任何東西能夠以斷然的方式被援引來反駁這一預設，以至於我如果要把自己的視之爲眞稱爲一種意見，就說得太少了；相反，甚至在這種理論的關係中可以說，我堅定地相信一個上帝；但在這種情況下，這種信念在嚴格的意義上依然不是實踐的，而是必須被稱爲一種學理的信念，它是自然的**神學**（自然神學）必定在任何地方都必然地造成的信念。就同一種智慧而言，鑒於人類本性的傑出裝備和與此極不匹配的短暫生命，同樣可以爲人類靈魂的來世生活的學理信念找到充分的根據。

在這樣一些事例中，信念這一表述是在**客觀**方面的謙遜態度的表述，但畢竟同時是在主

B854 B855

觀方面的篤信態度的表述。即使我在這裡把純然理論上的視之爲眞僅僅稱爲我有權利接受的假說，由此我也已經會自告奮勇地對於一個世界原因和另一個世界的性狀，較之我實際上能夠指出的那樣更多地擁有概念了；因爲無論我把什麼僅僅當做假說來接受，我都對它至少在其屬性上知道如此之多，以至於我可以虛構的不是它的概念，而僅僅是它的存在。但是，信念一詞僅僅關涉一個理念給予我的指導，關涉對我的理性行動之促進的主觀影響，這種促進使我堅守這個理念，儘管我在思辨方面沒有能力對它作出解釋。

但是，純然學理的信念自身具有某種搖擺不定的東西；人們經常由於在思辨中出現的困難而失去它，儘管人們不可避免地又一再返回到它那裡。

道德的信念則全然不同。因爲在這裡，某種事情必須發生，也就是說，我在一切方面都必須服從道德法則，這是絕對必然的。目的在這裡是不可回避地確立了的，而且按照我的一切洞識，這一目的與所有全部目的在其下相互聯繫並由此具有實踐的有效性的條件，只可能有唯一的一個，即有一個上帝和有一個來世；我也完全確定地知道，沒有人認識在道德法則之下導致種種目的的這種統一性的其他條件。但是，既然因此之故道德規範同時是我的準則（正如理性命令它們應當是我的準則一樣），我將不可避免地相信上帝和一個來世的存在，並且肯定沒有任何東西能夠動搖這一信念，因爲那樣一來我的道德原理本身就會被傾覆，而我不可能放棄這些道德原理而不在我自己的眼中是可憎的。

以這樣的方式，在一種超出一切經驗的界限之外四處漫遊的理性的一切沽名釣譽的意圖都破滅之後，還給我們留下了足夠的東西，即我們有理由在實踐方面對此感到滿足。儘管當然沒有人能夠自詡說，他知道有一個上帝和一個來生；因爲如果他知道這一點，那他恰恰就是我長期以來所找的人。一切知識（如果它們涉及純然理性的一個對象的話）人們都可以傳達，因此我也將會能夠希望看到我的知識透過他的教誨以如此值得驚贊的方式擴展。不會的，這種確信不是邏輯的確信，而是道德上的確定性，而且既然它依據的是（道德意向的）主觀根據，所以我甚至不能說：有一個上帝等等，這是在道德上確定的；而是只能說：我是在道德上確信等等。這就是說：對一個上帝和一個來世的信念與我的道德意向是如此交織在一起，以至於就像我沒有喪失後者的危險一樣，我也同樣不擔心前者在某個時候被從我這裡奪走。

這裡存在的唯一令人疑慮的東西就是：這種理性信念是建立在道德意向的預設之上的。如果我們忽略這一點，並且假定一個人在道德法則方面完全無所謂，那麼，理性所提出的這個問題就完全成爲思辨的一個課題，而且在這種情況下雖然還能夠得到出自類比的有力根據的支持，但卻不能得到最冥頑不靈的懷疑癖也不得不順從的那些根據的支持。① 但是，沒

① 人的心靈對道德性有一種自然的旨趣（我相信，這在每一個有理性的存在者身上都必然會發生），儘管這種旨趣並不專一和在實踐上占優勢。請鞏固和擴展這種旨趣，你們將發現理性是好學的，甚至更爲開明，可以

有一個人在這些問題上沒有任何旨趣。因爲儘管他可能由於缺乏善的意向而被與道德旨趣隔 B858 絕，但即使在這種情形中也畢竟還剩下足夠的東西來使得他懼怕一種神性的存在和來世。因爲要做到這一點不再要求別的，只要他至少不能藉口沒有確定性，即沒有這樣一種存在者和沒有來生能被發現；由於這必須借助純然的理性，從而不容置疑地來證明，所以他爲此就必須要闡明二者的不可能性，而這肯定是沒有一個有理性的人能夠接受的。這將會是一種消極的信念，它雖然並不造成道德性和善的意向，但畢竟能夠造成它們的類似物，也就是說，能夠有力地遏制惡的意向的發作。

但是，有人會問，這就是純粹理性透過在經驗的界限之外展現前景所達到的一切嗎？除了兩個信條之外就沒有別的了嗎？就連平常的知性也能夠達到這種程度，用不著就此請教哲 B859 學家！

我在這裡並不想讚揚哲學透過其批判的艱苦努力而爲人類理性所立下的功勞；就算它即便在結論上也應當被認爲是純然消極的；因爲在下一章還將有所論及。但是，你們眞的要求一種關涉所有人的知識應當超越平常知性，並且僅僅由哲學家揭示給你們嗎？恰恰你們所

還把思辨的旨趣也與實踐的旨趣結合起來。但是，如果你們不注意你們此前至少已處在造就好人的半途中，你們就永遠不會使他們成爲虔信的人。——康德自注

責備的，就是迄今的主張的最好證實，因爲它揭示出人們一開始不能預見的東西，也就是說，在人們毫無差別地關切的事情上，不能指責自然在分配人們的稟賦時有所偏袒，而最高的哲學在人類本性的根本目的方面，除了自然也賦予最平常的知性的那種指導以外，也不能再造就更多的東西。

第三篇

純粹理性的建築術

B860

我把一種**建築術**理解爲種種體系的藝術。由於正是系統的統一性最初使平常的知識成爲科學，也就是說，用知識純然的集合體構成一個體系，所以建築術就是我們一般知識中的科學性因素的學說，從而必然屬於方法論。

在理性的統治下，我們一般而言的知識不可以構成一個集合體，而是必須構成一個體系，唯有在體系中，它們才能夠支持和促進理性的根本目的。但是，我把**體系**理解爲雜多的知識在一個理念之下的統一。這個理念是關於一個整體的形式的理性概念，乃是就不僅雜多性的規模，而且各部分相互之間的位置都透過這一概念而先天地被規定而言的。因此，科學性的理性概念包含著與它一致的整體的目的和形式。一切部分均與其相關，而且在其理念中也彼此相關的目的的統一性，就使得在知識中每一個部分都會因缺少其餘的部分而若有所失，而且不出現偶然的附加，或者完善性沒有先天規定的界限，其大小不確定。因此，整體是有分支的（articulatio〔組合〕），而不是堆積的（coacervatio〔堆砌〕）；它雖然可以內在地（per intussusceptionem〔透過內部的攝取〕）生長，但不能外在地（per appositionem〔透過附加〕）生長，就像一個動物的身體，其生長並不增加一個新肢體，而是比例不變地使每一個肢體都對自己的目的變得更強有力、更有效用。

理念爲實現而需要一個**圖型**，也就是說，需要各個部分的一種先天地從目的原則出發規定的雜多性和秩序。不是根據一個理念，亦即從理性的主要目的出發，而是經驗性地、按照偶然呈現的種種意圖（其數量人們不能預知）而設計的圖型，提供的是技術性的統一，而

B861

僅僅遵循理念產生的圖型（在這裡，理性先天地提出目的，而不是經驗性地等待目的），所建立的則是建築術的統一。我們稱為科學的那種東西，其圖型必須包含著整體的輪廓（monogramma）及其依照理念之劃分，亦即先天地劃分為各個環節，並且確定無疑地和按照原則把這個整體與其他一切整體區別開來，這種東西就不能是以技術的方式由於雜多的相似性或者為種種任意的外在目的對知識的具體偶然應用而產生的，而是以建築術的方式由於親緣關係和從一個唯一的、至上的和內在的目的派生而產生的，唯有這個目的才使得整體成為可能。

B862

沒有人不以一個理念為基礎而企圖建立一門科學。然而在擬制這門科學時，圖型乃至他一開始為這門科學給出的定義，則罕有符合其理念；因為這一理念就像一個胚芽一般蘊藏在理性中，在這個胚芽中，所有的部分都還深藏不露，即便用顯微鏡觀察也幾乎無法辨識。因此緣故，既然各門科學畢竟都是從某種普遍的旨趣的觀點出發而設想出來的，所以人們就必須不是按照其創立者對它們所做的描述，而是按照人們從他匯集起來的各部分的自然統一性出發，發現根據在於理性本身的那個理念來解釋和規定它們。因為在這裡將發現，創立者以及經常還有其最晚的追隨者都還在摸索一個理念，他們自己沒有搞清楚這個理念，因而也就不能規定這門科學的獨特內容、組合（系統的統一性）和界限。

糟糕的是，唯有在我們按照潛藏在我們心中的理念的暗示，長時間胡亂地蒐集許多與此相關的知識之後，甚至在經歷很長時間以技術的方式把它們裝配在一起之後，我們才有可

B863

能更爲清楚地看出理念，並按照理性的種種目的以建築術的方式設計一個整體。各種體系看起來一開始就像是一堆蛆蟲那樣，由於一種出自蒐集而來的概念的純然匯合的 generatio aequivoca〔多元發生論〕而殘缺不全，逐漸地才得到完善，儘管它們全都在純然展開著的理性中有其作爲原始胚芽的圖型，並因此而不僅每一個體系都獨自按照一個理念劃分，而且所有的體系還都爲此相互之間在一個人類知識體系中又作爲一個整體的種種環節合目的地結合起來，從而允許有一種所有人類知識的建築術；目前，既然已經蒐集了如此之多的材料，或者能夠從已經傾覆的舊建築的廢墟中獲取如此之多的材料，這種建築術就不僅是可能的，而且也根本不困難。在這裡，我們滿足於完成我們自己的工作，即僅僅設計出自純粹理性的一切知識的建築術，而且僅僅從我們的認識能力的總根分杈並長出兩個主幹的那個點開始，這兩個主幹的一個就是理性。但是，我在這裡把理性理解爲全部高級認識能力，因而把理性的與經驗性的對立起來。

如果我在客觀上來看抽掉知識的一切內容，則一切知識在主觀上就要麼是歷史的，要麼是理性的。歷史的知識是 cognitio ex datis〔出自被給予的東西的知識〕，理性的知識則是 cognitio ex principiis〔出自原則的知識〕。一種知識盡可以是原始地被給予的，無論它來自何處，但就擁有這種知識的人而言，如果他所知道的在程度上和數量上只不過是從別處給予他的，那麼，這種知識就畢竟是歷史的；不管這種知識被給予他，是透過直接的經驗，還是透過講述，還是透過〔普遍知識的〕傳授。因此，眞正說來學習了一個哲學體系——

B864

例如沃爾夫哲學體系——的人，儘管他腦子裡已經有了所有的原理、解說和證明，連同整個學說體系的劃分，並且能夠掰著手指列舉它們，他所擁有的也只不過是沃爾夫哲學的完備的歷史知識而已；他所知道和判斷的，只不過是被給予他的那麼多。如果你們否定他的一個定義，他就不知道應當從何處獲取另一個定義。他是按照別人的理性增長知識的，但模仿的能力並不是生產的能力，也就是說，知識在他那裡不是產生自理性，而儘管這種知識客觀上當然是一種理性知識，但它畢竟在主觀上純然是歷史的。他正確地領會、保持了，也就是說學會了，但卻是一個活人的石膏模子。客觀的、（也就是說，一開始）只能產生自人自己的理性的理性知識，唯有在它們是從理性的普遍源泉亦即從原則汲取而來的時候，才可以也在主觀上使用這一名稱；就連批判、甚至對學到的東西的拋棄，也可以產生自理性的這一普遍源泉。

一切理性知識都要麼是出自概念的知識，要麼是出自概念的構造的知識；前者叫做哲學的，後者叫做數學的。我在第一篇中已經討論過二者的內在區別。據此，一種知識可以在客觀上是哲學的，而在主觀上卻是歷史的，就像在大多數初學者以及在所有目光永不超出學校而終生是學徒的人那裡一樣。但特殊之處在於，人們已經學會的數學知識畢竟還能夠在主觀上被視為理性知識，而且在數學知識這裡，並不像在哲學知識那裡那樣出現這樣一種區別。原因在於，教師唯一能夠汲取知識的那些知識源泉，不在別處，只是在理性的根本的和真正的原則裡面，從而不能為初學者從別處獲得，還可以說是不容置疑的；而且也是因爲，理性的應用在這裡只是具體地發生的，但儘管如此又是先天地發生的，也就是說，是根據先天的、正因爲此而正確無誤的直觀發生的，並且排除了一切蒙蔽和失誤。因此，在一切（先天的）理性科學中，人們只能學習數學，但永遠不能學習哲學（除非是以歷史的方式學習），而就理性而言，至多只能學習**哲學思維**。

B866 一切哲學知識的體系就是**哲學**。如果人們把它理解爲判斷一切哲學思維嘗試的原型，它應當用於判斷每一種其體系往往如此多種多樣並且如此多變的主觀哲學的話，那麼，人們就必須把它當做客觀的。以這種方式，哲學就是一門可能科學的純然理念，這門科學不能在任何地方具體地被給予，但人們可以沿著種種途徑來試圖接近它，直到發現唯一的一條爲感性所遮掩的道路，而且成功地使迄今不適當的模仿在人們被允許的程度上與原型相同爲止。在此之前人們不能學習哲學；因爲哲學在哪裡呢？誰擁有哲學呢？根據什麼來認識哲學呢？人們只能學習哲學思維，也就是說，遵循理性的普遍原則在現存的嘗試上施展理性的才能，但始終保留理性的權利，即甚至就其源泉而言來研究和證實或者拋棄那些嘗試。

但是，迄今爲止哲學的概念只不過是一個**學院概念**，也就是說，是關於僅僅被當做科學來尋求的知識的一個體系的概念，所當做目的的無非是這種知識的系統統一性，從而只是 B867 知識在**邏輯上**的完善性。但還有一種**世界概念**（conceptus cosmicus），它在任何時候都被當做上述稱謂的基礎，尤其是當人們把它彷彿是人格化，並且在**哲學家**的理想中把它表現爲一個原型的時候。就此而言，哲學就是關於一切知識與人類理性的根本目的（teleologia rationis humanae〔人類理性的目的論〕）的關係的科學，而且哲學家不是一個理性藝人，而是人類理性的立法者。在這樣的意義上，自稱爲一個哲學家，並且自以爲已經與僅僅蘊涵在理念中的原型等同，則委實是大言不慚。

數學家、自然科學家、邏輯學家，無論前二者在理性知識上、後二者尤其在哲學知識上進展多麼出色，他們畢竟只是理性藝人。在理想中還有一位教師，安排所有這些人，把他們當做工具來使用，以促進人類理性的根本目的。唯有這位教師，人們才必須稱爲哲學家；但是，既然他本人無處可見，而他的立法的理念卻在任何人類理性中都被發現，所以我們就要僅僅依據這一理念，並且更精確地規定，哲學按照世界概念①從種種目的的立場出發指定了什麼樣的系統統一性。

根本目的並不因此就是最高目的，它們中間（就理性完善的系統統一性而言）只能有一個唯一的最高目的。因此，它們要麼是終極目的，要麼是作爲手段必然屬於終極目的的從屬目的。前者不是別的，就是人的全部規定，而探討這種規定的哲學就叫做道德。由於道德哲學與其他一切哲學相比所擁有的這種優越性，在古人那裡，人們在任何時候都把哲學家同時

① 世界概念在這裡是指涉及每一個人都必然有旨趣的那種東西的概念；因此，如果一門科學只是被視爲關於達到某些任意的目的的技巧的科學，我就按照學院概念來規定它的意圖。——康德自注

並且尤其理解爲道德學家；透過理性而自制的外部表現甚至使得人們即便在今天也按照某種類比稱某人爲哲學家，即使他的知識有限。

人類理性的立法（哲學）有兩個對象，即自然和自由，因而既包含自然規律，也包含道德法則，一開始以兩個專門的哲學體系，最終則以一個唯一的哲學體系。自然哲學關涉存在的一切，道德哲學則關涉應當存在的一切。

但是，一切哲學都要麼是出自純粹理性的知識，要麼是出自經驗性原則的理性知識。前者叫做純粹哲學，後者叫做經驗性哲學。

純粹理性的哲學要麼是在一切純粹知識方面先天地研究理性能力的預科（預備性練習），並且叫做批判，要麼第二，是純粹理性的體系（科學），它在系統聯繫中研究出自純粹理性的全部（既包括眞實的也包括虛假的）哲學知識，並叫做形而上學；儘管這個名稱也可以賦予整個純粹哲學，包括批判在內，以便既概括對一切在某個時候能夠被先天地認識的東西的研究，也概括對構成這個類型的純粹哲學知識體系、但與一切經驗性的理性應用有別、同樣與數學的理性應用有別的東西的闡述。

形而上學分爲純粹理性的思辨應用的形而上學和其實踐應用的形而上學，因而或者是自然形而上學，或者是道德形而上學。前者包含關於一切事物的理論認識的一切出自純然概念的純粹理性原則（因而排除數學）；後者包含先天地規定所為所棄並使之成爲必然的原則。於是，道德性就是行爲唯一能夠完全先天地從原則推導出來的合法則性。因此，道德形

B869

而上學眞正說來就是純粹的道德，在它裡面並不以人類學（不以經驗性的條件）爲基礎。思 B870
辨理性的形而上學就是人們在狹義上習慣稱爲形而上學的東西；但是，就純粹的道德學說畢竟仍然屬於出自純粹理性的人類知識、而且是哲學知識的特別主幹而言，我們還想爲它保留那種稱謂，儘管我們在這裡以它並非我們現在的目的而把它擱置一旁。

把就其類別和起源而言彼此有別的知識隔離開來，並小心翼翼地防止它們與其他在應用中通常相結合的知識混爲一體，這是非常重要的。化學家在分解物質時、數學家在其純粹的量的學說中所做的事情，哲學家更有責任勉力爲之，以便能夠準確無誤地規定一個特殊種類的知識在四處漫遊的知性應用那裡所占的份額、其自身的價值和影響。因此，人類理性自從開始思維或者毋寧說開始反思以來，就從來不能缺少一種形而上學，但儘管如此，也未能以充分清除一切異類因素的方式闡述過它。這樣一門科學的理念與思辨的人類理性同樣古老；哪一種理性不或者以經院哲學的方式或者以通俗的方式進行思辨呢？然而人們必須承
認，我們知識的兩種要素，其一種完全先天地在我們掌握之中，另一種則只能後天地自經驗 B871
獲得，二者的區分即便在職業思想家那裡也依然是很不清楚的，因而從未能實現一種特殊種類的知識的界限規定，從而也未能實現一門如此之久且如此程度地使人類理性思考的科學的理念。當人們說形而上學是關於人類知識種種第一原則的科學時，人們由此並沒有說明一個完全獨特的種類，而是僅僅說明了一個普遍性方面的等級，故而並不能由此把它與經驗性的東西清晰地區別開來；因爲即便在經驗性的原則中間，也有一些比另一些更普遍、從而更高

級；而在這樣一種歸屬的序列中（在這裡，人們並未把完全先天地認識的東西與只能後天地認識的東西區分開來），人們應當在何處分界，把前一部分和至上的環節與後一部分和從屬的環節區分開來呢？如果時間的計算只能這樣來表示世界的各個時代，即它把各個時代劃分爲最初的世紀和繼之而起的世紀，人們對此會說什麼呢？人們就會問：第五世紀、第十世紀等等也屬於最初的世紀嗎？我同樣要問：有廣延的東西的概念屬於形而上學嗎？你們回答說：是的！那麼，物體的概念呢？是的！而液態物體的概念呢？你們犯疑了，因爲如果照這樣下去，一切都將屬於形而上學。由此可見，僅僅歸屬的程度（特殊的東西從屬於普遍的東西）並不能規定一門科學的界限，相反，在我們的事例中是完全的異類性和起源的不同在規定著界限。但是，還在另一個方面遮蔽形而上學的基本理念的東西，曾是它作爲先天知識表現出與數學的某種同類性，這種同類性就先天起源而言確實使二者彼此接近；但是，就前者出自概念的認識方式與後者透過概念的構造而先天地作出判斷的方式相比而言，從而就一種哲學知識與數學知識的區別而言，就表現出一種明顯的異類性，人們雖然在任何時候都彷彿是感覺到這種異類性，但卻從來未能將它付諸清晰的標準。這樣一來就發生了這樣的情形，即由於哲學家們甚至在闡發其科學的理念時還有所欠缺，對這門科學的研究就不可能有確定的目的和正確無誤的準繩，而且他們由於一種如此任意作出的設計，對於他們應當選取的路徑一無所知，對每一個人沿著自己的路徑作出的發現又任何時候都相互爭執，所以就使自己的科學首先在其他人那裡，最終甚至在他們自己那裡都受到輕視。

B872

B873

因此，一切純粹的先天知識都由於特殊的認識能力——唯有在這種能力中，它才能夠有自己的位置——而構成一種特殊的統一性，而形而上學就是應當在這種系統的統一性中闡述純粹的先天知識的那種哲學。哲學曾優先享有這一名稱的思辨部分，亦即我們稱爲自然形而上學、並且從先天概念出發就其存在來思考一切（不是思考應當存在的東西）的哲學，以如下的方式被劃分。

狹義上如此稱謂的形而上學由先驗哲學和純粹理性的自然學組成。前者僅僅在與一般對象相關的一切概念和原理的體系中考察知性和理性本身，並不假定曾被給予的客體（Ontologia〔本體論〕）；後者考察自然，即被給予的對象（無論它們是被給予感官的還是——如果人們願意說的話——被給予另一種直觀的）的總和，因而是自然學（儘管只是rationalis〔理性的〕）。但是，理性在這種理性的自然考察中的應用要麼是自然的要麼是超自然的，或者準確地說要麼是內在的要麼是超驗的。前者在其知識能夠（具體地）在經驗

B874

中應用的程度上關涉自然，後者則關涉經驗之對象的那種超越一切經驗的聯結。因此，這種超驗的自然學要麼以一種內部的聯結爲對象，要麼以一種外部的聯結爲對象，但二者都超越了可能的經驗；前者是整個自然的自然學，也就是說，是先驗的世界知識，後者是整個自然與一個自然之上的存在者的聯繫的自然學，也就是說，是先驗的上帝知識。

與此相反，內在的自然學是把自然當做一切感官對象的總和、從而是像這些對象被給予我們的那樣、但僅僅按照它們在其下能夠被給予我們的先天條件來考察自然。但是，內在的

自然學的對象只有兩種：1.外感官的對象，即有形體的自然；2.內感官的對象，即靈魂，而且按照它的基本概念也就是能思維的自然。有形體的自然的形而上學就叫做物理學，但由於它只應當包含其先天知識的原則，所以叫做理性物理學。能思維的自然的形而上學就叫做心理學，而出自上述理由，它在這裡只能被理解為心理學的理性知識。

據此，形而上學的整個體系由四個部分組成：1.本體論。2.理性自然學。3.理性宇宙論。4.理性神學。第二個部分，即純粹理性的自然學說，包含著兩個分支，即physica rationalis（理性物理學）②和psychologia rationalis（理性心理學）。

一種純粹理性哲學的原始理念規定著這種劃分本身；因此，它是建築術的，即是符合其根本目的的，而不是純然技術的，即按照偶然知覺到的親緣關係、彷彿是碰運氣作出的，但正因為此它也是不可變更的和立法的。但在這裡，還有幾點可能引起疑慮，並且削弱對其合

---

② 不要認為我把它理解為人們通常稱為physica generalis〔普通物理學〕，與其說是自然哲學倒不如說是數學的那種東西。因為自然的形而上學完全脫離了數學，也遠遠不像數學那樣提供如此之多的擴展性洞識，但就能夠運用於自然的純粹知性知識的批判而言畢竟是很重要的；缺少了它，就連數學家也會由於貪戀某些普通的、但事實上卻是形而上學的概念而不知不覺地用種種假說來拖累自己的自然學說；而這些假說在這些原理遭到批判時就會消失，但由此畢竟絲毫也不損害數學在這一領域的應用（這種應用是完全不可或缺的）。——康德自注

法性的確信。

首先，就對象被給予我們的感官，從而是後天地被給予的而言，我如何能夠期待關於對象的一種先天知識，從而期待一種關於對象的形而上學呢？而且，按照先天原則認識事物的B876本性並達到一種理性自然學，這是如何可能的呢？回答是：我們從經驗中所取得的，不外是必要的東西，即給予我們一個客體，有時是外感官的客體，有時是內感官的客體。前者是純然透過物質概念（不可入的、無生命的廣延）發生的，後者是透過一個能思維的存在者的概念（在經驗性的內在表象中：我思）發生的。此外，在這些對象的整個形而上學中，我們必須完全放棄那些爲判斷超出這些對象的某種東西而要在概念之上還附加上某種經驗的一切經驗性原則。

其次，**經驗性心理學**究竟留存在何處呢？經驗性心理學歷來維護其在形而上學中的位置，而且在我們的時代裡，在人們放棄了先天地確立某種適用的東西的希望之後，人們爲澄清形而上學而對經驗性心理學抱有很大期望。我的回答是：經驗性心理學屬於必須確立眞正的（經驗性的）自然學說的地方，也就是說，屬於應用哲學方面；純粹哲學包含著應用哲學的先天原則，因而與應用哲學密切相關，但雖然如此，卻切不可與之混雜。因此，必須把經驗性心理學完全從形而上學中逐出，而且它已經由於形而上學的理念而被完全從中排除B877了。儘管如此，按照學院習慣，人們卻還必須一直允許它在形而上學中占有一席之地（儘管只是作爲插曲），而且還是出自家政學的動因，因爲它還沒有如此豐富，以至於獨自形成一種研究，但又畢竟太重要了，使人們不可以完全排斥它，或者把它強放在別的地方，在那裡，它比在形而上學中更難以發現親緣關係。因此，這是一個久已被接受的異鄉客，人們允許它再居留一些時間，直到它能夠在一門詳盡的人類學（經驗性自然學說的對稱物）中獲得它自己的住處爲止。

因此，這就是形而上學的普遍理念；既然人們一開始所苛求它的多於能夠合理地要求它的，而且有一段時期還以愜意的預期自得其樂，所以當人們發現在希望上受騙時，它就最終陷入了普遍的蔑視。從我們的批判的整個進程出發，人們將已經確信：儘管形而上學不能是宗教的基礎，但它卻必然在任何時候都保持是宗教的堡壘，而且人類理性已經由於自己本性的方向而是辯證的，它絕不能缺少這樣一門科學來約束它，並透過一種科學性的和完全清晰的自知之明來防止一種無法無天的思辨理性通常肯定會在道德和宗教中造成的破壞。因此，人們可以確信，無論不知道按照一門科學的本性、而是僅僅從其偶然結果出發來判斷它的人們如何作出一副冷淡和蔑視的樣子，人們在任何時候都將返回到形而上學那裡，就像是返回到一個曾與我們反目的愛人那裡一樣，因爲既然這裡涉及根本的目的，理性就必然不遺餘力地要麼致力於縝密的洞識，要麼致力於摧毀已經現存的良好洞識。

因此，眞正說來唯有形而上學，無論是自然形而上學還是道德形而上學，尤其是以預習的方式（以預科的方式）走在前面的對貿然鼓起自己雙翼的理性的批判，才構成我們在眞正的意義上能夠稱之爲哲學的東西。哲學把一切與智慧聯繫起來，但卻是通過科學的道路，這是唯一的一條一經開闢就永不荒蕪且不允許迷失的道路。數學、自然科學，甚至人的經驗性認識，都具有很高的價值，大多是作爲人類偶然目的的手段，但歸根結底卻畢竟是作爲人類必然的、根本的目的的手段，而在這種情況下，就只能透過一種出自純然概念的理性知識的中介，這種知識人們可以隨意地稱謂它，眞正說來卻無非是形而上學而已。

正因爲此，形而上學也是人類理性的一切教養的完成；形而上學是不可或缺的，即使人們把它作爲科學對某些確定的目的的影響擱置一旁。因爲它是按照理性甚至必然作爲一些科學的可能性和一切科學的應用的基礎的那些要素和準則來考察理性的。至於它作爲純然的思辨不是用於擴展知識，而是用於防止錯誤，這無損於它的價值，而毋寧說賦予它尊嚴和威望，因爲審查保障著科學共同體的普遍秩序與和諧乃至福祉，並防止其勇敢且有益的探究遠離重要的目的，即普遍的幸福。

第四篇

純粹理性的歷史

B880

此處設立這一標題，僅僅是爲了標識出體系中還剩下且今後必須完成的一個部分。我滿足於從一個純然先驗的觀點出發，亦即從純粹理性的本性出發，向迄今爲止對這種本性所做的種種探究的整體投去匆匆的一瞥；當然，這一瞥使我的眼睛看到的雖然是建築物，但卻只不過是廢墟而已。

人們在哲學的童年時代是從我們現在寧可結束的地方開始的，也就是說，首先研究關於上帝的知識，研究對於另一個世界的希望，或者乾脆說另一個世界的性狀，這是值得充分注意的，雖然也自然而然不能不如此發生。無論從各民族的野蠻狀態遺留下來的古老習俗引入了哪些粗糙的宗教概念，這也畢竟並不妨礙較開明的人士獻身於對這一對象的自由研究，而且人們很容易看出，除了良好的生活方式以外，不可能有澈底的和更爲可靠的方式來讓統治世界的不可見力量所喜悅，以便至少在另一個世界裡獲得幸福。因此，神學和道德是以後人們在任何時候都致力從事的抽象理性研究的兩種動機，或者準確地說是其兩個關聯點。然而，眞正說來正是前者將純然思辨的理性逐漸地納入後世以形而上學的名義而如此著名的工作之中。

我現在並不想區分形而上學的這種或者那種變化所遇到的各個時代，而只想簡略地概述理念的那種引發主要的革命的差異。而且在這裡，我發現了一個三重的觀點，在這個爭執的舞臺上的最重要的變化都是在這個三重觀點中實現的。

1. 就我們一切理性知識的對象而言，一些人純然是感覺論哲學家，另一些人純然是理智論哲學家。伊比鳩魯可以被稱爲最重要的感性哲學家，柏拉圖則可以被稱爲理智論者的最重要的哲學家。兩個學派的這種區別無論多麼難以琢磨，卻是在最早的時代裡就已經開始了，並且長期以來保持不斷。前一個學派的哲學家們主張，唯有在感官的對象中才有現實性，其餘的一切都是想像；後一學派的哲學家們則與此相反，主張在感官中只有幻相，唯有知性才認識眞實的東西。不過，前一些人畢竟並不否認知性概念有實在性，但這種實在性在他們那裡只是邏輯的，而在後一些人那裡則是神祕的。前者承認理智的概念，但是只接受感性的對象。後者則要求眞正的對象是理知的，並且主張一種透過不爲任何感官伴隨的、在他們看來只是被其攪亂的純粹知性的直觀。

2.就純粹理性知識的起源而言，它們或者是自經驗中派生的，或者是不依賴於經驗而在理性中有其源泉。亞里斯多德可以被視爲經驗論者的領袖，柏拉圖則可以被視爲理性論者的領袖。近代洛克追隨亞里斯多德，而萊布尼茲則追隨柏拉圖，他們在這場爭執中仍然不能作出任何決定。至少，伊比鳩魯在自己那方面按照其感性體系來說比亞里斯多德和洛克（尤其是後者）更爲堅持不渝（因爲他絕不以自己的推論超出經驗的界限），而洛克在從經驗推導出一切概念和原理之後，卻在這些概念和原理的應用中走得如此之遠，以至於他斷言，人們能夠像證明任何一個數學定理那樣清晰地證明上帝的存在和靈魂的不死（儘管這兩個對象完全處在可能經驗的界限之外）。

3.就方法而言。如果人們應當把某種東西稱爲方法，那麼，它就必須是一種按照原

B882 B883

理進行的程序。現在，人們可以把在這個研究領域中流行的方法分爲自然主義的方法和科學性的方法。純粹理性的自然主義者奉爲原理的是：經由無須科學的平常理性（他把這種理性稱爲健全的理性），就可以在構成形而上學的任務的那些最崇高的問題上比經由思辨有更多的建樹。因此他斷言，人們按照目測比繞道數學能夠更可靠地確定月球的大小和距離。這純粹是把厭惡學問當做原理，而最爲荒唐的是把對一切人爲方法的忽視譽爲擴展知識的一種獨特方法。因爲就自然主義者從諸多洞識的缺乏出發而言，人們也不可能有理由深責他們。他們追隨平常的理性，並沒有自詡其無知是一種方法，包含著從德謨克利特的深井中汲取眞理之祕訣。Quod sapio, satis est mihi, non ego curo esse quod Arcesilas aerumnosique Solones, Pers.〔我滿足於我所知道的，我並不想成爲阿爾凱西勞和憂患重重的索倫們。——佩爾修〕這就是他們的格言，他們以這一格言自得其樂，過著值得贊同的生活，不去操心科學，也不擾亂科學的事務。

至於科學性方法的遵循者，他們在這裡的選擇是要麼獨斷地行事，要麼懷疑地行事，但無論如何他們都不得不系統地行事。如果我在這裡就前者而言提到著名的沃爾夫，就後者而言提到大衛·休謨，按照我目前的意圖我就無須再提他人了。唯有批判的道路尙無人行走。如果讀者樂意並且有耐心與我一起走這條道路，他現在就可以作出判斷，是否——這隨他的便——貢獻出自己的力量，使這條小路變成康莊大道，許多個世紀未能成就的事業也許在本世紀終結之前就可以達到，也就是說，使人類理性在其求知欲任何時候都致力從事但迄今一無所成的事情上得到完全的滿足。

B884

譯後記

爲了紀念康德逝世二百周年，康德最重要的著作就在《康德著作全集》的漢譯序列中脫穎而出，要預先出版了。

同樣是爲了紀念康德逝世二百周年，時間緊迫，這部《純粹理性批判》單行本也就拋卻了例行的「譯序」和「注釋」，純粹以康德自己的文字問世了。這裡謹就版本問題做一番交代。

康德的《純粹理性批判》出版於一七八一年，在一七八七年第二版時做了較大的修改。學術界對這兩個版本的重視幾乎是同等的。在出單行本時，國際上通行的做法是以第二版爲基準，將第一版與第二版有異之處以注釋或附錄的方式標出。這部譯文沿襲了上述通行做法。也就是說，根據一九六八年普魯士皇家科學院的「Akademie-Textausgabe」翻譯，以第二版爲基準，凡是第一版與第二版有異之處，文字較少者均以註腳的方式標出，文字較多者則附於合適的地方。當然，康德對第一版的一些純然行文風格的改動，因不涉及漢譯內容，就不一一標出了。

翻譯難，翻譯康德難，翻譯康德的《純粹理性批判》更難。難不僅在於康德的著作本身，不僅在於康德的語言和思想，更在於康德的這部著作爲國人所熟悉的程度。譯者在翻譯過程中參考了已有的各種漢譯版本，在諸多地方甚至直接吸取了這些版本的成功譯法。對所有這些先行者已作出的貢獻，譯者始終保持著崇高的敬意，更因吸取了這些先行者的研究成果而特致謝意。譯者力求能夠在康德的翻譯和理解方面有所創新，對一些術語的翻譯提出了自己的見解，但自知學養有限，「眾口難調」，謹歡迎學界和讀者提出批評。

李秋零

二〇〇三年十一月七日

康德年表

年代	生平記事
一七二四	四月二十二日出生於德國。
一七三二	進入腓特烈學院，接受拉丁文教育。
一七三七	母親（一六九七年生）去世。
一七四六	父親（一六八二年生）去世。
一七四〇	進入柯尼斯堡大學。
一七四六	完成第一篇作品《論對活力的正確評價》。
一七五五	出版其第一部重要著作《自然通史和天體理論》。同年取得大學講師資格。
一七六二	發表《三段論法四格的詭辯》。
一七八一	出版《純粹理性批判》。
一七八三	出版《任何一種能夠作為科學出現的未來形上學導論》（未來形上學導論）。
一七八四	出版《關於一種世界公民觀點的普遍歷史的理念》、《回答這個問題：什麼是啓蒙？》。
一七八五	第一本倫理學著作《道德形上學基礎》出版。
一七八六	出版《自然形上學基礎》、《人類歷史開端的推測》。
一七八七	《純粹理性批判》再版。

一七八八	出版《實踐理性批判》。
一七九〇	出版《判斷力批判》。
一七九三	出版《純然理性界限內的宗教》、《論俗語：這在理論上可能是正確的，但不適用於實踐？》。
一七九五	出版《論永久和平》、《道德形上學》。
一七九八	出版《學科之爭》、《實用人類學》。
一八〇〇	由學生聽講筆記整理而成的康德著作《邏輯學講義》出版。
一八〇三	由學生根據康德在科尼斯堡大學講授「教育學」的教學手稿整理而成《康德論教育》。
一八〇四	二月十二日，康德去世。

部分術語德漢對照表

本表的目的不是提供一個完備的主題索引，因而所選的主要是在翻譯上容易引起歧義的術語，諸多術語未列入其中，並非因爲它們對於理解康德哲學不重要，而是因爲它們的翻譯已有了公認的定例。

A

absolut 絕對的
Affektion 刺激
Affinität 親和性
Akzidenz 偶性
allgemein 普遍的
allgemeines Urteil 全稱判斷
Amphibolie 歧義
Analogie 類比
Analytik 分析論
Anschauung 直觀
Anthropologie 人類學
Anthropomorphismus 神人同形同性論
Anticipation 預先推定
Antinomie 二論背反
Antithesis 反論
apagogisch 迂回的
apodiktisches Urteil 必然判斷
Apperzeption 統覺
Apprehension 把握
a priori 先天的
Architektonik 建築術
assertorisches Urteil 實然判斷
Assoziation 聯想

Ästhetik 感性論
Aufmerksamkeit 注意
Ausdehnung 廣延

B

Beharrlichkeit 持久性
bejahendes Urteil 肯定判斷
besonderes Urteil 特稱判斷
Beweiß 證明
Bewußtsein 意識
Blendwerk 幻象
bloß 純然

D

Dasein 存在
Deduktion 演繹
Definition 定義
Deismus 理神論
Dialektik 辯證論
Dichotomie 二分法
Differenz 差異
Dimension 維度
Ding an sich 物自身
discursiv 推論的
disjunctives Urteil 選言判斷
Dogmatik 獨斷論
Dynamik 力學

E

einfach 單純的
einzelnes Urteil 單稱判斷
empirisch 經驗性的
Erfahrung 經驗
Erscheinung 顯象

Existenz 實存

Experiment 實驗

extensiv 廣延的

F

Funktion 功能

Fürwahrhalten 視之爲眞

G

Gefühl 情感

Gegensatz 對立

Gegenstand 對象

Gemeinschaft 共聯性

Gesetz 規律、法則

Gewißheit 確定性

Glauben 信念

gleichartig 同類的

Grundsatz 原理

H

Homogenität 同類性

Hypothese 假說

hypothetisches Urteil 假言判斷

I

Ich 我

Ich denke 我思

Idealismus 觀念論

Idealität 觀念性

Idee 理念

Identität 同一性

intelectuell 理智的

Intelligenz 理智

intelligibel 理知的

intensiv 強度的

K

Kanon 法規
Kategorie 範疇
kategorisches Urteil 定言判斷
Kausalität 因果性
Konstitutiv 建構性的
Konstruktion 結構
Kontinuität 連續性
Körper 物體
Kosmologie 宇宙論
Kraft 力
Kriteium 標準

M

Meinung 意見
Modalität 模態

N

Natur 自然、本性
natürliche Theologie 自然的神學
noumena 本體

O

Objekt 客體
objektiv 客觀的
Ontologie 本體論

P

Paralogismus 謬誤推理
Phänomen (phaenomena) 現象
Physikotheologie 自然神學
Physiologie 自然學

Postulat 公設

Prädikat 謂詞

Prinzip 原則

problematisches Urteil 或然判斷

R

Realismus 實在論

Realität 實在性

regulativ 範導性的

rein 純粹的

Reproduktion 再生

Receptivität 接受性

Recognition 認知

Regel 規則

S

Schein 幻相

Schema 圖型

sensibel 可感的

Specifität 特殊性

Spontaneität 自發性

Subsumption 歸攝

Subjekt 主體

Subjektiv 主觀的

Substanz 實體

Succession 演替

T

Thesis 正論

transcendent 超驗的

transcendental 先驗的

U

Überredung 臆信
Überzeugung 確信
Unendlichkeit 無限性
Urbild 原型
Urteil 判斷

V

Verbindung 結合
Vergleich 比較
Verknüpfung 聯結
verneinendes Urteil 否定判斷
Vernunft 理性
vernünfteln 玄想
Vorstellung 表象

W

Wahrnehmung 知覺
Wechsel 變易
Wechselwirkung 交互作用
Widerspruch 矛盾
Wirklichkeit 現實性

Z

Zufälligkeit 偶然性

名詞索引

一畫

二畫

五畫

六畫

七畫

八畫

九畫

十畫

十一畫

十二畫

十三畫

十九畫

二十畫

二十一畫

二十三畫

二十四畫

經典名著文庫 027

純粹理性批判（下）

作　　者 — 康德（Immanuel Kant）
譯　　注 — 李秋零
發 行 人 — 楊榮川
總 經 理 — 楊士清
總 編 輯 — 楊秀麗
文庫策劃 — 楊榮川
副總編輯 — 黃文瓊
特約編輯 — 郭雲周
責任編輯 — 李敏華
封面設計 — 姚孝慈
著者繪像 — 莊河源
出 版 者 — **五南圖書出版股份有限公司**
地　　址 — 臺北市大安區 106 和平東路二段 339 號 4 樓
電　　話 — 02-27055066（代表號）
傳　　眞 — 02-27066100
劃撥帳號 — 01068953
戶　　名 — 五南圖書出版股份有限公司
網　　址 — https://www.wunan.com.tw
電子郵件 — wunan@wunan.com.tw

法律顧問 — 林勝安律師事務所　林勝安律師
出版日期 — 2019 年 10 月初版一刷
2021 年 5 月初版二刷
定　　價 — 450 元

本書譯文由中國人民大學出版社有限公司授權（臺灣）五南圖書出版股份有限公司在臺灣地區出版發行繁體字版本。

國家圖書館出版品預行編目資料

純粹理性批判 / 康德 (Immanuel Kant) 著 ; 李秋零譯注 . --
初版 . -- 臺北市 : 五南圖書出版股份有限公司 , 2019.10
冊 ; 公分 . -- (經典名著文庫 ; 26-27)
譯自 : Kritik der reinen Vernunft
ISBN 978-957-763-604-1 (上冊 : 平裝). --
ISBN 978-957-763-605-8 (下冊 : 平裝)

1. 康德 (Kant, Immanuel, 1724-1804)　2. 康德哲學
3. 批判哲學

147.45　108013555